CIVILTÀ LETTERARIA DEL NOVECENTO

Profili - Saggi - Testi

Direttore: GIOVANNI GETTO

Condirettori: G. Bàrberi Squarotti, E. Sanguineti

D1564386

PROFILI
N. 35

Enza Biagini

ANNA BANTI

Mursia

PREMESSA

« Scrivere per non morire, come diceva Blanchot, o forse anche parlare per non morire, probabilmente è una mansione vecchia quanto la parola; le decisioni piú mortali, inevitabilmente, vengono tenute in sospeso per tutto il tempo almeno del loro racconto ».

M. FOUCAULT

Scarne e pressoché identiche sono le schede biografiche che si usano compilare per Anna Banti (pseudonimo di Lucia Lopresti, moglie di Roberto Longhi): dalla indicazione del luogo di nascita (Firenze), alle ascendenze calabro-piemontesi della propria origine, alle città in cui è vissuta (Roma, Bologna) e dove attualmente vive (Firenze) [1] *ed infine alla attività di saggista, di direttore responsabile della rivista « Paragone », oltre, ovviamente, a quella di narratrice. La Banti medesima rifugge dal parlare della propria vita (« Sono cose non essenziali; quello che è importante l'ho detto nei miei libri »).* [2] *D'altra parte, i fatti e gli elementi che piú proficuamente si innestano nel nostro discorso sono quelli che riguardano piú che altro i motivi e l'ambito della sua avventura culturale e senza dubbio la formazione essenzialmente artistica della scrittrice appartiene ad uno di questi punti-cardine: dal lavoro di tesi in poi, la Storia dell'Arte, direttamente o per tramite, non ha mai cessato di costituire una direzione-guida nel lavoro e nell'impegno della Banti, non solo mediante singole opere di carattere specialistico, dal Lorenzo Lotto al Claude Monet,* [3] *bensí, in forma piú dispersa, ma piú intensa di calco formante, di ogni opera, sia essa di narrativa o di saggistica o di traduzione. Forse è prematuro anticipare la parte che le arti figurative hanno avuto nel linguaggio bantiano: è tuttavia necessario segnalare che questo è l'aspetto da premet-*

5

tere a qualsiasi analisi che volesse ampliarsi a certe proble-
matiche della narrativa dell'ultimo quarantennio. È chiaro
che in questa sede tali problemi serviranno piú che altro
a fornire alcune angolazioni di tangenza al nostro discorso,
che è da considerarsi, appunto, come ritagliato dall'insieme della storia del romanzo.

Ogni data che segnerà il progresso della produzione bantiana non mancherà, infatti, di avocare a sé le innumerevoli
diramazioni di altri nomi e di altre opere, ed è fra questi
vari sensi che sarà utile perseguire l'itinerario proprio alla
Banti e riconoscerlo fra gli altri. Utile sí, ma non privo di
difficoltà, se si pensa che il momento della dispersione
maggiore si manifesta proprio nell'atto in cui si effettuano
le reazioni diacroniche con la narrativa contemporanea alla
scrittrice e questo si verifica non solo nei tentativi di affrettata etichettazione («prosa d'arte», «narrare come memoria», «femminismo», «neorealismo»: in sostanza, varie etichette letterarie valide appunto per molta narrativa
e per molti autori del Novecento) ma anche in sede di un
fondato tentativo di collocazione immediata nella storia del
romanzo attuale.[4]

Uno dei motivi, diciamo cosí, obiettivi di questa difficile
sistemazione risiede nel fatto che Anna Banti, a differenza
di altri, non può affiancare il suo nome a nessun movimento letterario o di rivista (si pensi, fra i tanti, all'insostituibile esperienza di Alvaro in «900» e a quella di Gianna
Manzini, Bonsanti, Loria in «Solaria», oppure alla tangenza riconoscibile fra nouvelle critique e nouveau roman); la
Banti medesima usa rivendicare questa «solitudine», non
come tratto distintivo, ma come dato di fatto, riconoscen-
dosi peraltro legami con certi aspetti trascorsi del romanzo
«classico» (sono ormai note le sue precise dichiarazioni in
merito alla poetica del romanzo che piú le sembra vicina:
e qui per antonomasia sorgono i nomi di Balzac, Manzoni,
Defoe, Verga, Proust).[5] Il fatto, comunque, non può liqui-
darsi in un atto di fede nelle affermazioni bantiane di poetica personale: anzi, ognuno sa che il piú delle volte quella
della «solitudine» è una posizione fra le piú minacciate e
che in letteratura i «recuperi», per essere validi e operan-
ti, devono appunto rivelarsi nella sostanza «tradimenti»
nei confronti della matrice di ispirazione.[6] Ed è tra le pieghe di questo consumato tradimento che si delineano gli

itinerari narrativi della Banti, cui tanta parte ha avuto quella formazione derivatale dalle arti figurative.[7] *In prima ipotesi, saranno proprio questi indizi problematici, disseminati in tutta la sua opera, a fornirci i punti strategici di approccio critico al lavoro finora compiuto e molti di essi, come vedremo, si riveleranno il piú delle volte come costitutivi della lingua medesima del narrare. Ancora: è nella misura in cui tali problemi si avvicineranno a quelli piú propri al genere stesso che la loro postulazione, all'atto della verifica, si rivelerà di una utilità maggiore. Non è comunque sul diagramma della piú o meno grande divaricazione rispetto alla norma che saranno segnate le misurazioni: è risaputo ormai il rapporto dialettico che lo scarto e la norma instaurano fra di loro e che tale criterio non è il metro risolutivo, bensí problematico; e in tale forma servirà anche a noi per la determinazione dei rapporti funzionali, interni ed esterni all'opera della Banti.*[8]

Fissate queste premesse, che riguardano appunto l'inattaccabilità esterna di una poetica che volendosi, da una parte, interamente controllabile nell'intenzione, nei fatti e in ogni sua articolazione e, dall'altra, assolutamente singolare, non mancherà, com'è forse prevedibile, di racchiudere aspetti interrogativi: di quelli che inducono a parlare di « feconda perplessità ».[9]

Si sono definiti questi dati sommari soltanto come termini di riferimento che, nel corso della lettura, verranno via via confermati o smentiti dall'analisi del corpus *dei testi; per intanto, bisognerà forse sottolineare le coincidenze piú significative della cultura letteraria che la storia bantiana, dal 1937 a oggi, ha toccato: dallo spegnersi della prosa d'arte all'ermetismo, al neorealismo e all'impegno del dopo-guerra, lo sperimentalismo, l'avanguardia informale, lo strutturalismo e, se volessimo fare dei nomi, anche limitandosi a quelli che spontaneamente la memoria ripropone, la lista risulterebbe, è ovvio, troppo lunga e, in fondo, non pertinente* [10] *per gli scarti prevedibili che avrebbero i nomi in funzioni di poetiche.*

Occorre comunque immaginare la vicenda della Banti ruotante intorno a quest'affollarsi di motivi e di eventi socio-culturali, al fine di poter valutare i dati di accordo o disaccordo con la storia dei fatti letterari coevi e anteriori.

L'attività propriamente letteraria della Banti ha inizio

*nel 1937 con l'*Itinerario di Paolina, *un lavoro « autobiografico », seguito da una piccola raccolta di racconti,* Il coraggio delle donne *(1940); nel 1941 esce* Sette lune, *il primo romanzo della Banti, mentre il 1943 è l'anno de* Le monache cantano. *Tutte queste opere appartengono alla produzione bantiana a torto meno conosciuta: il successo della scrittrice si assicura piú continuativamente — dal '47 in poi — con opere come* Artemisia, Le donne muoiono *(1951), fino a quelle piú recenti degli anni Settanta:* Je vous écris d'un pays lointain, La camicia bruciata, Da un paese vicino.[11]

NOTE

[1] Firenze è la città curiosamente odiosa/amata dalla Banti; è qui che dal 1940 — e quasi ininterrottamente nella villa di Via Benedetto Fortini — ha svolto e continua a svolgere il suo lavoro creativo e critico (da molti anni Anna Banti cura la rubrica filmica dell'« Approdo letterario » e segue le due riviste di « Paragone », di arte e di letteratura, entrambe fondate da Roberto Longhi; della rivista letteraria, dopo la scomparsa del Longhi, la Banti è anche il direttore responsabile).

[2] « Che importa chi parla, qualcuno ha detto, che importa chi parla »: è in questa indifferenza, pensiamo, che bisogna riconoscere uno dei principi etici fondamentali della scrittura contemporanea. E la frase di Beckett, estratta dagli *Scritti letterari* di M. FOUCAULT (Milano, Feltrinelli, 1971, p. 3), potrebbe servire da motivazione al ritegno biografico della Banti; tuttavia, e le persone che l'hanno incontrata lo sanno, è facile che, parlando d'altro, la scrittrice si lasci andare a ricordi personali (« Ho avuto un'infanzia felice, un poco solitaria, da figlia unica... Mio padre era un uomo di cultura ottocentesca... In casa mia si parlava costantemente in francese... Sono stata libera di viaggiare quando la cosa era inaudita... La storia del mio pseudonimo è curiosa: Anna Banti era il nome di una persona realmente vissuta che abitava a Prato; era una donna eccezionalmente bella; usai per la prima volta questo pseudonimo in una mostra di marionette a Milano... Ho avuto la scarlattina a diciassette anni; fu un trauma... Il Longhi era il mio professore... »). Si vede bene come, da queste sfilature di ricordi, si potrebbe ricostruire un'intera vita e un'epoca.

[3] *Lorenzo Lotto*, Firenze, 1953; *Claude Monet*, Milano, 1956; le altre opere di critica d'arte sono: *Fra Angelico*, Milano, 1953; *Diego Velásquez*, Milano, 1955, e una traduzione di F. Carco, *L'amico dei pittori*, Milano, 1955 (v. Nota bibliografica).

La tesi di laurea A.B. la svolse su *Marco Boschini scrittore d'arte del secolo XVII* (edita in « L'Arte » di A. Venturi, anno 22, 1919); sulla medesima rivista, nel 1921, apparvero altri due scritti: *Pietro Testa incisore e pittore* e *Una raccolta di xilogra-*

fie cinesi. Il suo lavoro di tesi fu una delusione, ricorda la Banti (cfr. *Sette lune*, il primo romanzo della scrittrice, pubblicato nel 1941).

[4] Questa difficoltà di collocazione non vuole essere un alibi di comodo (cfr. con quanto scriveva A. NOFERI sulla « Fiera letteraria » del 3-2-1957 a p. 2: « Approssimarsi alla narrativa di Anna Banti con la mentale pigrizia di chi si avvale di certe categorie predeterminate significa senz'altro precludersi la via ad intenderne le ragioni; cosí poco "classificabile" appare la sostanza di questa scrittura, e cosí vari e lontani gli alimenti di cui si è nutrita »); G. CONTINI, ad esempio, risolve il dilemma ponendo, nella sua *Letteratura dell'Italia unita* (Firenze, Sansoni, 1968; e nuovamente in *La letteratura italiana, Otto-Novecento*, Firenze, Sansoni/Accademia, 1974), un brano antologico estratto da *Artemisia*, insieme alle annotazioni preliminari, nella rubrica « Aura poetica e solariani » (fra G. Manzini, A. Bonsanti, G. Comisso, C. Alvaro, G. Debenedetti, E. Vittorini, G. Tomasi di Lampedusa, L. Santucci).

[5] Inoltre V. Woolf, K. Mansfield, Colette e, aggiungiamo noi, per certi toni post-ottocenteschi dei cosiddetti « racconti borghesi », anche G. Deledda e M. Serao. Per quanto riguarda l'« isolamento » bantiano dobbiamo segnalare che esso dipende anche dall'inizio « ritardato » della sua attività propriamente letteraria; comunque, oltre gli scritti d'arte che, come abbiamo visto, risalgono al 1919-'21, subito dopo la pubblicazione dell'*Itinerario di Paolina*, avvenuta nel 1937, la Banti ha collaborato a « Oggi », a « Omnibus » ed al supplemento letterario dell'« Illustrazione italiana » (diretto da E. Cecchi). Dopo la guerra, la scrittrice ha curato, negli anni 1945-'46, una rubrica di costume sul « Mondo » di A. Bonsanti (cui collaborava insieme a Montale, Longhi, Loria, Papi, ecc.).

[6] La BANTI medesima ebbe presto a segnalare la necessità del « tradimento » in « Paragone », n. 20 (*Romanzo e romanzo storico*, ora in *Opinioni*, Milano, Il Saggiatore, 1961); l'importanza della presa di posizione, del resto, merita senz'altro un discorso fuori di nota (cfr. cap. V).

[7] Crediamo che tale formazione travalichi il valore di « distintivo » culturale; possiamo subito puntualizzare che la stessa poetica del romanzo storico, nella scrittrice, viene assunta con i toni e i colori « deformanti » del realismo dei seicenteschi (il Caravaggio in particolar modo rappresenta tuttora per la Banti il Maestro in assoluto).

[8] Il concetto di funzione rinvia qui alla definizione e all'uso di J. TYNJANOV in *Avanguardia e tradizione*, Bari, Dedalo libri, 1968 (cfr. p. 47: « Io definisco funzione costruttiva di un elemento dell'opera letteraria come sistema la sua possibilità di entrare in correlazione con altri elementi e, quindi, con tutto il sistema »).

[9] La frase intera è di F. SQUARCIA: « Scrittrice per vocazione, ma per la stessa varietà delle sue risorse (saggistiche, liriche oltre che narrative) votata a una rischiosa ma feconda perples-

sità », ed è estratta dall'articolo *Passione del mito femminile*, apparso su « La Fiera letteraria » del 3-2-57 a p. 5.

Il numero della rivista è interamente dedicato alla Banti e vi figurano interventi di Bigongiari, A. Noferi, De Robertis, Pasolini, M.L. Spaziani, Arcangeli, M. Pieracci, Piccioni, Bassani, Cecchi, Bo, Bertolucci, Gorlier, Portinari, Romanò, insieme a *16 domande ad Anna Banti*.

[10] Basterebbe, per evidenziare uno scorcio dei problemi delle coincidenze, ricordare solo quattro nomi « generazionali » (nel senso indicato da Macrí): Gadda, Pizzuto, Alvaro, Manzini, perché spontaneamente le diramazioni si facciano evidenti.

[11] Quest'ultima opera è uscita nel 1975; le altre due sono rispettivamente del 1971 (*Je vous écris d'un pays lointain*) e del 1973 (*La camicia bruciata*).

I.

« PROSE »

« Mr. Jourdain faisait de la prose pour
demander ses pantoufles et Hitler pour
déclarer la guerre ».

J.-P. SARTRE

1. Nel 1937 appare il primo libro di Anna Banti, l'*Itinerario di Paolina*. Accanto al titolo, nelle bibliografie dei ma-
nuali di letteratura e sui risvolti dei volumi pubblicati successivamente, appare la sigla di definizione « Prose »;[1]
effettivamente il testo non si definisce, d'acchito, né come
romanzo né come racconto vero e proprio, bensí, per la
sua suddivisione in « capitoli », poteva benissimo ricevere
una qualificazione condizionante solo a metà, solo cioè se
ristretta al significato d'esercizio formale nei moduli della
« Prosa d'arte ».[2] Con questo, non si tenta di redimere la
determinanza dei contatti con l'area piú propriamente cec-
chiana e rondista dei *Pesci rossi* e la stessa Banti non di-
sconosce questo possibile accostamento;[3] retrospettivamente, però, questo primo libro, lungi dall'apparire come un
esercizio preliminare al romanzo, si rivela straordinariamente pieno delle opere future, non soltanto nel disegno
esteriore che la protagonista descrive nella sua breve traiettoria, dall'atto di forzata esistenza al proprio dissolvi-
mento, bensí in quei minimi elementi del discorso narrativo che si riveleranno costitutivi dell'opera posteriore.

Alla domanda fattale, venti anni dopo, sulla eventualità
di una ristampa di questo primo libro, la Banti rispondeva:

« Assolutamente no, anzi non lo stamperei neppure. Venti
anni di lavoro nel clima che abbiamo traversato hanno agito
profondamente sulla mia vocazione letteraria. Ciò non significa che io rinneghi il mio primo libro, tutt'altro, io lo ritengo storicamente valido, anche se non attualmente portante ».[4]

11

E nel riconoscere la validità storica di questo primo lavoro c'è da supporre che Anna Banti si richiamasse proprio a quell'esperienza della « Prosa d'arte » che le era servita piú che altro come scelta di avvio dell'itinerario: chi avesse voluto arrischiarsi sulla via del romanzo in quegli anni avrebbe rischiato il tutto per tutto[5] e, curiosamente, da questa situazione di precarietà estrema il romanzo avrebbe potuto trarre ogni vantaggio per rinnovarsi, nei moduli e nella forma, proprio dalla collusione con la tendenza disgregativa del *frammento*, prima, e del *capitolo*, poi. Per la Banti e altri[6] la « prosa » si è « riempita », ritracciando la via del racconto pieno. L'*Itinerario di Paolina*, quindi, oltre ad essere il punto di partenza interno alla storia della Banti, è anche un punto di contatto estremamente pertinente in tutta l'area problematica del romanzo degli anni Trenta; e l'*Itinerario*, forse piú di ogni altra opera coeva, porta l'impronta di questo contemporaneo disgregarsi e riformarsi del romanzo. Dalla parte della frantumazione sono i *capitoli*, i « soggetti » che articolano il racconto, mentre i « ricordi » stanno dalla parte della storia vera e propria. « Prose autobiografiche » ebbe a scrivere Bàrberi Squarotti, e la definizione va perfettamente, perché di autobiografia si tratta; anzi, l'opera apre la serie di un breve ciclo scopertamente autoreferenziale.

2. I tredici capitoli dell'*Itinerario* ritracciano la storia di Paolina (Anna Banti), dall'infanzia fino all'Università: Paolina, da una città che presumibilmente è Firenze, si sposterà a Bologna e infine a Roma (tutte città in cui realmente la scrittrice ha vissuto, come reali furono le puntate a Prato e a Forte dei Marmi). Il racconto, abbiamo detto, non si svolge secondo una linea di continuità (si pensi all'intermittente ma reale modulo di svolgimento narrativo di *Tempo innamorato* della Manzini); semmai, questa linea si ricostruisce mettendo assieme i segmenti segnati all'interno di ogni capitolo, assolutamente compiuto in sé, ma legato agli altri perché rappresenta una tessera di quell'insieme che è l'« itinerario » di Paolina. Ecco, ad esempio, un brano del pezzo di apertura:

« *Radici*. Una stanza buia in fondo a un corridoio. La porta è chiusa e si sa che anche il corridoio è buio, ma l'oscurità non fa paura, è gioviale, frizzante di imprevisto e come foderata di luce al di là delle pareti. La fantolina avverte che basterà scalfire con un gesto o con un grido tutto questo nero perché il chiaro ritorni; sicché accetta con entusiasmo le condizioni del momento e si accontenta di ballare silenziosamente sul braccio della "tata" aspettando il prodigio. Allora una voce nasce dietro ai muri, trapela e cresce pian piano. È una voce familiarissima, anzi la "sola" voce, ma cosí lontana ed incerta da non essere piú un suono ma un volo misterioso, oscillante. Ora il buio vibra al sospetto del primo chiarore, ed eccolo insidiato da un'alba bianchiccia che si annunzia e subito si diffonde a ventaglio sotto l'uscio. Il canto ispessisce, prende contorni, si solidifica, fermo ad ali tese, come un pericolo o una fortuna. La paura deliziosa si sfoga in eccitazione. Il colmo della felicità è raggiunto un attimo prima che la porta si spalanchi e appaia la mamma, chiara e sorridente, col lume a petrolio in mano appena acceso [...]. È questo il primo ricordo di Paola: uno scherzo che la giovane mamma usa fare, tutte le sere, alla sua bambina di un anno e mezzo, al momento di accendere il lume ».[7]

E nel quadro dai toni bassi, crepuscolari quasi, la parola ricordo è detta; tutta la descrizione, in un crescendo rallentato (stanza, porta chiusa, buio, voce, luce e la mamma) converge verso la nominazione dell'evento che è il primo ricordo, fra tutti gli altri, di Paola, del « si sa » e della « fantolina », chiaramente sostitutivi dell'io. Proprio dall'assunzione della terza persona [8] deriva questa illimitata possibilità di allontanamento del « fatto »: chi scrive dal fuori di sé può vedere e descrivere anche un evento assolutamente interiore, senza intaccare la credibilità del racconto. Sono queste le ragioni del ricorso alle « metafore dell'io » in Marcel Proust; la sostituzione dell'io con « egli » (o « lei ») ravvicina maggiormente alla struttura del racconto, consente, cioè, non solo la messa a distanza del soggetto ma dà anche la possibilità del richiamo colloquiale al lettore, per coinvolgerlo nella vicenda al di sopra del personaggio medesimo:

« [...] quel suo passato cosí volontariamente negletto le gioca dei tiri che sarebbe ben facile scoprire, ma che essa subisce senza sospetto. *Provatevi*, ad esempio, a parlarle di una cuffia di velluto rosso, che, come dice la mamma, le stava tanto bene all'età di quattordici mesi. *La vedrete* subito annoiata, perfino imbronciata ».[9]

Non è difficile notare che quella che si usa definire « prosa rarissima » della Banti (Portinari) [10] trae non poche riuscite da questa alternanza di registri « di persona »,[11] e non dalla parte del soggetto dell'enunciato, il personaggio, quanto da quella del soggetto dell'enunciazione, l'autore, che è, sí, mimetizzato, ma non tanto da rendersi irreperibile nel discorso, sia nei modi piú sfuggenti dell'inflessione commentativa o ironica (si vedano sopra i tiri del tempo che Paola subisce senza sospetto) che, piú propriamente, parlando al personaggio, rivolgendosi con il « tu » all'altro da sé:

> « *La zia Eugenia.* Paola ha dieci anni, ha cambiato città, e la zia Eugenia già da tre anni è morta. La bambina non ci pensa, o, se ci pensa, avverte come una scossa elettrica traditrice da cui prova il bisogno di allontanarsi quasi fisicamente, in tutta fretta: poi un sipario cala e la zia, piú che morta, non è mai nata. Paola, e come mai? Se *ti ricordi* bene, c'è stato un tempo che averla accanto era cosí ovvio come dormire e mangiare ».[12]

E ancora:

> « Ma se passava la zia... Già la zia non *potevi* trovartela accanto all'improvviso; la *presentivi* e in fondo *stavi* sempre ad aspettarla [...] *Tu* non *t'accorgevi* che, rifacendo il letto, la zia dopo aver rincalzato il lenzuolo a destra passava a sinistra ».[13]

Ed è, questo « tu », indizio sia dell'emersione del ricordo con maggiore intensità affettiva che del rapporto interno fra chi scrive e chi viene scritto: la Paola di oggi si rivolge alla Paola del passato (a se stessa di ieri) per dirle: ricordi?, come a una persona presuppostamente amica ma altrettanto distante quanto basta per vedersela accanto (« [...] un colpo sordo: è caduto un libro, un tagliacarte, e par di vedere il gesto di una ragazza che si china a raccoglierlo ») e poterla cioè indicare con il « tu ». Perché, in fondo, nello *status* di ogni discorso autobiografico, dietro alla formula « io ricordo » (o « egli ricorda ») esiste sempre la possibilità di pensare in termini estranianti di « io ricordo come eri tu »; e questo personaggio « tu » è il proprio « io » passato.

3. Paolina, dunque, è il « tempo perduto » di Paola, e a volte i modi di riemersione del *temps revolu* vengono spontaneamente a ricongiungersi con i modi proustiani della *madeleine* o dei *clochers*:

« Ma Paola non si accorge che il suo passato le si fa presente senza che essa lo cerchi, e si fa amare da lei di sbieco, per certi riflessi imprevisti che illuminano non tanto la sua vita di ogni giorno come il mondo delle immagini e dei suoi desideri. *Riaffiora*, questo passato, con i periscopi di certi aspetti e suoni, di certe *contingenze sensitive* restate nella mente come punti fissi di esperienze e accettate come originali, native. Cosí i *fiori e i colori* sulla tazza di un primissimo *caffellatte mattutino, la luce di un angolo fra due finestre, un'aiuola di giardinetto*, possono di nascosto soffiare la verità e la bellezza sulle storie piú astratte e piú quotidiane ».[14]

Altrettanto facilmente si può presumere che la Paola attuale non ignori che le « intermittenze del cuore » ormai non possono recuperare il passato, il quale rimane imprigionato interiormente e da lí agisce e deforma il nostro essere, estraniandolo da sé; per questo Paolina dice che la sua immagine di oggi non combacia piú con quella trascorsa: quella era un aspetto di questa; il passato è la vera vita, non perché può essere rivissuto in quanto tale, ma perché può trasformarsi in materia di racconto della sua vita, o solo racconto:

« Cosí il grido di un giornalaio inteso per un risveglio insolito, a ora tarda, nel cuore della piú tenebrosa infanzia, *può prestare la voce a tutti i lupi mannari e agli orchi della letteratura*; e il passo ambiguo di un gallo natalizio, sorpreso dietro l'uscio di cucina, *calzerà come un guanto al fantasma della cattiveria nascosta, del diavolo stesso* ».[15]

Se da una parte, quindi, come scrive J. Starobinski: « Toute autobiographie — se limitât-elle à une pure narration — est une auto-interprétation »,[16] dall'altra, accanto al desiderio, appunto, di auto-analisi o, meglio, di analisi di sé dietro lo schermo dell'altro, vi è sempre la segnalazione continua della possibilità, anzi dell'obbligo, di trasformare il passato in « racconto »: solo il racconto, in ultima ipotesi, è il mezzo dell'analisi:

« Quando Paola *si racconta*, dopo tanti anni, le circostanze del suo primo lutto, cominciano a questo punto i suoi rimorsi. Perché alla prima parola sbigottita della mamma (era l'alba e il viso della nonna era divenuto come pietra), quella parola che aveva già definito e accettato un fatto cosí straordinario, la bambina non ebbe che un pensiero: fuggire [...] Per piangere — e Paola voleva piangere a tutti i costi — essa avrebbe dovuto *raccontarsi* la morte della nonna; ma come raccontare una cosa tanto semplice? ».[17]

15

4. Si tratta dunque — ed è questa, a nostro avviso, l'intuizione strutturale piú nuova dell'opera — di «raccontare» a Paola, divenuta adulta, il passato di Paolina, affinché possa «auto-interpretarsi»; ed è facile vedere come il classico rapporto a senso unico fra chi scrive e chi è scritto si trasformi in una vertiginosa possibilità di scambio. Paola racconta di sé a se stessa:

«Chi le dicesse che quelle fantasie cosí vagheggiate non sono che il riassunto del suo passato; che quelle vigne in cui vorrà vendemmiare, quel mare in cui vorrà bagnarsi sono le vigne e il mare della scorsa estate, la sconcerterebbe assai e forse l'avvilirebbe. Eppure il meccanismo della sua immaginazione è cosí scoperto che se le capita di sentirsi dire "Quando sarai grande ti sposerai, avrai dei bambini, una casa...", questa eventualità pure chiamata spesso nelle finzioni dei giochi fra ragazzette, la infastidisce tanto da farle imbastire un broncio di mezza giornata»;[18]

e Paolina prepara il racconto per Paola:

«Un panorama di vita può intravedersi fra quella messe di dettagli, ma quel che risulta chiaro è la lucidità dei ricordi di cui il discorso è tessuto. Paolina, insomma, non sa ricordare in sede propria, ma ha annotato accuratamente ogni tratto della sua esperienza per riferirlo alla sua vita di adulta. Vi accorgerete che nulla le è sfuggito: che ha capito il piacere di camminare all'aria aperta [...] Il sapore della vita spicciola l'ha dunque trovata attenta e fervida; solo essa non l'ha gustato che per riporlo nel granaio del futuro».[19]

I brani potrebbero allinearsi ulteriormente, a dimostrazione di questa scissione intercambiabile di identità narranti che, tutto sommato, tendono alla ricomposizione, al recupero del tempo, non per riviverlo piú luminoso e decantato — come in Proust, ad esempio, ove il *jeu est payant* — ma per rimuovere dalla vigilanza dell'io quei traumi e quei fantasmi repressi e trarre la spiegazione dei tanti fantasmi attuali. Raramente, nella Banti, il momento epifanico[20] è momento di felicità; tutt'al piú può trattarsi di «parvenza di felicità», dei giochi finalmente voluti, delle scorribande proibite e, quasi sempre, con l'insorgenza angosciata dei fantasmi trascorsi, che puntualmente ripetono quelli attuali. Dall'uggia dei giochi scontenti («A cinque, a sei anni il ragazzino è ridotto a giocare e giocare, sgobbando come un forzato»)[21] alla sensazione sempre piú definita di un destino di non-felicità: ed è alla scoperta di queste tracce di percezione inconscia che si consuma gran parte dell'« itinerario ». Da quel « secondo ricordo non buono » della scontentezza di certi risvegli infantili, il tempo ha accumulato a misura, insidiosamente, il « gusto della cattiva sorte »:

« "Giochiamo alle sposine". Questa volta Paola è addirittura sbalordita e secondo il suo naturale dimentica di domandare spiegazioni per rimuginare in silenzio di cosa mai possa trattarsi [...]. E aspetta: sente che qualche cosa deve venire che merita la spesa dell'acquiescenza. Ora dirige Silvia mescolando i gesti e la spiegazione, raccontando e insieme recitando "io ti dico che il mio sposo mi fa tanti regali [...] E tu devi dire: Io invece no, sempre in casa, chiusa a pane e acqua coi vestiti rotti. Il mio sposo non mi vuol bene".

« Cosa è successo? Se Paola non ripete le parole della compagna non è, ora, per annoiata indocilità [...]. Un viale, una dama in carrozza, una pedina, quelle altezzose vanterie a voce spiegata e la verità umile e nera imposta frettolosamente [...]. "È vero, è vero, il mio sposo non mi vuol bene" scandisce il dondolio dei panchetti. Un nodo alla gola, un avvilimento che fa mutar pelle e, sopra tutto, un senso di inebriante amarezza: il gusto della cattiva sorte ».[22]

Ed è sintomo certo di non guarigione quel movimento spontaneo di rifiuto al gioco, che altro non è se non un accumularsi delle prove che sentenziano l'inevitabilità di un destino infelice; Paola, ora come allora, lavorerà a rimuovere i suoi fantasmi con compensi immaginari di « singolarità » preziosa:

« Ormai suggestionata da quella idea vaga che già lei non può avere quello che hanno tutti, comincia a provare per le situazioni piú facili e solari una ripugnanza che diventa vergogna e quasi intolleranza qualora le si presenti il pensiero che forse anche a lei, un giorno o l'altro, toccherà una sorte comune, benigna [...]. Quando, piú tardi, tirati fuori i balocchi, stabilisce le circostanze della rappresentazione che sta per cominciare, non la vedrai mai assumere la figura di una madre di famiglia, ma preferire qualche parte meno centrale, piú cancellata. Sarà, generalmente, la zia della bambola: una zia non molto chiara, che porta a spasso la nipotina, la guida con dita un po' distratte e la dimentica sulla prima sedia incontrata [...]. Anche oggi la sua posizione si sottrae a un piano di normalità, non per eccellere ma per costeggiare, e le sue mosse, appena uscite da lei, prendono forme irregolari e una portata imprevista ».[23]

5. Di rado si ritroverà un racconto con una *mise en abyme* cosí ribadita, il tempo nel tempo esattamente identico, ripetuto in se stesso: il passato che racconta e il presente che scrive si riflettono vicendevolmente, solo che il secondo è il futuro smentito del primo:

« Sarebbe cosí naturale pensare: "Quando avrò un bambino non mi vorrà bene soltanto per le favole che gli racconterò"; ma Paola non è già relegata su una vetta brulla fuori della pianura della vita? Fra poco la sua bocca puerile imparerà un sorrisetto ironico che fa dolere le guancie ».[24]

Neanche una amicizia alla Grand-Meaulnes su cui contare; e bene o male le toccherà ritagliarsi una parte su misura con la fantasia, in modo da esorcizzare, malgrado tutto, questo tempo, anzi questi episodi di tempo che si scontano procedendo con le « spalle voltate ». A volte sarà l'occupazione immaginata di un giardino (l'aranceto), un supposto rapporto di amicizia a spianare, seppure precariamente, i nodi dell'itinerario e a rendere per poco « tutto a misura, a portata di mano ». Sono gli attimi in cui Paolina si incanta a descriversi le cose minute come straordinari avvenimenti che diventano tali solo per la sua ansiosa attenzione:

« Gli zoccoli del cavallo si danno importanza; le ruote poi sembrano sgretolarsi come biscotti sotto i dentini dei ciottoli minuti, e tremano ripetendo la erre del sillabario ».[25]

Tutto diventa funzionale per la storia che Paolina si viene raccontando: frammenti di ricordi delle prime immagini, dei primi giochi, dei tentativi mancati di comunicare con gli altri; la scoperta del proprio esistere, le prove con il mondo: la scuola, i viaggi di vacanza, le pratiche banali e comuni di ragazza medio-borghese e uno stranissimo sogno che per essere collocato proprio alle porte dell'adolescenza acquista una portata sorprendente. Si era accorta, la Banti, di raccogliere, con Paolina, materiali per un'analisi? Il risultato è che molti punti dell'*Itinerario* si prestano alle regole dell'interpretazione psicanalitica (il racconto di Paolina serve a spiegare il presente di Paola). L'ipotesi trova una ulteriore conferma quando si considerino i contenuti del sogno che appare nel penultimo capitolo: Paolina è al mare, presumibilmente in vacanza, e sul far del mattino, mentre il sole si infiltra con la brezza marina nella camera, inizia il sogno:

« Attraverso le persiane chiuse il mare arriva con una brezza leggera, e, smorzando le fiamme mattutine del sole di agosto, si china a lambire, sul pavimento, le lame dei riflessi [...] Il sole è già alto, ma nel sonno di Paola albeggia appena [...] Il respiro tranquillo batte il tempo al sonno e alle immagini [...]. Una pupilla mascherata si è scoperta, un sipario si è alzato: nell'aria suonano le campane. Il sogno appena nato scivola sulla gran pianura marina che allarga e distende il suono ».[26]

E la scrittura gradatamente integra il sogno nel paesaggio, sulla scia di una naturale continuazione che *emboîte* il paesaggio reale nel paesaggio onirico e, in questo progressivo slittamento, i contorni del sogno si staccano via via che la scrittura li delinea: l'eco del suono delle campane, l'incontro di Paolina con le quattro vele bianche:

« Sono ali bianche, riconosce Paola, convinta della realtà della sua posizione di dormente, dirigendo cauta il suo sogno. Due angeli — nessuna meraviglia — e le loro vesti bianche, alte come colonne. Due angeli che sorvegliano il mare, a prua e a poppa, e hanno i dorsi nivei ripidi come montagne [...] e la mano, appoggiata al bordo del vascello, riconosce lo scabro di un margine marmoreo. Del resto la memoria lavora per suo conto, e suggerisce in un cantuccio: "San Giuliano traversò il mare in un sarcofago, portato dagli angeli alla sepoltura": ma ormai il sogno è gonfio di verità e sfida ogni controllo ».[27]

Nel sarcofago c'è lei, Paolina, « una martire inedita, convinta, attentissima », mentre per gradi progressivi subentra il sentimento della coscienza di sognare e quindi il gesto di stornare gli angeli dall'itinerario primitivo verso la sepoltura; Paola prega affinché gli angeli manovrino verso il largo:

« Sento che la riva è vicina perché le onde si fanno piú grosse. La sabbia sarà infuocata, e sotto l'altare dove mi metteranno non c'è un filo d'aria. Voi volate, queste cose non le sapete. Portatemi ancora un po' per questo mare verde come i campi del paradiso [...]. Gorgogliano le parole, opprimendo il silenzio [...]. Un urto definitivo: e l'immobilità del primo istante è già durata un secolo ».[28]

Il sole, filtrato dalle persiane, riassorbe il sogno; Paola si sveglia, ritrovandosi viva, quasi resuscitata, mentre:

« lontana, ormai disincorporata, la martire distesa nel sarcofago riacquista per un attimo i contorni, saluta, svanisce; e la memoria [...] trasmette con esattezza, restituendo il quadro del sogno e stabilendone la filiazione dalle pagine della Legenda Aurea ».[29]

6. Dalle ampie citazioni ci si può facilmente rendere conto come il racconto onirico si accosti ad una qualsiasi relazione di sogni freudiana:[30] la coscienza di sognare frammista alle immagini oniriche, la citazione della « fonte », il commento del risveglio. E la decifrazione del sogno apporta una singolare verifica che travalica il puro e semplice valore di luogo di condensazione dei fantasmi dell'auto-lesionismo di Paolina: dalla ricerca della solitudine come rifugio, al desiderio stesso (e aggressivo) della frustrazione come compenso (il martirio già scontato da altri nel sogno).

Ma analizziamo ancora brevemente il meccanismo delle immagini oniriche: il materiale di composizione esplicitamente indicato nella fonte — la lettura della *Légende dorée*, dove appunto si narra di un San Giuliano, che si festeggia proprio nel mese di Agosto — è di quelli che vale perché si tratta, appunto, di un manuale di vite di Martiri, di vite singolari, dunque; da qui è facile risalire al preesistente stato di disposizione al martirio di Paolina piú volte tempratasi al « gusto della cattiva sorte » ed al conseguente desiderio di rivalsa nell'idea di una esistenza assolutamente singolare: da qui la sostituzione di Paolina al San Giuliano del sarcofago che vola. Anche gli elementi delle immagini oniriche sono tutti motivati: dal suono delle campane, verosimilmente udito, a certe reminiscenze visive di scherzi del vento sulla sponda del mare, una barca realmente incontrata, ecc.; un sogno perfettamente logico, dunque; e si pensi a una definizione di Freud: « I sogni [...] non sono privi di significato [...] non sono assurdi [...] Al contrario sono fenomeni psichici pienamente validi, soddisfazioni di desideri [...] il sogno è la soddisfazione del desiderio ».[31] E il desiderio inappagato di Paolina non poteva essere che la realizzazione dello stato di eccezionalità raccolto nella condizione di martirio; ed effettivamente, dopo il sogno, Paolina si sente ripagata da « una soddisfazione segreta, uno struggimento squisito, un trasalire ineffabile per quel sogno che voleva dire tante cose ».[32]

Il sogno, dunque, che a decifrarlo piú a fondo condurrebbe, forse, fino al desiderio inconscio di regressione ad uno stato di purezza pre-natale, non è soltanto l'appagamento di durata provvisoria, bensí una chiarificazione circa l'entità e la natura stessa del proprio desiderio: la delusione successiva alla constatazione della transitorietà del *rêve* sarà compensata dall'intuizione premonitoria di un itinerario sostitutivo: quello già intravisto nel « gusto di giocare alla vita degli altri ». La materia dei propri fantasmi diventerà la sostanza di altrettante vite supposte (e non sarebbe la prima volta che la letteratura si trovi ad essere smascherata come strumento di compensazione).

Al momento della resa dei conti, dunque, l'episodio del sogno non mancherà di rivelarsi come una verifica ultima, per Paolina e per la scrittura; e se il cerchio della narrazione, come in ogni prosa di memoria, dove il passato è condannato a ricongiungersi con il presente, non si richiude perfettamente, è perché il voluto zigzagare nel tempo non ritrova pronti i punti di connessione lasciati sospesi per il futuro. Eppure, la storia di Paolina si chiude con una immagine di luce nella delusione — il mazzolino di ciliege donato — identica alla luce nel buio del primo ricordo: una unità dispersa, perfettamente ricalcata dai modi di una scrittura compatta e fitta dietro la barriera dello stile indiretto libero (interrotto solo da quegli strappi di persona), dove, appunto, la latitudine della narrazione può spaziare senza forzature, inglobando nel *récit* descrizione e discorso.

Questi i motivi dell'alternanza di registri nella prosa bantiana: un mescolarsi a sorpresa di moduli regolari, soggetto e gruppo determinante (è quello che da sempre si configura come modello saggistico), con frasi assolutamente deformate da un aggettivo o da uno scarto di tempo o di persona. Citiamo due esempi-limite, ma non rari: « Dunque, accusiamo ricevuta di due baci a stampo sulle guance, incassati da un minuto o da un secolo »; « Dunque si dice: Carità. Andò, come a un ufficio d'informazioni, dalle suore di Carità ».[33] È evidente come la brevità dell'enunciato costituisca un elemento « estraniato » in uno schema di stile a volte assolutamente trasparente:

« Neanche i manifesti si son mossi: eccoli, appena un po'

piú pallidi, accostati nell'ordine solito, senza uno sgarro: il leone e il gladiatore, la ballerina con la bottiglia, il vecchio e la vecchietta del cacao Talmone »,[34]

ridotto alla stessa misura dei manifesti scolorati dal tempo.

7. Uno dei segreti della sua « prosa rarissima » consiste proprio nell'assumere, insieme ai modelli di levigatezza e di precisione, certi trapunti, improvvisi — ma forse calcolati — travolgimenti nella catena dei significanti: tutte metonimie metaforiche, in genere, come il raggio di sole che rivela la *peluria* della polvere, oppure lo sguardo che « girando *per le* pareti e sul letto come un *ovattato farfallone*, apprezza e gusta ogni cosa: la *schiumatura azzurra* della penombra, le pieghe del lenzuolo di lino... ».[35]

Tutti questi esempi, volutamente estratti dall'*Itinerario di Paolina*, in quanto opera prima della Banti e, per di piú, poco reperibile, somigliano punto per punto ad innumerevoli altri che potremmo incontrare in futuro e che servono appunto come « spie » dei modi della sua scrittura, del suo stile, trovato quasi una volta per tutte, come impasto di immagini, oggetti e sensazioni, nella trasparenza estraniata di una scrittura che inevitabilmente diventa essa stessa immagine di sé, alla stessa maniera di certe tecniche compatte di pittura dove il colpo di colore diverso è costretto a disperdersi nell'insieme.[36]

Con tutto quello che l'*Itinerario di Paolina* comporta di delucidazioni, sia della propria esperienza che della propria determinazione, la Banti, invece di decidere di dirigersi verso il romanzo, come poi ha fatto, poteva scegliere altre vie, anche contro il romanzo; ma la scelta del racconto come parola del passato le si era ormai posta quale unica scappatoia per continuare a cercarsi, per continuare a cercare l'umanità in vista di quella spiegazione ultima che la produzione di fantasmi alla fine provoca, anche se non come reazione estrema. L'opera della Banti si costruirà come fuga eccentrica intorno a questa ricerca, dalle ragioni chi sa fino a che punto insondabili, sia nel testo che nell'oltre-testo.

NOTE

[1] Cfr. ad es. il risvolto del primo volume mondadoriano della Banti, *Le donne muoiono* (1951) alla voce « Nota bibliografica ».

[2] La « Prosa d'arte » è un capitolo talmente noto nella storia della letteratura italiana da rendere quasi superfluo il richiamo dei problemi e dei nomi, da D'Annunzio a Cecchi; la sua importanza è comunque innegabile per ciò che concerne la storia medesima del romanzo novecentesco (cfr. con quanto scrive PERITORE nel suo « profilo » di A. Banti sulla *Letteratura italiana*, Milano, Marzorati, 1973, vol. III de *I Contemporanei*, p. 219).

[3] E. Cecchi (come Maria e Goffredo Bellonci, del resto) era un amico dei Longhi. Si veda nelle pagine introduttive del romanzo *La camicia bruciata* (1973) un ricordo indiretto dell'amicizia dello scrittore. L'ambito culturale che era, all'epoca, piú vicino alla Banti era, appunto, quello ruotante intorno alle amicizie artistico-letterarie del Longhi. Tale ambito si allargò ulteriormente dopo la fondazione della rivista « Paragone » (nella duplice veste « arte » e « letteratura », già segnalata) ai redattori, da Bigongiari, Noferi, Bertolucci, Gadda, fino a Contini, Baldacci, Sertoli, Garboli, F. Garavini, Rossi (per citare solo alcuni dei « letterari ») e, ovviamente, alla maggior parte dei collaboratori.

[4] « La Fiera letteraria », 3-2-57, p. 2 (*Le risposte della Banti*).

[5] M. CORTI, nel suo libro *Metodi e fantasmi* (Milano, Feltrinelli, 1969), faceva giustamente rilevare come il problema della « morte del romanzo » fosse una questione di « diretta impostazione francese » (cfr. p. 93 e segg.); in realtà, il romanzo italiano ha forse avuto il suo periodo di « morte » proprio a cavallo degli anni Trenta e Quaranta e ancora oggi la situazione del romanzo italiano è molto in disquilibrio: il fronte dei *nouveaux-romanciers*, tutto sommato, è continuamente tallonato dai « classici ».

[6] I cosiddetti narratori toscani; ad esempio, Bilenchi, Bonsanti.

[7] *Itinerario di Paolina*, Roma, Augustea, 1937, p. 7.

[8] Per il concetto della terza persona, come indizio dello *status* narrativo, si veda quanto scrive E. BENVENISTE nella sua opera *Problèmes de linguistique générale* (trad. it., *Problemi di linguistica generale*, Milano, Il Saggiatore, 1971; si veda nel cap. di psicolinguistica *L'uomo nella lingua*, p. 269 e segg. e p. 283 e segg. sulla « non persona » e sulle particolarità modali del « tempo » del racconto); il problema dell'« io » e del tempo narrato, del resto, è fra i *loci* delle opere di narratologia.

[9] *Itinerario di Paolina*, cit., p. 11.

[10] In « La Fiera letteraria », *cit.*, p. 4.

[11] Nel senso ricorrente di Genette, Todorov, Benveniste e J. Kristeva, ad esempio (cfr., di quest'ultima, *Séméiotiké, recherches pour une sémanalyse*, Parigi, Seuil, 1969, pp. 143-172).

[12] *Itinerario di Paolina*, cit., p. 59.

[13] *Ibidem*, p. 60 e p. 62.

[14] *Ibidem*, p. 11 (il corsivo è nostro come nelle altre citazioni).

[15] *Ibidem*.

[16] J. STAROBINSKI, *La relation critique*, Parigi, Gallimard, 1970, p. 85.

[17] *Itinerario di Paolina*, cit., pp. 125-126.

[18] *Ibidem*, p. 17.

[19] *Ibidem*.

[20] Si veda lo studio di G. DEBENEDETTI nel suo *Romanzo del Novecento* (Milano, Garzanti, 1970) circa la funzione dell'epifania in Joyce e nel « romanzo moderno » in genere.

[21] *Itinerario di Paolina*, cit., p. 20. In una nota di costume apparsa sul « Mondo » del 5-5-45 (intitolata *Venticinque torte*) ritorna, in maniera indiretta, la metafora del gioco come imposizione: « È come quando, da bambino, lo incanalavano in un gioco sgradevole e malvagio e volevano mantenercelo imponendogliene la responsabilità. Malinconicamente il profugo ripensa alle spallucce, alle lagrime di dispetto e non si risolve alla rivincita di estraniarsi osservando: che da poco ha imparato quanto sia immorale ».

[22] *Itinerario di Paolina*, cit., pp. 33-34 (l'episodio del gioco è assolutamente reale, dice la Banti).

[23] *Ibidem*, p. 36 e p. 41.

[24] *Ibidem*, p. 43. Per la *mise en abyme*, diventato ormai un rilievo strutturale dei piú classici, vedere, fra l'altro, l'applicazione di J. RICARDOU in *Problèmes du nouveau roman*, Parigi, Seuil, 1967, pp. 171-189 e L. DALLËNBACH, *Le récit spéculaire*, Parigi, Seuil, 1977.

[25] *Itinerario di Paolina*, cit., p. 47.

[26] *Ibidem*, pp. 155-156.

[27] *Ibidem*, p. 156.

[28] *Ibidem*, pp. 157-158.

[29] *Ibidem*, p. 159.

[30] S. FREUD, *L'interpretazione dei sogni*, Roma, Newton Compton, 1970. Rinviamo anche alle suggestive estrapolazioni possibili a partire dallo studio delle libere associazioni dei racconti onirici; la critica attuale, del resto, è sempre piú tentata di passare dalle strutture all'indagine di ciò che avviene dalla parte di Freud-Lacan e della « nuova psicanalisi ».

[31] S. FREUD, *L'interpretazione dei sogni*, cit., p. 134.

[32] *Itinerario di Paolina*, cit., p. 161; questi esempi durano fino a *Tela e cenere* (uno degli ultimi racconti bantiani, pubblicato su « Nuovi argomenti », marzo-aprile 1973).

[33] *Ibidem*, p. 165.

[34] *Ibidem*, p. 47.

[35] *Ibidem*, p. 158.

[36] Nel '37 Anna Banti era già « una signora a scuola di Caravaggio » (cfr. la recensione a *Due Storie* di C. GARBOLI in « L'Espresso », del 12-4-70).

II.

RACCONTI

« Autrui a barre sur moi »
« L'enfer c'est les autres »
J.-P. SARTRE

1. Per avvicinarsi alla produzione dei racconti della Banti occorre porsi davanti ad un quadro cronologico che possa servire da schema-guida. Una constatazione: regolarmente, dal 1938 in poi, la Banti ha pagato il tributo che ritiene di dovere al racconto lungo:[1] dal '40 ad oggi la scrittrice ha pubblicato sei raccolte di storie: *Il coraggio delle donne* (1940), che riunisce la produzione immediatamente anteriore; *Le donne muoiono* (1951), con tutti i racconti dopo il '40, salvo il primo che è del '38; *La monaca di Sciangai* (1957), in cui compaiono vari racconti già pubblicati, anteriori al '40, e altri scritti dal 1950 al '57; *Campi Elisi* (1963) che, oltre a raccogliere quasi tutte le storie già note, contiene quelle scritte dopo il '55; *Je vous écris d'un pays lointain* (1971), con racconti del 1969-70 (quello che allora era chiamato l'ultimo romanzo della Banti, *Noi credevamo*, era uscito nel '67); *Da un paese vicino*, l'ultimo libro di racconti, uscito nel 1975.[2]

2. *Il coraggio delle donne*, che è, fra l'altro, il primo libro della Banti pubblicato a Firenze, comprende cinque racconti: *Felicina, Sofia o la donna indipendente, Inganni del tempo, Vocazioni indistinte*, e, appunto, *Il coraggio delle donne*,[3] un titolo emblematico per piú di un segno, ma in particolare per quella che potrebbe apparire come una svolta nella storia bantiana (la svolta tuttavia non è sostanziale, bensí è una conferma della tematica iniziata con l'*Itinerario di Paolina*). Come la Woolf, Anna Banti si era convinta che una donna « potesse dire una parola nuova nell'ambito del romanzo moderno »,[4] non solo per l'acuità

interiore, cosí contigua alla nevrastenia, propria della donna, ma anche perché intendeva fare della donna un oggetto di racconto diverso da come gli scrittori-uomini potevano o possono farlo; insomma, si trattava di porre dietro al celebre *Madame Bovary c'est moi*, un *moi* piú vicino. Ma se una donna scrive di un'altra donna, raramente sfugge all'etichetta di « femminismo » e la Banti, da *Il coraggio delle donne* in poi, non ha fatto eccezione se, nell'*Allarme sul lago*, Eugenia dice in tutte lettere: « Non sono femminista, vedete »; e crediamo che la leggenda di femminismo sia potuta non solo attecchire, ma durare, anche per certi titoli determinanti: *Le donne muoiono*, *Il coraggio delle donne*, senza contare la galleria dei nomi-emblematici: Paolina, Felicina, Marguerite Louise, Arabella, Artemisia, Lavinia; accanto ad essi, pochi nomi maschili (cfr.: « Non temevo gli uomini, vi ho detto, ma le donne le ho rispettate sempre moltissimo »).[5]

Se « femminismo » c'è, dunque, è innanzitutto la conseguenza inevitabile del fatto che una donna scriva di un oggetto che conosce in maniera molto ravvicinata e nel modo piú critico possibile; è la prima volta, crediamo, che nel romanzo moderno si rappresenta la donna come un essere incasellato in una vita totalmente priva di senso, anzi assurdamente piena di « sensi unici »: matrimonio, figli, casa; anche la variazione dell'amante, non è poi tale, per la donna borghese; e vale ricordare che, in questi racconti, la Banti ha davanti a sé non solo il conformistico panorama della vita della donna « anni '40 », di cui non parla affatto, sebbene sia impensabile che non l'abbia registrato, ma soprattutto gli anni del « pionierismo » femminile, gli anni, cioè, in cui anche le *jeunes filles rangées*, alle quali la Banti si riferiva e nelle quali certamente si riconosceva, aspiravano a un riscatto spirituale e sociale.

Amina, Felicina, Sofia, Teresa, Ofelia: cinque nomi di donne, cinque storie simili e nel contempo diverse: un ritardo, un tradimento, una estate, un viaggio, una vocazione tradita; questi gli intrecci minimi che, malgrado tutto e non eccezionalmente, sfuggono alla prova del contenuto: « piú che il racconto secondo un certo schema, ligio a convenzioni tradizionali, si ha [nella Banti] un modo di sentire, una maniera abbreviata di svolgere i fatti, una sequenza di motivi e di motivazioni intorno a un tema », ebbe a spiegare Peritore[6] riguardo a questi primi racconti; e la strategia il piú delle volte riesce, almeno fino al momento in cui non ci si accorge che tutto era già cominciato subito e che alcune ragioni rimangono inafferrabili; allora bisogna ricominciare, ché non si tratta forzatamente di classiche ragioni psicologiche, bensí di minuti fatti assolutamente necessari perché già narrativizzati; e, nel cammino a ritroso, si percepisce che tutti gli elementi funzionavano già nella direzione che essi stessi venivano tracciando, come in questa straordinaria vista dall'alto che introduce *Il coraggio delle donne*:

« La compagnia veniva su, sbandata, per la scorciatoia che infila il crinale del colle: tanta era la fretta che i sassi rimossi dai ragazzi, rotolando in giú e urtando i piedi delle tre signore, non parevano nemmeno avvertiti [...]. Poi, quando il silenzio della campagna diventava piú denso, quasi notturno e il rumore di tutti quei passi pareva ciecamente meccanico, la donna piú pallida e bassa scansava dal volto la eterna ciocca sfilacciata fino al labbro, e cominciava la sua litania: "Dio mio speriamo che non sia già a casa" ».[7]

Le parole, replicandosi nelle rispondenze testuali (« la compagnia sbandata » e « la scorciatoia che infila », la fretta e i sassi rimossi, il silenzio e il rumore dei passi), rappresentano già il motivo del racconto in atto, non però fino al punto della chiarificazione completa, ma rispettando un magistrale grado di determinatezza sospesa, che ingenera la necessità del ritorno indietro, e questo non perché tutto sia finito, ma proprio perché ad un certo momento appare evidente che, se l'indeterminatezza continua, vuol dire che qualcosa, all'inizio, ci è sfuggito. Quella frase monologante che chiude la citazione, ad esempio, è la frase stessa del racconto, ma rovesciata, perché è ancora la fase della paura che durerà fino alla prima metà del racconto, quando sarà prospettata l'ipotesi del coraggio. Intanto, lasciando che gli avvenimenti si raccontino da sé, il campo narrativo è assolutamente ridotto alle « percezioni ed ai pensieri del personaggio »,[8] almeno fino a quando appare il marito, l'oggetto di tanta paura; si ha allora appena l'intuizione dello spostamento del punto focale, quando, nel bel mezzo della scena drammatica, fra il marito pieno di rabbia e la tremante Amina, si avanza Norma, l'amica di famiglia, a perorare la causa della moglie:

« A passetti brevi, come si trovasse non sul battuto di una corte sdotta, ma in sala, fra i ninnoli, si avanza: gomiti stretti alla vita, mani premute sullo stomaco. Pare che l'uomo non distingua bene, l'esigua luce del crepuscolo sfugge come il filo della sua gran rabbia, difficile a convertirsi presto come vorrebbe in frusta [...]. A un tratto si trova sotto il naso quel corpetto, quelle spalle tonde tonde, e una boccuccia in sorriso [...]. "La colpa è tutta mia signor dottore! L'Amina sarebbe tornata da un pezzo" [...]. E le manine a farfalletta inarcano la palma, secondano le mossette della testa inclinata »;[9]

e la scena, tutta spennellata di una comicità maliziosa, può farci presupporre che dalla parte del punto focale non ci siano né Amina né il marito, bensí l'autore, abbastanza divertito per la collera dell'uomo.

Non sono poche le risorse che simili viaggi riservano a chi scrive, non ultima quella di imbrogliare a tal segno la posizione dei punti focali che ad un certo momento non si ha, come dice Benveniste, un racconto dove nessuno parla, bensí un racconto dove piú di uno, se non addirittura tutti (come in *Felicina*), parlano. Evidentemente il gioco del mimetismo focale non evita che ad un certo punto si debba venire a confessare, se non propriamente, « l'Amina sono io », almeno a segnalare una vista piú lunga degli altri:

« Rimaneva il quesito: come mai l'Amina, che basiva di spavento, si fosse fatta cosí baldanzosa. Chi azzardava un'ipotesi, chi un'altra [...] e tuttavia senza soddisfazione perché l'Amina non s'aprí mai con nessuno [...]. Il suo spavento dopo la grande ira l'aveva spinta al gesto e alle parole di sfida! Tutta la scena è ancora dentro i suoi occhi ».[10]

Il trabocchetto è superato tramite l'artificio della scena saltata, che Amina ritraccia a memoria, dopo che appunto il racconto si era interrotto con il famoso atto di sfida (« Ecco [...] la paura che mi fai: ci bevo sopra ») rivolto al marito, cui seguiva una totale trasformazione: « Da quella sera l'aria fu piú respirabile in casa Vannini: un'aria eccitante, come scaricata da incontri di saette gagliarde, a secco ».[11] Una di quelle fughe di sbieco che, seguite, conducono invariabilmente ai luoghi precisi e impercettibili dello scambio della focalizzazione (come nel racconto, quando sarà il marito a pensare), fino all'estinguersi della dizione ancor piú « senza clamore e violenza »:[12]

« Qui può allungare le membra [...] già si addormenta, e, coll'intransigenza del sonno, registrando il fastidio di quel russare e di quel chiarore, dietro alle spalle, afferra senza riguardo il cuscino, e se lo preme sulla testa, a contatto dell'orecchio ».[13]

Ed è questa una chiusa classica in una immagine in *feed-back*, che tarda a sfocarsi nella memoria; come il gesto di saluto con le dita « arricciate » della mano cinerea di Ofelia, che « sembrava [...] palpasse alla cieca le corde di uno strumento invisibile », oppure la testa affacciata del curioso che scopre, in *Felicina*, « con gran gusto una macchia di sangue già scura ». Tutte chiuse che, in una certa maniera, costituiscono una sentenza riassuntiva del motivo o della situazione chiave: Ofelia, prima di ridursi ad una larva con prole, aveva nutrito velleità di grande pianista e lo sguardo curioso sulla macchia di sangue è l'occhieggiamento finale alla conclusione sanguinosa di una vicenda che era, per così dire, cominciata in piazza; dall'arrivo dell'avvocato Lupaccini ai retrospettivi maneggi dietro alla tenda di Felicina e al conseguente imprevedibile matrimonio; dalla relazione con il Ventrella al delitto finale.[14]

3. « L'invenzione formale nel romanzo, lungi dall'opporsi al realismo come troppo spesso crede una certa critica miope, è la condizione *sine qua non* di un realismo più integrale »:[15] la frase di Butor, tratta da un contesto assai distante, dove si presentano come ineluttabili i capovolgimenti formali nel romanzo, trova una conferma se innestata nell'ambito del realismo, tentato dalla Banti proprio in questo racconto, che si apre con una delle più grandi *entrées* finora realizzate dalla scrittrice: l'arrivo del treno da Firenze, cinque pagine interamente affrescate dallo spettacolo così eccitante per una cittadina di provincia, degne delle più riuscite carrellate stendhaliane su Verrières, insomma del pezzo di bravura del più classico dei romanzi realisti; fin qui, dunque, nessuna innovazione formale: il tradizionale crescendo della densità descrittiva, coincidente con il culmine dell'avvenimento, lo scioglimento della rappresentazione e i saluti alla spicciolata col disperdersi della folla dopo l'arrivo del treno; è al momento del *replay*, al solito, che può misurarsi fino a che punto una così fastosa descrizione serva non tanto alla rappresentazione

della scena, bensí a quel realismo integrale che dà coerenza all'opera cui si riferiva Butor.

Ma riprendiamo un esempio di lettura ravvicinata con *Sofia o la donna indipendente*, un racconto mai piú ripubblicato e che insieme a *Inganni del tempo* costituisce un dittico sfuggevolmente accennato in *Itinerario di Paolina*: mentre Sofia è senza dubbio la maestra della madre di Paolina incontrata a Prato:

> « Ora è la volta delle maestre della mamma. La piú giovane ha i capelli crespi e bianchi, il viso cotto dal sole e due occhi chiari. In salotto non sta mai ferma, è sempre in piedi, [...] ride a scatti secchi e racconta le sue gite estive sulle Apuane, commentando con gesti bruschi, virili »,[16]

(Teresa, in *Inganni del tempo*, è forse la « zia Eugenia » morta giovane).

> « "Quest'anno provo la Tambura: quella cresta lassú, vedi, piú bianca delle altre. Ho già fatto sei ore di scalata, l'estate scorsa [...]. È un esercizio bellissimo, che fa bene all'anima e al corpo". Parla la signorina Sofia, in costume da bagno Millenovecento dieci, uno dei piú liberi, o almeno sciolti, della stagione ».[17]

Le supposizioni tornano: Sofia era nata in *Itinerario di Paolina* ed ha ancora « crespi, bianchissimi, capelli sfuggenti ad aureola »; e, come allora, anche qui è la madre che si reca a salutare la sua ex-maestra con la bambina; ma il racconto deve essere scaturito naturalmente, dalla frase della madre, che in quel lontano passato vuol tagliar corto alle domande della figlia: « Insomma, è una donna indipendente », se l'inizio, appunto, attacca subito:

> « Donna indipendente valeva a quei tempi come termine scientifico: nome di bacillo, di nuovo metallo, di nuova cometa, roba aggressiva, pericolosa. Anche se si legava a richiami esotici, nordici, sempre in linea generale e in astratto; perché venendo alla pratica e nei casi concreti, un apprezzamento sbrigativo bastava, in Italia, a illuminare il fenomeno. "Quella matta di Sofia"... e le parole erano accompagnate da un crollar di testa ».[18]

L'esempio rientra proprio in quei casi di pura « transitività » già incontrati altrove: solo una interlinea lasciata in bianco ci segnala che si tratta di un ricordo o, meglio, della sovrapposizione di due tipi di ricordo: quelli di Prato, che erano incontri in salotto (che qui emergono sotto forma di comparazione: « È qui la madre in visita di "dovere", corretta come in salotto, né si permette di discuter nulla »), insieme a un incontro presumibile durante un'estate a Forte (si ricordi come già in *Itinerario di Paolina* la maestra Sofia era abbronzata e scalatrice).

Questi *dépistages* non vogliono essere inseguimento delle pretestuosità; è evidente che la ricerca dei meccanismi segreti (o reali) serve a scoprire non soltanto la misura di coerenza interna, bensí la misura stessa della trasformazione o deformazione del reale: sarà, questo, un artificio costante della Banti, non scontato ma problematico, se di recente, in uno dei suoi racconti piú polemici sulla tecnica del romanzo,[19] affiorava uno fra i dubbi piú frequenti sulla validità del proprio metodo di immaginare:

« Oggi non la paura lo ferma, ma lo scrupolo di attribuire a Nanni e a Lisetta pensieri che forse non hanno mai pensato; di violentare la loro storia e farla venire a galla come un branco di pesci fulminati dalla dinamite. Un'azione maliziosa e crudele, un manipolare il cervello altrui e addirittura sostituirgli i suggerimenti del proprio inconscio ».[20]

E a questa sostituzione deve aver lavorato la Banti, specie quando si è trattato di rapporti fra donne e uomini, ché questi doveva sentirli davvero e doveva percepirne anche tutta la pericolosità (in questo caso, scrive Fernandez, Proust taceva).[21] Il problema rimane intero per noi, se ci accontentiamo, leggendo la storia di Sofia, Jenny e Antonietta, le tre « zitellone », di credere al « sembra proprio tutto vero » (all'alibi del lavoro, all'hobby artistico, dietro una sfocata ma sottile sensazione di un infinito lavorío per difendere la scelta iniziale dell'indipendenza) ripetendo in quella frase una ulteriore condanna del realismo, perché quello che conta è che ci si trovi dinanzi ad una realtà immaginata. Ma, forse poiché nella realtà non tutto viene detto, non tutto può essere spiegato; il consenso all'altra realtà, anzi, il suo riconoscimento, proviene da una zona piú interiore dove ognuno, presumibilmente, pratica una sua *parlerie* di compensazione; la stessa che, in maniera piú definita, Sofia, Jenny e Antonietta praticano fra loro in quell'inconfessato tentativo di « spiegare » e di voler credere ai motivi del loro stato d'eccezione, che forse temevano di sentire come « mancanza di uno stato » (« a sondarle un pochino, si sarebbe scoperta l'indulgenza della madre, della buona moglie »).[22]

4. Abbiamo parlato, nel racconto *Inganni del tempo*, della supposta identità fra Teresa ed Eugenia, la zia Eugenia, che non era potuta tornare dalle cugine genovesi[23] perché quell'anno stesso era morta e di cui Paolina conserverà negli occhi la « matassa di riccioli neri », identici a quelli di Teresa, nel suo « unico momento di bellezza »[24] al varo sotto il temporale, quando un uomo, guardandola, mormora: « Quel petit pâtre délicieux ». Si capisce allora come sia potuta avvenire la « sostituzione », l'inganno al tempo; in pratica, questo viaggio immaginato viene a compensare il desiderio inesaudito di Eugenia-Teresa, sebbene la coscienza della distanza con la realtà non manchi di segnalare l'artificio, il vano tentativo di « rimozione » per mezzo dell'immaginario:

« E anche noi, che di tanta lunghezza abbiamo oltrepassato quel giorno; se vogliamo ricostruirlo, rifarlo presente, abbiamo un bel raccogliere le nostre cognizioni e magari appoggiarle ai documenti: non riavremo mai la dosatura di quel cielo, la vibrazione precisa con cui gli aghi del sole bucavan la pelle di chi, allora, viveva. Tutto fu impalpabilmente diverso da ciò che immaginiamo »;[25]

ed ecco spiegato l'atto stesso della scrittura: « Non temendo le smentite di una realtà irrevocabile, possiamo tuttavia abbandonarci a ricreare... ».[26]

Ma l'esorcismo del tempo non vale che a un riscatto illusorio, immediatamente racchiuso e sottratto ad ogni possibile cattura: Teresa, dopo quel giorno di fugace splendore a Genova, poteva nominarlo, il tempo (« ho trent'anni ormai »), accettarlo, quasi presentisse che su quella data si sarebbe fermato il proprio destino e che inconsapevolmente, con la sua morte, le due cugine, assurdamente vive, avrebbero avuto anche loro diritto a un simulacro di senso. Il tentativo di ingannare il tempo, però, doveva essere compiuto al fine di sottrarre Teresa-Eugenia all'inganno del tempo e cancellare il « come se non fosse mai nata ».[27]

5. « ... Non si finisce mai specie con l'infanzia. Che miniera, che labirinto, che nascondiglio, che trabocchetto, che prigione: sempre a trovare, a scoprire, a essere aggrediti, a inorridire, a scappare ».[28] Questo vortice dell'infanzia, che la Manzini descrive, si attaglia puntualmente a questi primi racconti bantiani: a prima vista, non si sarebbe mai detto che due opere cosí distanti come l'*Itinerario di Paolina* e *Il coraggio delle donne* fossero nella realtà cosí intimamente connesse; il legame piú chiaro e accettabile era parso finora solo quello che intercorre fra l'*Itinerario di Paolina*, *Sette lune* e *Le monache cantano*. La rete che è intessuta fra la prima opera e questi racconti è di diversa natura: piú esile, meno percepibile, ma estremamente netta nel disegno. In pratica, in queste cinque storie si prolunga ulteriormente la possibilità di Paolina di effettuare il *dépistage* dei fantasmi nei luoghi ormai emblematici: Genova (Teresa), Forte dei Marmi (Sofia), Roma e Prato (Ofelia), Prato (Felicina); città e date da sottrarre alla corruzione del tempo, da esorcizzare, sebbene si trasformino esse stesse in sortilegi, a tratti, assai cupi, come per Ofelia in *Vocazioni indistinte*; ed è congettura plausibile che l'intero ciclo dovesse, in un disegno primitivo, aprirsi con un racconto del '38: *Conosco una famiglia*, pubblicato però successivamente.[29] In questo racconto, in una sorta di prologo, viene appunto indicata, fra le motivazioni della scelta narrativa, il tenore di vita « prima della guerra » di questa famiglia, che, invece, aveva già conosciuto ben altre « virtú e decadenze militari ».[30] Il periodo indicato (1900-1915) corrisponde, con approssimazione, al quadro sociale che serve da sfondo ai racconti riuniti ne *Il coraggio delle donne*; questo valore coesivo si è, però, completamente allentato nelle ripubblicazioni e, forse, per l'autore medesimo si era già attenuato il bisogno dei fantasmi e dei ricordi ad essi legati.

Proprio in *Vocazioni indistinte*, il piú « kafkiano » dei racconti della Banti, Giulia, la « fortunata » cugina di Ofelia (la cui voce scanzonata è quanto mai riconoscibile) lancia una curiosa prima pietra:

« Aveva preso marito anche lei [Giulia] e apparteneva ogni giorno di piú a quel genere di persone che, abbastanza acute per accorgersi di non avere addosso nulla di eccezionale, né intelligenza fuori del comune, né bellezza, né doti singolari, e sentendone d'altronde il rimpianto, si danno a rivangare il proprio passato, infanzia e prima giovinezza, intese a scoprirvi il segreto di quei presentimenti di genialità che non ha mantenuto la parola. Per questi esseri certi paesi e oggetti, testimoni della prima età, divengon temi di inesauribili fantasticherie; essi non smettono di frastornare altrui col resoconto particolareggiato di interiori primizie; e se per avventura si farà in presenza loro il nome del paese nativo, della villeggiatura infantile, o si ricorderanno consuetudini dei loro giovani anni, li vedrete rapiti, commossi, estatici come davanti ad un capolavoro, a una visione di paradiso. Tutto per compensarsi con retrospettive illusioni, della mediocrità attuale. Si sa come la gente abbia a noia un tal costume, che, per mancanza di uditori compiacenti, trova uno sfogo in certi quaderni di larvata autobiografia, specchio di nostalgie ben vive e di ambizioni non ben morte. Le donne, mature e oziose, eccellono in questi esercizi ».[31]

Ed ecco gli Henry Brulard, i Lamiel, i Frédéric, Adolphe, Marcel, Nitti, Mrs Dalloway, spazzati d'un colpo e, nella folata di vento, anche Paolina viene trascinata via: estrema fiducia nel proprio mimetismo o clamorosa autosmentita?

NOTE

[1] Nella presentazione de *La monaca di Sciangai e altri racconti*, la Banti farà una esplicita dichiarazione di preferenza nei confronti del racconto lungo (o romanzo breve); peraltro, senza voler ricordare i « classici » del verismo, basterà pensare alla parte che il racconto detiene in opere di autori come Alvaro, Quarantotti-Gambini, Bassani, ecc. Il primato del racconto contro il « romanzo impossibile » testimonia anche della durevole fiducia che i romanzieri italiani, a differenza, ad esempio, di quelli francesi, nutrono per la *parola* (l'unica *illusion romanesque* che i *nouveaux-romanciers* riconoscono come possibile è quella legata al potere auto-rappresentativo della scrittura; si vedano i principi della discussione sul problema nei due volumi *Nouveau roman: hier, aujourd'hui*, Parigi, Union Générale d'édition, coll. 10/18, 1972).
[2] Poste queste precisazioni cronologiche, crediamo opportuno di dover scegliere come ordine di lettura quello della pubblicazione dei volumi delle singole raccolte, laddove questo sia possibile, in maniera da poter considerare i racconti alternati e contigui alle altre opere.
[3] Salvo *Sofia o la donna indipendente*, mai più ripubblicato (« Perché non mi piace », confessa la Banti), gli altri usciranno nuovamente, prima nella *Monaca di Sciangai e altri racconti* (Milano, Mondadori, 1957) e in seguito in *Campi Elisi*

(Milano, Mondadori, 1963); la numerazione delle pagine delle citazioni, ove non sia specificatamente indicata come estratta dal *Coraggio delle donne* (Firenze, Le Monnier, 1940) deve intendersi riferita proprio a *Campi Elisi*, per motivi di praticità.

[4] G. GADDA CONTI, introduzione a *La crociera* di V. WOOLF, Milano, Rizzoli, 1974, pp. 13-14.

[5] *Allarme sul lago*, Milano, Mondadori, 1954, p. 220 e 219.

[6] G.A. PERITORE, *Anna Banti*, in *Letteratura italiana*, Milano, Marzorati, 1970, vol. III de *I contemporanei*, p. 213.

[7] In *Campi Elisi*, cit., p. 13.

[8] G. BLIN, *Stendhal et les problèmes du personnage*, Parigi, J. Corti, 1954 (citato da G. GENETTE in *Figures II*, Parigi, Seuil, 1969, p. 185).

[9] In *Campi Elisi*, cit., pp. 16-17.

[10] *Ibidem*, p. 27.

[11] *Ibidem*, p. 26.

[12] G. BÀRBERI SQUAROTTI, *Poesia e narrativa del secondo Novecento*, Milano, Mursia, 1971³, p. 218.

[13] In *Campi Elisi*, cit., p. 38.

[14] Cfr. con quanto BÀRBERI SQUAROTTI annota circa l'inizio di *Felicina*: « Si veda, in *Felicina*, l'ampio affresco dell'arrivo della corriera da Firenze nella cittadina di provincia, dopo il giorno di mercato: una descrizione per minute, incisive caratterizzazioni, per nette, rapide definizioni di dati fisici, di modi, di aspetti del costume, di regole di società, che avviano all'ammirazione per un'abilissima cronista del costume, se non fosse per il lento progresso che s'avverte nel ritmo della descrizione verso la conclusione che, improvvisa, raccoglie a unità tutto il discorso descrittivo, lo incanala verso la funzionalità piú sicura nell'esplicitazione delle ragioni fondamentali del racconto-saggio » (*Poesia e narrativa del secondo Novecento*, cit., p. 220).

[15] M. BUTOR, *Essais sur le roman*, Parigi, Gallimard, 1972 (coll. Idées), p. 11.

[16] *Itinerario di Paolina*, cit., p. 99.

[17] In *Il coraggio delle donne*, cit., p. 97.

[18] *Ibidem*, p. 100.

[19] Il *nouveau-roman* (come lo strutturalismo) è un argomento su cui la Banti non si lascia facilmente convincere, perché in esso le appare macroscopico proprio l'« eccesso di tecnicismo ».

[20] *Sole d'argento*, edito in « L'Approdo letterario », marzo 1970, p. 24. Ora, con il titolo *A conti fatti*, in *Da un paese vicino*, cit., p. 182.

[21] Cfr. D. FERNANDEZ nel suo ultimo saggio su Proust in *L'arbre jusqu'aux racines*, Parigi, Grasset, 1972.

[22] In *Il coraggio delle donne*, cit., p. 123.

[23] La scrittrice medesima ha confermato questa supposizione, spiegandoci, inoltre, che Teresa era la figlia di D. Lopresti, l'eroe di *Noi credevamo*.

[24] G. BÀRBERI SQUAROTTI, *Poesia e narrativa del secondo Novecento*, cit., p. 223.

[25] In *Campi Elisi*, cit., p. 166.

[26] *Ibidem.*

[27] Cfr.: « Cacciata dal suo trentesimo compleanno giú giú sui primi scalini di una anonima vita, Teresa perde dunque l'ultima sostanza, diviene simbolo di grazia e di sventura, ma è come se non fosse mai nata » (in *Campi Elisi*, cit., p. 220).

[28] G. MANZINI, *Ritratto in piedi*, Milano, Mondadori, 1971, p. 15.

[29] In *Le donne muoiono*, Milano, Mondadori, 1951. Il racconto è datato 1938 in questa edizione e 1940 nella ripubblicazione su *Campi Elisi*.

[30] Il racconto deve essere stato ritoccato dopo la guerra se nel salotto borghese dall'aria di « prima della guerra » (1915-1918) si accenna ad avvenimenti che, verosimilmente, non possono essere avvenuti che dopo la seconda guerra mondiale (cfr.: « Sí, la vedova di Augusto, *gerarca* e consigliere nazionale, che, dall'oggi al domani, s'era fatta una posizione, e poi, *col cambio della guardia, rimase nei pasticci.* Una casa [...] due governanti tedesche, la balia: e ora se li deve guardare da sé, quei terremoti di figli, e sperare che la lite col fratello non la spogli »; da *Campi Elisi*, cit., p. 245).

[31] In *Campi Elisi*, cit., pp. 91-92; dopo la copia « autobiografica » di Paolina, Giulia è la prima funzione-personaggio del narratore.

III.

ROMANZO E NUOVE PROSE

> « *Il romanzo vero altro non è che moralità, scelta morale in un tempo determinante: la suprema ambizione della storia, scienza, appunto, morale* ».
>
> A. BANTI

1. *Sette lune*, il primo romanzo della Banti, ha ancora un conto da regolare: con il proprio passato, ovviamente. Ecco perché il racconto, nella filigrana, rivela gli anelli di continuazione con Paolina, abbandonata negli anni precedenti l'Università: Maria Alessi, la protagonista del romanzo, infatti, interseca l'*Itinerario* nel punto estremo in cui può verificarsi l'aggancio con la storia degli anni di studio universitario; questo, il nodo iniziale ridotto e appiattito nei termini emergenti del motivo di intreccio: uno squarcio di vita nell'esistenza di una ragazza, negli anni immediatamente successivi al primo dopo-guerra. Il libro esce nel 1941 e, nell'urgenza degli avvenimenti storici, la data è senza commenti; forse anche per questo il libro, in seguito non ristampato, è fra i testi introvabili della Banti.[1]

Nelle pagine precedenti avevamo già anticipato la prospettiva autobiografica in cui va collocato questo romanzo, anche se assolutamente mimetizzati appaiono gli indizi di riprova: gli studi d'Arte, l'esame di laurea (il centootto della tesi), l'estate al Forte e certi tiri sibillini di parole lanciate alle spalle della protagonista, che scoprono lo stretto grado di dimestichezza con molti suoi pensieri e molte delle sue *maladresses* credute illusoriamente segrete; queste saranno ogni volta piú che segnalate, dall'iniziale terrore di presentarsi al primo lavoro di « ripetitrice » nella ricca casa tra il borghese e l'aristocratico, dove Maria incontra Fernanda Lazzeri, una sua compagna d'Università, alla docile obbedienza, all'irruenza di Fernanda e al vizio di certe ricadute nel gusto della « cattiva sorte ». Sono questi movimenti ravvicinati i punti piú fermi del fondamento autobiografico. Basti, per esemplificare, il tiro della falsa entrata, giocato alla Maria Alessi in tremante attesa di incontrarsi con la signora Tordi: proprio nel momento in cui l'ansia per l'incontro si è un poco raffermata, si riapre infatti la porta, ma non per l'apparizione tanto temuta, bensí per quella, piú scontata, del cameriere che l'invita a seguirlo:

« Contro tutti i propositi e gli spropositi, l'effetto è quello comune, prevedibile; Maria si alza in piedi di scatto, Maria arrossisce generosamente: siamo sempre la solita istitutrice ottocentesca, bella mia »;[2]

e la puntata di rimando a Jane Eyre sminuisce abbondantemente lo straripante monologo delle considerazioni di Maria, tutte spese ad armarsi come davanti ad un pericolo e sfocianti inevitabilmente dietro alla trincea di un pensiero *leit-motiv*: « una donna mi deve capire, non mi deve offendere ». Un gioco, questo, di disarmare tutte le scappatoie di Maria (e anche di Fernanda, che verosimilmente non è che il doppio di Maria), costantemente ripetuto; qui potremmo ricordare l'ironia stendhaliana verso i propri eroi, ma in Stendhal (e in Balzac) la funzione, piú che autoironica, era propriamente ironica, cioè mezzo di discarico delle proprie responsabilità;[3] nella Banti, invece, è già in atto una funzione « specchiante » speculare, narcisistica: l'eroina dei suoi racconti non tende all'oggettivazione compiuta di un tipo « reale », ma di un vero e proprio « altro da sé »; è la funzione già nata in Paolina, quando la Banti optava non solo per il *temps revolu* ma per il racconto del passato: la deviazione all'interno di quel « narrare come memoria », ridiventato per molti attuale attraverso le pagine solariane, ha per la Banti inizio qui. La sua scelta non era indirizzata verso un recupero del passato in senso proustiano (già in *Itinerario di Paolina* abbiamo visto come l'*intermittence* sia stata subito sostituita dal « racconto ») e neppure verso riscoperte mitiche alla maniera di Pavese e, in un certo modo, di Bonsanti e Bilenchi: le bergsonniane *données immédiates de la conscience* diventano inattive se, in luogo del concetto di durata temporale, viene a subentrare l'idea deformante di una « durata narrativa », che toglie ogni possibilità di recupero di « quel » tempo.[4] L'*hic et nunc* viene dunque a riconquistare una propria e irreversibile linearità: l'unica risorsa del passato, per durare nel presente, è di essere sostituito dal racconto che lo condanna, però, a ripetersi (a durare) *qui e ora* in maniera « altra ».

In sostanza, il tempo non può piú riviversi se non per intermediari, per specchi deformanti (in una sorta di « ripetizione differente »), dove solo i contorni rimangono tali, mentre in larga misura irriconoscibile (supposta) è l'immagine emergente: il tempo è ridiventato una forma vuota, una categoria passata e preesistente, riempibile con la materia che dalla memoria trarrà alimento senza limitazioni preliminari. Da qui l'enorme fiducia della Banti nella memoria, identica, punto per punto, ad una sfiducia di medesimo grado e da qui anche la necessità di ricordare per interposta persona, per personaggio, perché non la spiegazione del proprio passato è importante (la spiegazione era forse sorta una volta per tutte in Paolina) bensí la supposizione che tutto si sia « svolto cosí »; si tratta di rivivere l'illusione del vissuto, in luogo della convinzione di poter recuperare il passato, liberato dalle *entraves* del vissuto. Maria Alessi è dunque Paolina, ma è anche Amina, Denise... In questa deviazione è riconoscibile la scelta del romanzo come strumento del proprio narrarsi (ovvero il proprio « romanzo » diventerà la ragione di ogni narrare).

2. L'importanza strutturale di *Sette lune*, rispetto sia ai primi scritti sia a tutti gli altri, sta nell'assunzione definitiva della terza persona, insieme ad una complicazione, che tenderà gradatamente a crescere, dello schermo tra il passato ed il presente, tra il reale e l'irreale;[5] una opzione, questa, che offre una possibilità di risorsa illimitata: liberarsi del passato, assumendolo come unico fondamento della realtà vissuta, significa scartare ogni pericolo della *tranche de vie*, ogni tentazione allo sfogo diretto, per una invenzione continua del « fatto supposto », in sostituzione di quello « vissuto » e ormai assolutamente irrecuperabile, per sé e per gli altri, in modo da poterlo riscattare in una dimensione falsata ma non meno vera.[6]

Il futuro tradimento a Manzoni (« c'est la faute à Manzoni »)[7] si profila dunque come una mezza, involontaria

39

forse, « trahison » a Proust: Maria Alessi, prima di essere una chiarificazione del passato di Paolina, funziona piú che altro da intermediaria al processo di presa di coscienza di Fernanda; una funzione, questa, preminentemente romanzesca. Ed è anche per questo motivo che il rigore analitico proustiano si condensa in una composizione surrogata da zone « fatte di niente » (tipicamente woolfiane: le stampe dell'insidiosa vita salottiera, post *belle-époque*, di Fernanda; il soggiorno a F. [orte] di Maria; la sua routine giornaliera accanto alla madre ed al fratello), affiancata a momenti di azione piú dichiarata: lo scacco dell'aspirazione aristocratica di Fernanda, l'inizio della sua relazione con il cognato, la discussione della tesi per Maria. Il romanzo si bilancia tra questi due *pattern* strutturali tradizionalmente accentrati, di volta in volta, intorno all'una o all'altra protagonista [8] e chiudendosi in perfetta antitesi con l'inizio: nell'ultima pagina, Maria Alessi scende le scale della Facoltà, come, nella prima, saliva le scale di casa Tordi.

3. Nei suoi risvolti piú ampi, dicevamo, *Sette lune* continua quell'abbozzo di *Recherche* sui generis disegnato con *Itinerario di Paolina*, mentre segna l'entrata vera e propria nell'itinerario del romanzo (i racconti intermedi fanno da anello, dando già una misura tutta bantiana del genere); una entrata ancora artificiosa, in verità, se pensiamo alla finzione della doppia biografia per una autobiografia:[9] se Maria riesce laddove Fernanda, sostenuta com'è dall'idea di prerogativa della propria bellezza e della diversa estrazione sociale, neppure tenta, è proprio per quel sotteso valore di completamento che sia l'una che l'altra hanno. Ed è oltremodo sintomatico, sempre nella prospettiva del completamento, il procedimento per cui entrambe prenderanno coscienza della strana importanza di un'amicizia di studio, rispolverata dal caso: con disappunto, Maria si accorgerà di avere perso Fernanda quando non la vedrà apparire nella sala degli esami [10] e Fernanda sentirà invece crescere gradualmente in lei un segreto rimpianto per un'amicizia cosí trascurata e per un modo di vita diverso, bollato cosí leggermente (« È una fortuna nascere come te e non te ne accorgi »); mentre, accettando il suo nel farsi strumento del gioco « borghese » di trovare un marito all'altezza del

« rango », finirà per scontare un destino ben altrimenti segnato.

Il repertorio delle azioni e delle reazioni potrebbe apparire monotono se si esaurisse appunto in questo meccanico alternarsi dei toni piú forti della narrazione, marcati, peraltro, dagli stacchi corrispondenti ad ogni capitolo: la preparazione all'esame non dato; la partenza di Fernanda per F.; quella di Maria; il loro casuale incontro, simbolico per piú di un segno; la partenza anticipata di Maria per Roma; le prove brucianti di Fernanda, « snobbata » dagli aristocratici della villeggiatura alla moda; il rientro catastrofico a Roma; la tesi di Maria. In pratica, un solo capitolo di vita vissuta insieme e poi l'una si infiltra insidiosamente nell'assetto quotidiano dell'altra; l'artificio è dei piú solidi per far passare i ricordi negli interni, rendendo ancora piú eccentrico il luogo medesimo della voce narrante.

Non si pensi ad una abdicazione a favore di un esclusivo *effet de réel* (Barthes), ma ad un accresciuto controllo degli effetti interiori in maniera da circoscrivere quella tendenza alla stasi intorno all'aneddoto, in vista di una normalizzazione atta a far rientrare quei momenti piú liberi nella traiettoria logica del punto focale: valga l'esempio del monologo descrittivo di Maria, nel salotto di casa Tordi; oppure l'atto di indietreggiamento davanti alla porta, che di riflesso quasi si gonfia delle proprie sensazioni:

« Nel salir le scale di Palazzo Tordi, Maria Alessi badava a molleggiarsi sulle gambe per allentare lo stupidissimo impaccio che, da quando era uscita di casa, la legava [...]. Piú studiava il passo e meno riusciva a sentirsi disinvolta: aveva voglia di accusarne quei vecchi e troppo generosi scalini, bassi bassi, limati in piú punti del labbro come suole veterane [...]. Temeva anche di esser colta, da qualcuno che uscisse, in una sosta pusillanime che le gambe parevan reclamare: o in quella fretta vigliacca. L'impeto di fermarsi fece quasi indietreggiare e poi gonfiare la gran porta centrale: massiccia e d'una preponderanza, con quello stoino imbandito come una tovaglia, che non poteva ingannare... ».[11]

Nulla, a prima vista, si direbbe cambiato nei confronti delle prime due opere; le descrizioni interiorizzate erano già reperibili in *Itinerario di Paolina* e sono numerose nei racconti; in sostanza, la tentazione della « scena » propriamente realistica era stata già evitata, pur se non vinta, anche per restringere l'influenza della « prosa d'arte », che aveva portato l'esercizio della descrizione ad uno stadio di estremo pericolo, dove l'esercizio stesso aveva finito per occupare il luogo medesimo del racconto. Per tornare al romanzo bisognava dunque riconsiderare il famoso « effetto realistico », proprio dei momenti descrittivi (anche il narrare come memoria, in realtà, propende piú per la descrizione interiorizzata degli avvenimenti che per la loro rappresentazione realistica: il ricordo consente tutti i possibili viaggi interni). La Banti si trovava dunque a dover scegliere di utilizzare sia l'artificio della descrizione realistica che quello della descrizione *état d'âme*, propria dei racconti di memoria; il compromesso le viene da Svevo (e forse anche da Gadda): la Banti preferisce optare per una sorta di flusso descrittivo in cui le notazioni interiori non solo diventano inseparabili dall'azione narrata (funzione canonica della descrizione narrativa) ma vengono anche assunte come azioni obbligate, come margini al disegno, dalla voce narrante fuori campo (l'effetto della *parlerie*):

« [...] l'uscio poteva aprirsi da un momento all'altro. C'era, aspettando, da sdipanare e distinguere, nel silenzio, i rumori sordi dell'ignoto interno: che non si confondessero con quelli della strada; ma nessun suono somigliava al passo che avvicinandosi alla porta l'avrebbe dischiusa ».[12]

Una descrizione con funzione narrativizzata, dunque, come evento in corso di accadimento registrato in quanto flusso mentale.

Potrebbe, tutto questo, servire ad esemplificare quel frangente stilistico (e strutturale) che Contini, nel suo *Parere ritardato su Artemisia*, ebbe a siglare come fatto di un possibile « stile femminile », le cui componenti (« solo quando ne fossero chiaramente definite le istituzioni », precisa Contini) sarebbero « probabilmente da riassumere in un impressionismo introspettivo, interpretazione perenne del gesto, o addirittura della sensazione come stato d'animo, perennemente rappreso in gesto; posizione aliena e dalla visività ferma e disinteressata dell'immagine e dalla incisiva analisi razionale dei moti; posizione che consuma cosí rapidamente i suoi oggetti da sciogliere i nessi e preferire la coordinazione ».[13] Impressionismo introspettivo, in quanto luogo naturale dell'origine di ogni evento narrativo come di ogni sintesi tematica, situato in quella zona interiore dove tutti gli elementi tendono a perdere la loro primitiva eterogeneità, salvo poi a ritrovarla, « senza piú nessi », al momento dell'espressione, interamente assorbita dal parlato. Qui si potrebbero supporre contatti con il « sub-limine » cassoliano; ora, nella Banti, il gradino sotto il limine tende ad abolirsi o, meglio, non esiste barriera prima di esso; tuttavia se, per il romanziere classico, essere « sulla soglia » voleva dire garanzia di riuscita negli andirivieni (il famoso rapporto demiurgico di controllo sul dentro e fuori), la posizione bantiana non è una roccaforte, bensí una trincea: il luogo di realizzazione dell'impressione sintetica e dell'espressione analitica, un esempio paradossale di « forma » impressionistica e « contenuto » espressionistico: l'una cura tutti i passaggi di colore, tutti i toni di luce ed ombra; l'altra sottrae ora la luce ora le ombre, le scinde, le analizza. Cosí, in un rapporto macroscopico, Maria e Fernanda tendono a rappresentare entrambe un quadro in chiaroscuro, dove i colori tenderebbero all'amalgama o, meglio, a trasformarsi in impasto, all'integrazione sociale; Maria, con i suoi tentativi di lezioni private, villeggiature da sola, la laurea e Fernanda, che addirittura scende a patti con un conformismo dei piú rigidi (la ricerca del marito; l'amante); diversamente da Maria, la società borghese (anzi, aristocratica), è per lei un modello ancora troppo sentito per poter essere eliminato con tradimenti cosí totali; ed è questo che Fernanda comprende come una rivelazione nel momento della laurea della compagna. Non che Maria non tema di essere riconosciuta « non conforme »: si pensi all'ansia reiterata di mimetizzazione, al perseguito tendere verso i *recoins*, dove poter sfuggire allo sguardo degli altri, isolati paradigmaticamente nel racconto, come quando Maria perde Fernanda nella folla degli studenti e all'improvviso se la ritrova accanto, cosí vicina da scatenare in lei l'impulso della corsa per sottrarsi al pericolo di essere riconosciuta:

« "Permesso", si affanna Maria, per allontanarsi alla svelta: atterrita all'idea che quella mano capricciosa e leggera non cali sulla sua spalla per attirarla ancora una volta in una convivenza stramba [...]. Cieca premura, agio dissipato, il solco della folla si allunga fino a richiudersi, in ultimo, a difesa della fuggente; la quale, ormai sicura, si butta tuttavia alle scale con un palpito che è quasi gioia per una ritrovata preziosa sbiaditezza. Il mondo è di nuovo indifferente, disattento, ci si può fidare... ».[14]

Maria fugge quasi sempre, inseguita da un'esasperata sensibilità e da un'eguale volontà di riscatto per sé e per Fernanda: una impotenza che si palesa sin troppo « potente » se misurata con le risultanze finali, ma che fino all'ultimo viene scontata come una perenne sconfitta: i personaggi della Banti non sono individui « senza qualità », ma si logorano lungo gli itinerari volontariamente scelti e subiti come un tormento, come un dovere da compiere; è un dovere per Fernanda essere la piú bella e spregiudicata delle sorelle Lazzeri, un dovere per Maria la sua tesi di laurea. Lí, una resistenza sfrontata e spavalda; qui, uno stringersi nelle spalle altrettanto temerario, una spavalderia di vernice che scade ad ogni unghiata ma non tanto da ridursi al nulla. E le unghiate sono di chi ricorda, anche se mai la parola figura; tra le righe, però, non può sfuggire la considerazione che chi ricorda non è Maria, bensí qualcuno che ne sa di piú, anche di Fernanda; qualcuno che sa come sono andate a finire le cose (e non perché le ha predeterminate, ma perché sono accadute) e che si ingegna di farcelo capire innanzi tempo, quasi in un continuo *vendre la mèche* prima della conclusione; un voler mettere in guardia che tutto andrà ben altrimenti e che non ci si deve fidare. Rammentiamo gli episodi chiave di Fernanda davanti allo specchio sbreccato e fumoso di vapore, la partita di civetteria nel salotto occhiuto e pettegolo con il famoso Renzo Biamonti e, infine, la solitaria infiammata per il conte Onorato; tutte tessere che, ricomposte a ritroso a partire dall'ultima (la notte con il cognato), rivelano il logorio anteriore, il punto di contatto con la fine. Nemmeno dei sogni c'è da fidarsi, ché saranno totalmente smentiti; anzi, essi si palesano come racconti angosciosi che hanno il vantaggio, di fronte al vero racconto, di poter essere sconfessati dalla realtà delle cose; sognano Fernanda e Maria, come Paolina, per un progetto di vita diversa, ma non credono piú al valore di compensazione della vita irreale; essa non è che un racconto, fra tutti i possibili, che dura solo il tempo di una proiezione o di un incubo, da cui ci si vorrebbe liberare; come per Fernanda:

« Cosí sogna la ragazza, col viso mascherato dalla luna, alta, ormai. Simbolico e terra terra, il racconto porta che Fernanda piglia marito, domani, fra due ore, fra pochi secondi: Fernanda a cui qualcosa lega la dormente in un modo duro e doloroso [...] il cervello si rivolta, vorrebbe fare il padrone e dire: "ho sognato"; ma il sogno non si forza sotto il vischio della luna. Allora piangere; domandare aiuto all'interno delle immagini stesse, alla folla degli invitati già pronti, tutti sordi [...] sicché bisognerebbe stracciarsi la gola per urlare: non voglio... ».[15]

È lo stesso grido di Paolina, non ci si può sbagliare, anche se Fernanda sembra tutto l'opposto di Maria (Paolina), cosí sicura di sé ma altrettanto « cieca » da avere necessità dei sogni e dei racconti che « portano ».

Esemplificando inizialmente le articolazioni generali del romanzo, avevamo preannunciato un rapporto sul tipo de « il personaggio e il suo doppio »,[16] tra Maria e Fernanda. È questo il rapporto di volta dell'intero libro: le due eroine (come Marguerite Louise e Violante ne *La camicia bruciata*) prendono significato l'una dall'altra, benché, a prima vista, abbiano pochi elementi in comune: l'una, bella, borghese, non ricca ma con due sorelle « coronate » che brigano per un terzo matrimonio « con corona »; l'altra, Maria, che proviene da una grigia famiglia semiborghese, con preoccupazioni piú concrete di quella di Fernanda e soprattutto con la convinzione della necessità di far vedere chi è Maria Alessi.[17] Due antinomie quasi perfette, dunque, ma è facile accorgersi come tutte e due si completino a vicenda; anzi, piú esattamente, non si tratta di un rapporto di completamento, bensí di un rapporto subdolo, quasi feticistico: dall'abbandono dell'esame preparato con Maria, Fernanda non farà che ritirarsi come una *peau de chagrin* di gradino in gradino sempre piú in basso e a misura sempre piú chiaroveggente del ruolo vitale che Maria rivestiva per lei; e quando la incontra, sulla stradina di villeggiatura, quasi se ne impossessa, come di un feticcio ritrovato. La perderà quasi subito, ed insieme a lei svaniranno speranze e sogni: « [...] da questo pomeriggio [dell'incontro con Maria] i trabocchetti dell'insuccesso e di un'ansia mal ricoperta non cessarono di aprirsi e richiudersi, maligni, sotto i suoi piedi. Fu, miseramente, la ridda delle calze smagliate, delle macchie sui vestiti migliori ».[18]

Un amuleto, una « sicurezza quasi simbolica » è Maria

per Fernanda, che forse non intuisce quanto lei stessa sia insostituibile al racconto di Maria, alla neccesità per chi ricorda di raccontare proprio per ricordare: tale e quale a Paolina, anche in Maria affiorano i progetti; sono progetti di racconto, storie di vite vissute e da vivere, scene di vita ipotetiche, narrabili:

> « Maria non è innocente, sa come vanno le cose del mondo, lo ha indovinato, lo ha letto ma la realtà è sempre parsa cosí povera, cosí priva di interesse che anche al momento di adattarcisi pretende almeno una interpretazione da racconto dimesso, un po' sciocco. Poi, a forza di ripetersi queste placide storie, girando e rigirando, per case immaginate e negli orti e nelle strade di immaginati paeselli, il pensiero si risolve a una scelta definitiva: ragazza, corredo pronto, nastri azzurri: ma il fidanzato è lontano, sbiadito, perduto: morto magari e non ha altro volto che un pacco di foglietti e una accurata calligrafia ».[19]

4. Ad ogni buon conto, è bene considerare che tali riflessioni (di poetica) prendono forma in seguito ad un intero repertorio di vite immaginate e soprattutto dopo un'ironica emersione di un motivo letterario: Gertrude, « Che lo vorrebbe, che lo voleva; e lo voleva infatti »: proprio i pensieri della Gertrude manzoniana, quando scopre le delizie del mondo.[20]

Qui, infatti, potremmo tornare a misurare l'itinerario percorso da Paolina: Fernanda è il doppio di Maria, abbiamo detto, ed entrambe si riconoscono unite da un legame « balordo »; ma Fernanda si palesa già come un'eroina compiuta, piú della stessa Maria, cosí costantemente inseguita da quella « ironia difensiva », che non la rende altrettanto libera come Fernanda la quale, d'altra parte, trova un modello abbastanza conforme nella Gertrude del Manzoni; come quella, questa è una « vittima, ma non di modulo romantico; anzi, una creatura piena di contrasti e di violenza, mai del tutto innocente, mai del tutto colpevole; infelice nel pianto nascosto e bruciato dall'orgoglio ».[21] E quanti altri personaggi potrebbero rispondere all'appello di questa colpevolezza innocente (o innocenza colpevole: forse da sempre, ma mai come ora, l'umanità ha scoperto di non potersi piú lavare le proprie *mains sales*).

Si pensi un attimo a tutta la produzione della Banti, spesa in favore delle accusate piú o meno celebri, piú o meno colpevoli; anzi, il problema, visto dai segni tuttora incompiuti, si presenta ancora piú arduo: il progetto ultimo non tende affatto a dimostrare con prove il « perché » ed il « come »; ben presto la Banti — e questo è il punto di confluenza con l'*epistemé* narrativa novecentesca — si è accorta che il tempo è il nemico comune: è al tempo che si deve sottrarre la vita affinché questa possa durare. Il suo tentativo di ingannare il tempo era forse già cominciato con l'*Itinerario di Paolina*, quando appunto si reinventava per ricordare; analogamente in *Sette lune*:

> « Scrivere per una settimana, per due, cedendo all'abitudine che la penna riconosce. Le guance arrivano ad infiammarsi, talvolta, di un calor meccanico che dovrebbe pur valere qualcosa. Ma la messa a fuoco eccede sempre il nucleo della pagina e fa l'atto di buttarsi alla vita [...]. Il corruccio d'un futuro che non sa animarsi neppur sotto la frusta di una mente in azione ed esercitata, vige e si afferma in un gesto evocato di Aquilina, della sciocca Furlani, della saggia Tosti [...]. Che nessuna esca dalla strada piú comune, che nessuna si esponga a un piccolo episodio duraturo [...] questo non le pare tollerabile. Un ardore di vincere, ma spassionato proprio per delega, fa fulminare il proposito, mal nascosto, sempre, d'essere una prescelta, la voce del momento: quell'anno di nascita, quella schiera di bambine. Insieme un desiderio di potenza da far desiderare, emblematica, impersonale, anche la bellezza. Non si varrebbe dei propri mezzi Maria Alessi [...] pensa, senza neppure avvedersene, alla bellezza di Fernanda Lazzeri, il fiore e il decoro di quel tale anno, estensibile a tutte le coetanee, come nastro d'onore. Scrive Maria Alessi, e Fernanda sorride alla cinquantesima pagina e alla soluzione della settantesima ha quel moto della testa, soffice ed altero ».[22]

Dichiarazioni di poetica cosí nette la Banti ne farà spesso e si vedrà come esse si somiglino tutte; la scelta della scrittrice, che si era già profilata come non discordante nella problematica storia del romanzo novecentesco, si avvalora sempre piú, manifestandosi come uno « scrivere per non morire » o, meglio, come uno « scrivere per non far morire »; una operazione quasi taumaturgica, che per la Banti, a differenza di Pavese o della Woolf, che avevano scontato piú volte il suicidio letterario,[23] si determinerà come scelta del racconto di « morti »: larve, fantasmi da salvare in appello; e qui la Banti devia da tutti quelli che cercano, come Svevo, Proust e la Manzini, la giustificazione

« per i vivi », o che non la cercano affatto, da Kafka a Camus, da Moravia a Pasolini a Gadda, ecc.

5. *Le monache cantano* sono, in sostanza, undici nuovi capitoli per una « materia » rivelatasi già abbondantemente ossessiva e per un tema quasi decadente, se non fosse stato la tentazione di molti, da Diderot a Manzoni, passando per Stendhal; tutto sommato, un argomento « barocco » o almeno manierista, quasi sempre sfruttato per racconti gotici o semi-neri: niente di tutto questo, però, nelle « chiese » della Banti. Un tema ricorrente, questo sí, presente sin dall'*Itinerario di Paolina* e fino agli ultimi scritti [24] e una tematica rara, se vogliamo, nel romanzo novecentesco, cosí laico ed alieno a trattare di cose di chiesa: un motivo troppo gesuita, da non doversi maneggiare a caso (e la Banti non lo tratta senza rischio). Ma chi volesse ricercare i motivi extratestuali di una simile tematica, dovrebbe senz'altro rivolgersi agli studi d'arte della Banti ed alla sua predilezione per la lettura delle « vite esemplari », due motivi già palesatisi grandemente autobiografici: si pensi al sogno mistico e alle chiese di Paolina, agli indugi sui reliquiari della chiesa di San Marone in *Sette lune*; e potremmo fare l'appello di tutte quelle che verranno in seguito. Ma queste, rispetto alle altre, hanno un valore piú autobiografico, costituiscono cioè una chiusura logica di questo primo periodo bantiano, un « quasi una vita » (1937-1942 per il 1900-1930), cosí compiutamente delineato da far sospettare una premeditazione affatto inesistente.

Le chiese de *Le monache cantano* sono tutte quelle che Paolina ha visitato prima e forse dopo la laurea, sono i monumenti della ricercatrice d'arte, oggetti di ricerca e vengono pertanto considerate non esclusivamente come luoghi religiosi, bensí come sacrari artistici e siti sconfinanti della propria infanzia: come quelle tre chiese in cui Paolina entrava insieme alla nonna, quasi in pellegrinaggio durante il mese mariano. Di piú: quelle due monache adoratrici che Paolina non si stancava di seguire con lo sguardo per coglierne, nell'assoluta immobilità dell'ufficio, un fremito di movimento (« Ammiravi smisuratamente quella, piú che immobilità, intattezza di positura: sempre colla speranza che una mano comparisse a stirar l'orlo del velo ») [25] erano esempi viventi da cui Paola traeva paradigmi di vocazione.

Chi sfogli inavvertito le pagine di queste « monache che cantano » potrebbe, a torto, come abbiamo visto, pensare allo sciorinarsi di una merce di rarità, fra il dimesso e il decadente; un crepuscolarismo ripercorso a mezzo di scapolari, santucci, sagristi, perpetue, altari infiorati e « messe basse » o cantate; e si è visto come andrebbe, per lo meno, fuori strada. Il repertorio chiesastico c'è, naturalmente, ma trasfuso in quell'aura di *petits poèmes en prose*, quasi occasioni liriche per liquidare, se non totalmente almeno parzialmente, l'ossessione della chiesa rifugio, della chiesa emblema di esemplarità e di intattezza e quella curiosa malattia della vocazione che prendeva tutte le bambine intorno all'adolescenza.

6. Una vicenda di chiese, dunque, piccoli fatti di luoghi senza tempo e senza necessità di tempo, intatti ed eterni; chiese romane, probabilmente, « chiese madri », protagoniste, abituate ai silenzi piú mormoranti che esistano o ai piú sonnolenti, aperte a tutti (non a caso è questo il libro piú bozzettistico della Banti), anche alla profanatrice, che per poco non provoca un « arresto cardiaco » allo zelante laico, salendo con i piedi (« Sopra: coi piedi ») su una seggiola, per meglio eseguire alcuni rilievi d'arte: « tranquilla come un uomo che fa il suo dovere ». Si scopre allora come il tono divertito, per l'annaspio agitato del sagrista contro l'intrusa in chiesa, sia cosí vicino a quello del *Coraggio delle donne*: « l'acchiappo per il collo e la butto fuori »; tale e quale ad Angelo, il marito di Amina, e simile in tutto l'avvilupparsi in ghirigori dei motivi di indecisione che salvano, ghirigori che da sé si disfanno, seguiti a distanza ravvicinata dalla « taccuinista », non estranea, bensí divertita, con cui il laico, dopo aver accusato il colpo, si riconcilia; e, nel gesto di porgere il fiasco richiesto, « come per una lunga abitudine d'infermiera », è lei, l'autrice, che si scopre; con tutte le volte che si è paragonata ad una infermiera non c'è da sbagliare.[26]

La Banti ama firmare in questo modo sfuggente e insidioso le proprie autobiografie in terza persona: insidioso, in quanto non tenta di ricostruire una *tranche* della propria vita, bensí insiste su una perenne modulazione di elementi, quasi impercettibili e anonimi, che si possano facilmente confondere con esempi generali o con procedimenti retorici. E *Le monache cantano*, oltre ai due riferimenti piú macroscopicamente referenziali (le chiese dell'infanzia, la malattia della vocazione), sono piene di ripetizioni testuali, tranelli che hanno di per se stessi valore autobiografico, oltre il previsto valore stilistico: i sogni di morte sicura, le ore di adorazione, il gioco di Paolina di spingersi le dita sugli occhi [27] ed, infine, la domanda piú diretta: « Lei ce l'ha la vocazione? » (« come non se n'era accorta? Le avevano rivolta la domanda che fin da bambina si aspettava e non l'aveva riconosciuta »).[28] Tutta una rete potrebbe tessersi tra rispondenza e rispondenza, ed è immancabile che i legami piú attuabili siano quelli da farsi con l'*Itinerario*.

Le Monache hanno, con il primo libro, una somiglianza strutturale e modale: una variazione a undici capitoli e come allora un'evasione piú che scontata dall'ovvio. Ma, tornando ad esaminare il testo di queste nuove (e ultime) prose, si potrà avvalorare con elementi ancora piú pertinenti il punto di riporto tra le prose del '37 e queste.

Anche qui la galleria dei personaggi abbozzati (sagristi, perpetue, « figlie di Maria ») si riconosce per la medesima patina grigia che contraddistingue Paolina, Maria, Ofelia...; altrettante figure illuminate interiormente e rese quasi traslucide (il lume verde del caravaggesco *Fanciullo morso da un ramarro*): vecchi rinsecchiti (*Zelo del laico* e poi *Tela e cenere*),[29] donne in attesa della morte che fantasticano sull'avvenimento come Paolina e Maria;[30] tutti oggetti in disuso che meravigliano se ancora si muovono, perché già reliquie essi stessi: come le chiese, come le monache che, d'improvviso, vi spuntano e magari cantano dileguandosi dietro i muri claustrali. Un libretto di « silenzi », con pochissimi strappi di monologhi, se non fossero quel canto di monache (« e un giorno, dalla potenza ancora intatta dei gruppi, una voce sola si levò, d'oro ») e il grido di martirio di Porziella; le pagine risuonano di tonfi, mormorii di preghiere, fruscii di sottane, di garze mosse, di gesti lasciati in sospeso: un formicolare di moti di vita soffocati e appiattiti dietro i muri millenari di chiese senza tempo.

7. Tre capitoli de *Le monache*, pur nella prosecuzione tematica, si staccano dagli altri: *Vocazione*, *Catacombe* e

Il passo di Eva, e questo per essere i tre piú direttamente derivati da *Itinerario di Paolina*, in particolar modo da *Le tre chiese* e da *Sogno*.

In *Vocazione*, la visitatrice, la stessa di *Zelo del laico*, in cerca di pitture celebri, si ritrova improvvisamente davanti alla domanda: « Lei ce l'ha la vocazione? », quasi conseguente a quella decisione infantile di farsi monaca perpetrata in Paolina e già allora sentita come uno dei tanti giochi allo specchio, come una delle improvvisate metamorfosi che Paolina preferisce; ma ora non si può sfuggire, bisogna rispondere, e la visitatrice replica con voluta cattiveria, come se l'antico gioco fosse stato allora scoperto: « No ». Il grido è spontaneo, conseguente alla visione, ripropostasi con la domanda, della favola infantile « di veli e di bende, di mani bianche », e lei « sempre pronta a movenze imprestate da un futuro non suo »;[31] la risposta è dunque una cattiveria, che, invece di rimbalzare ostilmente, si apre in maniera imprevista in una segreta connivenza delle suore, rese quasi piú sollecite e piú sicure dalla negazione: un rappacificarsi, come nell'episodio con il sagrestano.[32]

Il passo di Eva (« È un passo lungo divinamente sgraziato, che colla veste e il velo ricco [da comunicante] non ha nulla a vedere; il passo agile e pensieroso che le donne perdono prima dell'innocenza ») è un capitolo-ricordo della prima comunione: il primo travestimento delle bambine (« Che belle sposine »), con tutto il rituale dell'avvenimento: il bagno della vigilia, le ore del digiuno, il terrore dell'ostia da ingoiare, il pranzo senza il velo, la visita ai parenti e l'immancabile foto-ricordo. Una foto-ricordo è lo stesso racconto, modulato com'è sul filo delle sensazioni infantili riscoperte, con in sordina il sospetto di aver già sperimentato da bambine, per gioco « sociale », la prova generale di quella cerimonia che, per la Banti, è fra tutte la piú « dubbiosa » e infelice: il matrimonio.

Anche in Porziella, la bambina tredicenne di *Catacombe*, riaffiora l'impressione dell'azione « sospetta » e nel contempo innocente; anche Porziella, come le bambine alla prima comunione, svolge un ruolo che è piú grande di lei: la parte di una inconsapevole e forse involontaria perseguitata cristiana. La bambina, dunque, andrà al martirio con la carne piena di sonno e una grande voglia di giocare e soprattutto

51

con la fiduciosa convinzione che siano gli altri, gli aguzzini, a giocare.[33]

Questa è la trama di *Catacombe*, se trama può definirsi questo concitato affollarsi di scene fino a quella di chiusura, dopo il martirio, quando Porziella si rende conto di essere, malgrado tutto, ancora viva. E si capisce come la Banti abbia potuto ricordarsi di una di quelle « vite brevi » che popolano le pagine della *Légende dorée*, e come sia stata nuovamente tentata di figurarsi di morire in Porziella, lei che ama raccontarsi la propria morte nel suo iterato sentirsi « comoda, matura, per la morte » come la piccola cristiana.

L'episodio della martire-bambina chiude simbolicamente con tutto ciò che in Paolina era rimasto conto aperto: le « chiese » liquidano gli ultimi fantasmi vaganti del proprio passato, mentre cominciano a farsi evidenti le combinazioni finite, *ad infinitum*, di schemi preesistenti, nello stesso genere di quelle frasi melodiche, a ritornello fisso, che Baudelaire scopriva in Poe: non si pensi all'artificio delle narrazioni con ritorno dei personaggi — sfruttato da Balzac a Zola, fino al *roman-fleuve* degli anni Trenta — bensí a un ripresentarsi delle modulazioni, variamente combinate, ma sempre riconoscibili. Una sorta di *refrain* (« Où sont les neiges d'antan? ») di vecchia canzone mai piú dimenticato, perché ormai è entrato a far parte di una maniera di vedere il mondo, è entrato nella filosofia personale. Questo non significa che l'esclusione della realtà faccia le spese di una smisurata deformazione del reale: anzi, l'atmosfera di stampe degli anni Venti (gli interni borghesi alla Cavaglieri), che pervade l'intero ciclo delle prime opere, è innegabile, dall'impronta di sbieco della prima guerra mondiale (*Sette lune*) alle fogge degli abiti e magari alle arie dei ballabili; in sostanza, il quadro di riferimento esiste in modo completo e persuasivo per gli intenti paradigmatici che porta; tuttavia, l'intero ciclo « autobiografico » importa piú per gli schemi romanzeschi, che vi si trovano abbozzati, che per la *fresque sociale*; a questa, però, la Banti già pensava, sebbene fosse consapevole — e chi non lo era in quegli anni? — che i termini della riutilizzazione naturalistica non potevano riproporsi.

52

NOTE

¹ L'unica copia esistente di questo romanzo appartiene alla Banti, ed è su quella che abbiamo potuto lavorare. Dicevamo, nella sommaria presentazione dell'attività della scrittrice, della scarsa conoscenza delle opere prime della Banti: questa è dovuta anche alla loro rarità.

² *Sette lune*, Milano, Bompiani, 1941, p. 14.

³ Si veda « *Stendhal* » di G. GENETTE in *Figures II*, cit., specialmente a p. 183, quando l'autore parla della « ellipse des intentions ». Gli esempi concreti, ovviamente, sono Julien e Fabrice.

⁴ Vale a dire che il recupero dei « tempi morti » (Barilli), proprio della « narrativa della memoria », viene preliminarmente escluso dalla pratica affabulatrice del racconto.

⁵ La concezione bantiana del flusso temporale è a tratti molto vicina a ciò che G. DELEUZE chiama « Aiôn » (l'opposto di Chronos; si veda il capitolo *De l'Aiôn*, in *Logique du sens*, Minuit, 1969. A p. 192 e 194, ad es., si può leggere: « D'après l'Aiôn, seuls le passé et le futur insistent ou subsistent dans le temps. Au lieu d'un présent qui résorbe le passé et le futur, un futur et un passé qui divisent à chaque instant le présent, qui le subdivisent à l'infini en passé et futur, dans les deux sens à la fois [...] l'Aiôn est la vérité éternelle du temps: *pure forme vide du temps* »; e questo benché il Chronos, come presenza illimitata, riemerga, in definitiva, mediante il racconto stesso).

⁶ L'idea che « la littérature [soit] la véritable vie » vale anche per la Banti.

⁷ Si veda l'appunto in *Romanzo e romanzo storico* (*Opinioni*, Milano, Il Saggiatore, 1961) che tratteremo piú dettagliatamente nel cap. V.

⁸ Un simile impianto strutturale non manca di rivelare, in certi punti, alcune modalità ancora imperfette, come quella di « raccordare » gli uni agli altri gli avvenimenti accaduti in assenza di una delle due protagoniste (cfr. a p. 247 la cucitura fra le vacanze di Fernanda e quelle di Maria e, a p. 279, « Pressappoco a quest'ora... »). La Banti stessa ritiene questo libro ancora « acerbo »; occorre peraltro notare che, in seguito, non solo verrà abbandonata la tecnica del raccordo ma che, inoltre, la Banti cercherà nei modi piú propri del racconto la maniera strutturale dei romanzi futuri.

⁹ Questo non toglie nulla al fatto che Fernanda Lazzeri possa essere esistita realmente.

¹⁰ Cfr. pp. 147 e segg.

¹¹ *Sette lune*, cit., pp. 5 e 6.

¹² *Ibidem*, p. 7.

¹³ G. CONTINI, *Altri esercizi (1942-1971)*, Torino, Einaudi, 1972, p. 174.

¹⁴ *Sette lune*, cit., p. 36.

¹⁵ *Ibidem*, pp. 114-115.

¹⁶ Il doppio del personaggio, nella struttura romanzesca

della Banti, ha un ruolo rilevante e costante, anche perché dalla « serie dei doppi » speculari è facile risalire alla « copia ».

[17] In realtà, prima di Artemisia, sarà Fernanda a trincerarsi dietro alla frase-sfida: « Vedranno chi è Fernanda ».

[18] *Sette lune*, cit., p. 248 (cfr. all'inizio della pagina: « ... e Maria è accaparrata, messa in serbo per la sete come un fiocco di neve sotto terra. L'impresa di una concentrazione lucida, per non dire allucinata, sulle abitudini di uno svagarsi in preda dell'accidentale, portava a gesti e sicurezze quasi simbolici: come questa di aver legata una compagna al proprio volere e di potersene far seguire ciecamente ». Questa era stata l'illusione di Fernanda nell'incontro con Maria).

[19] *Ibidem*, p. 173.

[20] *Ibidem*, pp. 171-172 (con appena la variante di una virgola, la frase manzoniana sarà ripresa nello scritto del '54 *Ermengarda e Gertrude*; si veda in *Opinioni* a p. 47: « ... e quel rintocco finale, in cui è già racchiusa tutta la morale della tragedia: "che lo vorrebbe, che lo voleva, e lo voleva, infatti" »).

[21] *Opinioni*, cit., p. 46 (dalle medesime pagine su Ermengarda e Gertrude); si confronti con le righe che congedano Fernanda dopo l'« errore »: « Tale è, Fernanda, come sempre è stata, senza tenerezze romantiche e borghesi: illusa solo una volta, l'unica che poteva salvarla, e come lo capisce. Dura, col cuore vuoto e freddo che nessuno ha mai toccato, che forse nessuno toccherà mai; e, se non fosse la disperazione, inconsciamente superba, gran signora del disastro ». Si vedrà facilmente, in seguito, come la maggior parte dei personaggi bantiani siano intrisi di una fondamentale ambivalenza (e ambiguità) psichica e morale; e, non tanto paradossalmente, essi finiscono, nella loro radice enigmatica, per assomigliarsi (seppure, a volte, per qualche tratto fugace).

[22] *Sette lune*, cit., pp. 281-282.

[23] Cfr. N. BONIFAZI, *L'alibi del realismo*, Firenze, La Nuova Italia, 1972 (capitolo finale dedicato a Pavese, specie p. 179 e segg., *L'ossessione della parola e la morte*) e, naturalmente, M. BLANCHOT, *Lo spazio letterario*, Torino, Einaudi, 1966.

[24] Si vedano *Tela e cenere* (1973) o *Joveta di Betania* in *Je vous écris d'un pays lointain* (1971); il motivo è comunque sempre rispondente all'ispirazione artistica.

[25] *Itinerario di Paolina*, cit., p. 137.

[26] In *Sette lune*, nell'*Itinerario*, in *Sofia o la donna indipendente*; senza contare che anche Artemisia, Eugenia (*Allarme sul lago*), Mirella (*Le mosche d'oro*) e Violante (*La camicia bruciata*) avranno fra le altre da sostenere, piú o meno brevemente, e diversamente, il loro ruolo di « infermiera ».

[27] *Le monache cantano*, Roma, Tumminelli, 1942, p. 82 (« Cosí sentivano le bambine, premendosi le dita sugli occhi e sprofondando contente in una notte immensa dalle stelle violette »; il « gioco » di Paolina, tuttavia, era piuttosto un piccolo « castigo »; cfr. p. 46 dell'*Itinerario*).

[28] *Le monache cantano*, cit., p. 91 e l'*Itinerario di Paolina*, pp. 140 e 141.

[29] Si confrontino i due brevi estratti: « Era quest'uomo, d'uno scheletro abnorme, altissimo, fatto per portare la sottana o il lenzuolo funebre » (*Le monache cantano*, p. 11) e « ... un tegamino di terra con avanzi di cibo, per l'esattezza fagioli ammuffiti. Chi osservi la figura scheletrica del Castellani può anche ammettere che egli ancora se ne nutra. Il viso di carta-pecora bruna poggia su un collo squamoso, incapsulato in un collare biancastro troppo largo... La veste talare verdastra e impataccata, gli pende in pieghe sghembe sui polpacci nudi, secchi come tibie » (*Tela e cenere*, in « Nuovi argomenti », marzo-aprile, 1973, p. 55).

[30] Cfr. *Le monache* (*Sequestro di Paradiso*) p. 23 e segg. e l'*Itinerario*, p. 117 (Paolina è malata e sogna per la prima volta « quella possibilità inedita da cui un'esperienza tanto corta trae con deliziata precauzione gli elementi necessari alla storia com-movente: fiori, rimpianto, una tomba »); *Sette lune*, p. 285 (« ... se mi riuscisse di morire »). Anche questo motivo fa parte della serie delle *répliques* e dei rapporti propriamente inter-testuali della narrativa bantiana.

[31] *Le monache cantano*, cit., p. 91 (« Restava la fiaba infantile di veli e bende, di mani bianche, sempre pronta a movenze decorative nel corpo di un futuro non suo »); l'*Itinerario di Paolina*, p. 141 (« [...] se t'avveniva, gingillandoti a lavarti le mani pian piano [...] d'avvistare nello specchio del lavabo il tuo visuccio magro, non mancavi di staccare l'asciugatoio dal gancio e ravvolgertene la testa passandolo sotto il mento a modo di soggolo. Subito lo specchio ti promuoveva da adole-scente bruttarella a monaca graziosa »).

[32] La Banti ha subito acquisito una sua modalità di finali imprevedibili o, per lo meno, inattesi; avremo modo, in seguito, di ritornare sulla funzione di tale modalità.

[33] *Le monache*, cit., pp. 117-18: « Cominciava il martirio e Porziella non se n'era avvista, già strappata al suo stato di fami-glia nel punto che a questo stato s'accorgeva di tenere enor-memente: non candidata alla gloria ma figlia di Marco e Plau-tilla. Negava i preparativi dei carnefici che le parevano operai bonaccioni ghiotti di lasagne, ma aveva sulla fronte perle di sudore innaturali. A tratti badava, con un limpido buonumore, a stare sulle sue e aspettava che tutto finisse con un buffetto sulle guance; vedeva già i ciottolini freddi del suo giardino intorno alla fontana ».

IV.

« LA MISURA DEL NATURALE »

> « Sarebbe mille volte un peccato se le
> donne scrivessero come gli uomini, o
> assumessero l'aspetto degli uomini: per-
> ché se due sessi non bastano, conside-
> rando la vastità e la varietà del mondo,
> come potremmo arrangiarci con uno
> solo? »
>
> V. WOOLF

Gli anni della guerra, quando ci si restringa a considerare le date editoriali dei precedenti bantiani, sembrano
tutti spesi a comporre entro argini di sicurezza lo spazio
autobiografico, che per ovvie ragioni sposta tutto l'arco di
tempo verso gli anni Venti; insomma, la produzione della
guerra verrà dopo, quando il diluvio sarà passato (nella
stessa epoca Alvaro, ad esempio, annotava i suoi diari e
ripartiva con un lavoro autobiografico: *Tutto è accaduto*).

Nei giorni dell'occupazione di Firenze (1943-'44) la Banti
stava lavorando a due libri: *Il bastardo* e *Artemisia*, entrambi distrutti tra le macerie della casa di Borgo San
Jacopo; tutti e due saranno dunque riscritti e appariranno
posteriormente: prima *Artemisia*, in seguito ad una elaborazione durata tre anni[1] e poi *Il bastardo*, dopo un ripensamento decennale (1943-1953). Il periodo di riscrittura di
Artemisia corrisponde all'incirca agli anni della liberazione
e della ricostruzione italiana: dal 1945, insieme a molti altri scrittori, la Banti collaborava al « Mondo » di Bonsanti
con una rubrica di costume, tenuta in condominio con
Roberto Papi (« I pipistrelli sulla torre »; una sigla ispi-
rata a Poe); in quella stessa epoca scriveva alcuni racconti: *Il colonnello* (1945), *Un ragazzo nervoso* (1946), *I porci*
(1946) e, infine, *Incanti di Circe*, dello stesso anno; il primo
e l'ultimo sono racconti di guerra.[2]

1. *Il Colonnello* è una storia di smobilitazione, un monologo di chi, abituato a comandare, si trovi all'improvviso
disarcionato, libero da impegni di ogni sorta, con tutto il
tempo per rimuginare quello che « si doveva fare » e che
« si dovrebbe fare ». Un personaggio alla Conrad, preso da
un insidioso senso di colpevolezza; un « brav'uomo », un
« poveruomo »: cosí lo definisce ora la gente delle campa-
gne dove si è rifugiato, nascondendo con sé due cannoni.
Ma dentro e fuori la calma non è ritrovata; il pensiero di
cosa dovrebbe fare (la colpa) non lo ha ancora lasciato ed
a questo pensa mentre si aggira inutilmente nei campi, fra i
contadini che lo giudicano un essere innocuo (« lascialo fare, pericoloso non è ») ma che potrebbe ridiventare potente.

Altra tematica di guerra è il racconto *Incanti di Circe*.
Due soldati, Grassi e Tavella, sono tornati in Italia a com-
battere dopo la campagna di Grecia; Tavella ricorda al-
l'amico come, dopo l'8 settembre, si fosse laggiú sistemato
(« [...] con una buona signora, stavo benissimo, c'era di
tutto. E sono venuto via per ritornare in questa Italia
qui »). E, nella *fabula*, Eufemia, la vedova greca, è Circe
ed egli stesso è Ulisse, circondato da tutti i privilegi del mitico eroe: cibo, rifugio e amore di donna; non altrettanto
dimentico, però, ché già nei piccoli impieghi giornalieri
evita di impinguarsi, coltivando frutti della propria terra.
A primavera, Eufemia medesima l'invita ad uscire, ancora
madre come sempre, fino nell'atto di spingere il « piccolo »
ancora restio; e il soldato Tavella comincia a disintorpi-
dirsi, a farsi venire il coraggio — mancato al colonnello —
di abbandonare l'accidiosa tana ed imbarcarsi:

« "I tedeschi hanno sgombrato" disse il limonaro al vendi-
tore di semi, e Tavella si sentí succhiato per la testa e capace
di traversare quella folla sul molo come un ago »;[3]

e, ripescato sulla lancia (Ulisse parte), il soldato riconosce
« ferma al sole, sulle pietre bianche, la vedova Eufemia »
dal suo vestito giallo. Tutto quel che rimane della maga
Circe è una macchia colorata sotto il sole, come in un
quadro.

È questa la sola volta che la Banti si sia, per cosí dire,
lasciata tentare da una tematica urgente, contingente e
« reale », una tematica quanto mai episodica — forse nata
dalla collaborazione al « Mondo » — in cui la parte piú

valida, oltre il valore di tentativo *extra muros*, appare ancora legata alla trasformazione del « dato di fatto »: il commento che persegue il sentimento di accidia del *Colonnello*, con toni cosí vicini a *Felicina* e il sostrato mitico, stilizzato ironicamente, in *Incanti di Circe*. E non è per un caso che la pregnanza maggiore della devastazione della guerra affiori nel racconto dei *Porci*, un lavoro, questo, molto piú portante degli altri racconti di guerra, a dimostrazione che il discorso indiretto risulta in definitiva piú efficace della presa diretta.

2. In questo racconto, entrato poi a far parte dei quattro delle *Donne muoiono*, raccolta uscita dopo *Artemisia* — che giova esaminare nel gruppo di quelli scritti contemporaneamente al romanzo e forse coevi al ripensamento del *Bastardo* — si sigilla, in maniera visibile, la realtà di una adesione alla tematica storica, non episodica bensí definitiva, anche se questa storia « romano-barbarica » può riconnettersi a quella componente mistica dei sogni-visioni di Paolina, mai amplificata, però, fino alla misura di romanzo breve. Tuttavia, anche volendo tener conto di tutti i precedenti, il salto è considerevole: dai solchi autobiografici in cui possiamo situare i primordi di questa particolare ispirazione, fino alla visione *hic et nunc* di una vicenda del quarto secolo, ogni argine è scavalcato, mediante una riflessione sempre piú sicura delle proprie scelte e della propria determinazione; dal passato alla Storia, in pratica, è un voler « procedere con le spalle voltate », come in *Itinerario di Paolina*. Questa volta, però, a differenza dei due racconti di guerra, le cadenze non saranno piú abbandonate; anzi, le storie bantiane piú esemplari deriveranno da queste meditazioni di ordine cosmologico, alla ricerca di rispondenze — meglio, di *correspondances* — che, nella trascrizione quasi cifrata, diventano non simboliche ma reali, nel senso che, come in Joyce, il reale « deformato » ridiventa strumento di conoscenza. A nessuno può sfuggire che fra i disegni connotanti della storia narrata nei *Porci* (il precipitoso abbandono di Roma, saccheggiata dai Vandali, dei due fratelli Lucilio e Priscilla, in fuga verso la Padania) vi siano motivi che traslitterano la realtà storica narrata ed adombrano tutti i profughi della storia, specialmente quelli dell'ultima guerra.

Il progresso rispetto ai due racconti di guerra consiste nell'aver, giustamente, trasferito la crudezza del dato nella riflessione poetica: *I porci* ritrovano, accanto alla frase assolutamente metonimica (« realistica »), certi sprazzi poetici che la Banti tenderà sempre piú a controllare, specie nelle opere a tentazione realistica (il ciclo del *Bastardo*); ma in testi come questo non potrà ridurre che a stento la tendenza alla metafora, cosí dominante in *Itinerario*. E pensiamo alla fangosità esistenziale del paesaggio padano che accoglie i due profughi; a quei simbolici brandelli della potenza romana sparsi nella mota, « strani balocchi » di bambini: « un frammento di aquila dorata, un pezzo di vecchia lorica, uno specchietto arrugginito, arnesi parlanti e raccogliticci »;[4] alla violenza spoglia della tribú di Unni, che alleva e scanna maiali, i porci che i due fratelli avevano incontrato sul cammino.

Una notte sinistra trascorsa nei ruderi della Villa dei Valeri, gli antichi avi, basterà a Lucilio per ridursi al partito dell'integrazione; sarà beccaio anche lui, e con figli barbari, mentre Priscilla, dopo quella stessa notte, riscopre tutta una sua vocazione; nell'incanto del mattino, mentre l'aria appare « grigia e soffice come un pannolano », Priscilla ha di nuovo la visione della martire Felicita:

« Fu, anche questa volta, all'improvviso che la martire Felicita le apparve: ma non ne provò sorpresa e la salutò con un battito di ciglia. Non era piú l'immagine fatidica [quella del riscoperto frammento di mosaico], ma la famiglia stessa. L'ava, la madre, la zia; e la cugina partita in Africa e fin le schiave piú devote e piú pie: tutte erano con lei, l'avevano aspettata qui ».[5]

Lucilio diventa sempre piú simile ad Arterico, che ignora Roma, l'imperatore, la guerra, i vescovi; Priscilla, invece, sogna di un tempio tutto per sé, fino a quando il vescovo Eusebio le affida veramente un potere spirituale; ma neanche lei, Priscilla, la prima delle badesse bantiane, sa piú quale religione praticare:

« [...] i riti variavano a seconda dell'estro e della ispirazione della romana che, mescolando ricordi e leggende della venerabile parentela, suppliva alla poca esperienza di una educazione cristiana assai trascurata »;[6]

59

e nessuno potrà liberarla dalla misteriosa tana dei porci, simboli ghignanti di un futuro incombente e grotteschi indizi della futura babele occidentale.

3. Fra i racconti coevi alla riscrittura di *Artemisia*, solo *I porci*, quindi, sembrano essere stati fusi in un crogiuolo equivalente, non soltanto per il fondamento euristico basato sulla sostituzione del presente al passato (e viceversa), bensí per i rapporti tematici e quasi affettivi con il personaggio di Priscilla, cosí racceso dalle illuminazioni interiori — il lume caravaggesco — che non sono spiegazioni psicologiche ma lumi calati sugli atti, affinché si spieghino, pur conservando, nella durata riacquisita, un alone che li collega immediatamente ad anteriorità non piú temporali ma testuali, tracce individuabili a distanza che fanno da raccordo tra *Itinerario di Paolina* ed *Artemisia*.

Questa è del resto una regola: piú ci si inoltra nei testi della Banti e piú si avverte una necessità di visione al rallentatore, in modo da non lasciarsi sfuggire, nella lettura attuale, la parola, il tema-spia, che legano le opere fra loro. Come il rapporto fra Lucilio e Priscilla, ad esempio, quegli sprazzi di improvvisa cordialità tra loro, quel conforto puerile di essere almeno vicini, nel buio del rudere spazzato da sinistre folate di vento; e si pensi alle due ombre solitarie di Artemisia e Francesco, chine a disegnare nella oscurità della cucina di Santo Spirito: uno di quei momenti di calore umano che Artemisia cercherà incessantemente e che Priscilla tenta di palliare rifugiandosi nei fantasmi e nei riti del passato. E si ricordi, ancora, quel vezzo, ormai ricorrente nella Banti, di descrivere il movimento delle labbra, il formarsi delle parole pronunciate: « "Di là" risponde l'uomo col suo accento gutturale "di là ci dormono i ...". Pronunziò *nonnuli* o *ninnoli*, qualcosa di simile »; e in *Artemisia*: « Mi par d'esser nel vero, un vero indicibile, formando sulle labbra di Artemisia queste parole. Almeno una volta le avrà dette, con quell'albagia spagnolesca che imparò dopo i trenta, a Napoli. Alzava il mento duro di biondina testarda e spiaccicava con toscana precipitazione quelle sillabe scorrevoli: Oloferne »; e ancora, nell'episodio del ventaglio della zia Eugenia, in *Itinerario di Paolina*: « "È sandalo" aveva detto un giorno la zia, e da allora, ogni volta che lo spiegavi [il ventaglio] ti piaceva situare fra le stecche color cannella quella parola liquida e sonora ».[7]

Esigue tracce che risalgono a ritroso e che, al ritorno, si fermano invariabilmente su *Artemisia*; persino il raccordo stilistico vale, anche se questo deve almeno riconsiderare certi brani asciutti delle *Monache cantano* e di *Sette lune*. Ma qui la conquista di soppesare il dettaglio è definitiva: il carattere paratattico delle frasi è stabilito ulteriormente. Le cadenze, però, non sono regolari a lungo e gli squarci delle immaginose analogie delle prime opere si attuano, adesso, piú che altro mediante un assoluto scombinamento sintattico dei verbi:[8] invano si potrebbe sperare di imbattersi in un cadenzato stilistico continuo, proustiano o manzoniano, ad esempio.

4. Joyce, scrive Debenedetti, diceva che nel cuore di un uomo non c'è posto che per un solo romanzo; per la Banti, considerando i risultati, il romanzo in questione non può essere che *Artemisia*, il libro che forse le ha dato la piú pericolosa celebrità, al punto di cancellare quasi le prove del suo « primo tempo ».[9] Chiunque abbia in mente la storia dell'opera, non mancherà di ricordare l'antefatto tragico che ne provocava la riscrittura: il primo manoscritto di *Artemisia* fu distrutto nell'agosto del 1944, fra le rovine della casa di Borgo San Jacopo, nei giorni di battaglia che Firenze conobbe.

Tre anni, o forse meno, impiega l'autrice a riscriverlo e, come osserva Contini, « questo del bruciamento e del restauro sarebbe mero aneddoto, e da non citare neppure, o al massimo per rendere un omaggio esterno al piú che maschile coraggio della Banti, se esso non risultasse integrato alla struttura medesima del libro ».[10]

Ecco perché, predominanti nei capitoli di apertura, si mescolano ai brani narrati, dialoghi con il « fantasma » di Artemisia, due volte morta e tanto piú ricercata nei vialetti di Boboli, « districata », appunto, dai viluppi di una realtà già cosí cocente; un'Artemisia vagante, fra le rovine di Borgo San Jacopo, alla ricerca della propria esistenza, in mezzo alle donne lacere in cerca di cibo; e la sua voce, dai secoli trascorsi, si mescola ai lamenti, alle richieste, alle mutue esortazioni (« "Non piangere". Nel silenzio che divide l'uno dall'altro i miei singhiozzi, questa voce figura una ragazzetta che abbia corso in salita e voglia scaricarsi

61

subito di un'ambasciata pressante... Non alzo la testa, nessuno mi è vicino »).[11] Pochi i dati che Anna Banti poteva trarre dalla biografia del personaggio realmente esistito, per condurre a buon esito l'infiammarsi della « vita perenta », fino a condurla ad una nuova « misura storico letteraria », immettendo nella « palude bastarda dell'italiano letterario in corso, vecchie potabilissime fonti dell'uso popolare nostrano »;[12] comunque scarsi, l'autrice tiene ad elencare questi dati insieme al motivo dell'« ostinazione accorata » della propria scelta:

« [...] credo che al lettore si debba qualche dato dei casi di Artemisia Gentileschi, pittrice valentissima fra le poche che la storia ricordi. Nata nel 1598, a Roma, di famiglia pisana. Figlia di Orazio, pittore eccellente. Oltraggiata, appena giovinetta, nell'onore e nell'amore. Vittima svillaneggiata di un pubblico processo di stupro. Che tenne scuola di pittura a Napoli. Che s'azzardò, verso il 1638, nella eretica Inghilterra. Una delle prime donne che sostennero colle parole e colle opere il diritto al lavoro congeniale e a una parità di spirito fra i due sessi ».[13]

Scarsi i requisiti, dunque, e, come scrive ancora Contini, la Banti era « vicinissima alle fonti della maggiore autorità », Roberto Longhi, cui « il Seicento pittorico italiano, soprattutto nel solco caravaggesco, deve la sua riabilitazione recente [...] cosí in particolare dei pisano-romani Gentileschi, padre e figlia ».[14]

5. Questo per l'ispirazione artistica; l'altra motivazione, altrettanto urgente, è legata proprio alla fama di scandalo che era fiorita intorno alla « pittrice valentissima », quel processo di stupro in gioventú che lo storico Hermann Voss riesaminava dimostrando la falsità tendenziosa delle testimonianze. Dalla violenza subita per opera del maestro Agostino Tassi, all'obbligo del matrimonio di riparazione con l'oscuro Antonio Stiattesi, Artemisia consuma tutta una vita di solitudine — a Firenze, a Napoli, in Inghilterra — nel riscatto dell'ingiuria giovanile, per un'affannosa ricerca di affetti e di affermazione pubblica. E la Banti non poteva restare indifferente dinanzi a questo affronto storico, lasciandosi sfuggire l'occasione buona per ingannare il tempo, per salvare tutto ciò che « verosimilmente » Artemisia doveva essere stata: una bambina tracotante e umile, una donna che vorrà « dipingere come un uomo », un pe-

renne « impasto di fragilità umiliata e repressa che per orgoglio simula la forza », in cui Contini ravvisa « la dominante [...] l'ossessione che individuava le figure della Banti: in apparenze piú autobiografiche con *Itinerario di Paolina*, in fase piú oggettivata coi racconti toscani del *Coraggio dellę donne* e col romanzo borghese *Sette lune* »;[15] ed è pure da convenire che, se l'oggettivazione sfocia nel personaggio storico, è una « prova del massimo stacco della materia ». Ma si tratta di un curioso distaccarsi, che rassomiglia di piú all'intrisione della materia narrata, in modo da riassorbire punto per punto quanto già era avvenuto per Paolina, Maria e Amina: il « tu » che l'« io narrante » allora rivolgeva a Paolina, comprendeva già la capacità del distacco da sé; il legame con l'« io » rimaneva, però, ben saldo, ed è nell'ambito di tale rapporto che si motivano certe rispondenze ancora sorprendentemente autobiografiche, come il continuo e concitato desiderio di giustificarsi (« E che cos'altro ha fatto Artemisia se non giustificarsi, dai quattordici anni in su »), oppure il racconto che, come Paolina (o Maria), Artemisia costruisce per lei:[16]

« Agostino veniva tutti i giorni, no? Veniva con quell'aria, mo' vestito da turco, mo' da cavaliere, la collana in petto. Era bravo a fare da Rugantino, ci faceva ridere noi ragazzi, che era una degnazione, uno che si teneva omo grande. Babbo dipingeva e stava zitto, lui si fermò a guardare quel che disegnavo su quella tavolina e fa, dice: "La vôi imparare la prospettiva?" ».[17]

E si capisce anche perché la Banti, ogni tanto, la lasci parlare: per affascinarsi a riudire la voce che ha salvato dai trecento anni di polvere e che nessun archivio poteva risuscitare:

« Aver ricordato che a dieci anni Artemisia diceva: "pe li frati", troncando con un accento rauco d'accatto la scorrevolezza ereditaria della parlata toscana, mi pare un successo, una testimonianza di fede nella sua storia ».[18]

« Macchia dialettale », dice Contini, « mimesi linguistica »: tutti artifici della finzione per salvarsi dai trabocchetti che Manzoni non aveva evitato; cosí la Banti corregge il proprio maestro,[19] raggiungendolo in quell'unico luogo di verosimile storico che lei gli riconosce. In questi aggiustamenti della mira narrativa, non si saprà mai quanto Anna

Banti debba al manoscritto andato distrutto, ché una maggior parte di questo « verosimile » deve derivarle proprio dalla dissoluzione del romanzo nel romanzo, ossia, come precisa Contini, dal « ritiro della narrazione del romanzo a fare », ricordando giustamente l'equivalente teatrale pirandelliano e l'esempio contemporaneo della Manzini nella *Lettera all'editore*.[20] La resa è doppia, specie dal punto di vista della narrazione, che si avvale di tutti i giochi consentiti dall'intrusione del diario per oltre cento pagine; e questo fino al momento in cui, ottenuta ogni confessione e ricostruita l'epoca piú tortuosa di Artemisia (« Le due tombe di Artemisia, quella vera e quella fittizia, sono adesso eguali, polvere respirata [...]. Per questa ragione, non piú esaltata, ma in segreta espiazione, la storia di Artemisia continua »),[21] la storia del romanzo non ha piú motivo di essere, poiché la storia della scrittura fa ormai parte della ragione stessa di esistere della storia di Artemisia, di quel continuo lavorío per fare affiorare la « verità », pur essendo ogni volta cosciente della « vanità dell'anacronismo, l'ingresso del soggetto nell'oggetto »:

« Non si può, riconosco, richiamare in vita e penetrare un gesto scoccato da trecento anni: e figuriamoci un sentimento, e quel che allora fosse tristezza o letizia, improvviso rimorso e tormento, patto di bene e di male. Mi ravvedo; e dopo un anno che le rovine son rovine, né mostrano di poter essere di piú o di meno di tante altre antiche, mi restringo alla mia memoria corta per condannare l'arbitrio presuntuoso di dividere con una morta di tre secoli fa i terrori del mio tempo ».[22]

Sono queste le frasi piú citate della Banti (da Contini, da Francesco Arcangeli, ad esempio, il quale giustamente le accosta ai motivi consonanti di una frase estratta da *Inganni del tempo*),[23] passi obbligati nelle strettoie dell'auto-critica e puntualmente ripercorsi nel cammino parallelo che, con naturalezza, la inducevano a trasformare, a ricreare addirittura, i dati dei manoscritti, di quegli stessi archivi che le facevano scoprire « importanti documenti caravaggeschi »[24] e la portavano ad incontrarsi con l'inedito diario di Bernardo Bizoni,[25] compagno di viaggio del marchese Vincenzo Giustiniani. Ma da questi bisogna pur ripartire, ricollegandosi a quell'ipotesi che l'idea di *Artemisia* risalga — non *in nuce*, però — agli anni dello studio longhiano sui Gentileschi (abbiamo scartato la possibilità di ipotesi concreta per via della data troppo prematura — 1916 — della pubblicazione del lavoro: all'epoca la Banti non aveva forse ancora conosciuto Roberto Longhi).[26]

6. La tentazione di far risalire la suggestione del romanzo sui Gentileschi — il plurale è motivato dal rilievo di Orazio, accanto alla mirabile statura narrativa di Artemisia — oltre che alla volontà esplicita di riscattare la macchia sulla vita della pittrice è dovuta anche all'influenza, non tanto sotterranea, del Maestro (Roberto Longhi, prima di diventare marito della Banti, è stato realmente il suo professore). E per influenza non intendiamo solo l'idea che si sia potuta formulare grazie agli affini interessi della coppia Anna Banti e Roberto Longhi, ma soprattutto che una presumibile traccia del rapporto « Maestro-allieva » abbia avuto non poca parte nella elaborazione di quel singolare e particolarissimo rapporto intessuto di affetto e orgoglio tra Orazio Gentileschi e sua figlia Artemisia. Che questo rapporto sia uno dei fondamenti strutturali del romanzo è comunque innegabile, come è innegabile l'importanza che per Artemisia riveste il riconoscimento da parte del padre: è per lui che vorrà sentirsi senza colpa (di fronte ad Antonio, suo marito, che Artemisia ama nel modo in cui Anna Banti deve aver « amato » Caravaggio, lei si vedrà sempre piú forte); è per lui che vorrà riscattarsi, e questo sentimento durerà fino agli anni trascorsi insieme in Inghilterra, quando Artemisia si sentirà accettata dal padre non come figlia, perché come tale si sentirà costantemente in fallo, bensí come un pittore di analoga bravura:

« E dopo il necessario silenzio, furon scambiate le parole libere ed efficaci dell'arte e una incantata parità di espressione si stabilí, che oltrepassava la contingenza di età, di sesso, di parentela. Ecco giustificata Artemisia [...]. Eccola sicura e lieta, di fronte a questi gesti e parole... a questi riconoscimenti, a queste leali riserve. Due spiriti, non un uomo e una donna, non un padre e una figlia. È la figlia, affrancata dall'ossequio [...] alza la fronte e gli occhi [...]. Ora la vita di Artemisia par tutta un armonioso fluire dai primi insegnamenti paterni, all'ascetico giovanile esercizio: sino ad oggi, che Orazio le discorre con limpida rudezza. come ai compagni della Croce [...]. Non importa esser stata donna, piú volte sconsigliata, due volte tradita. Non c'è piú dubbio, un pittore ha avuto nome: Artemisia Gentileschi ».[27]

È facile supporre che la vita di Orazio sia stata prolungata col fine di gratificare Artemisia del riconoscimento che forse ha piú desiderato; ne è prova indiretta la serenità, mai piú ritrovata dopo l'abbandono di Antonio e il torbido soggiorno napoletano, che la pittrice riacquista, estendendola addirittura a tutto il proprio passato; come in punto di morte Artemisia torna « a salutare senza bruciore Antonio e la sua moretta, riaccoglieva maternamente in grembo Porziella, chiedeva soprattutto perdono a Francesco ». Cosí fa Artemisia tutte le volte che si sente amata, come a Roma da Antonio o persino a Napoli dopo il saluto untuoso della serva.[28] Ma ora non ha piú bisogno di ricordarsi di aver dipinto « cento e piú tele », per sentirsi in pari e forse anche chi ha immaginato, colei che scrive, era in cerca di quel tipo di riconoscimento, naturale, senza necessità di richieste arroganti: « Vale anche per te », mormora la Banti fra sé, staccandosi con il pensiero dagli atti e dai gesti di Artemisia, e ritraendosi proprio nel movimento di scrivere il libro. È l'unica frase che svela il supposto « frangente autobiografico » (Contini) in maniera piú diretta, quasi una luce-spia che, anche se moderatamente, bisogna seguire, proprio nella misura in cui quel « frangente » serve ad indicare che è, sí, entrato a far parte della realtà del romanzo, moltiplicandosi, però, nelle situazioni narrative, negli stessi rapporti che i personaggi hanno fra di loro o, meglio, che Artemisia ha con essi (il padre, il marito Antonio, l'amica d'infanzia, Francesco, Porziella sua figlia, le allieve...) dando la misura delle sfaccettature che lo stesso materiale autobiografico è venuto assumendo nella coerenza del libro. E, di rimando, se Artemisia è realmente vissuta, anche Paolina potrà riconoscersi in mille momenti, fino al gesto esteriore di ravviarsi con la « pettinessa quella giovanile ciocca ribelle ».

De Robertis, a proposito della doppia struttura del romanzo, cui l'Arcangeli si era riferito nei termini metaforici di un « corpo scosso dai singulti d'una passione o d'un delirio che pian piano si acquieti in un malinconico respiro e quasi nell'immobile senso d'una vita fisica, soltanto che è forse già morte »,[29] lanciava la supposizione che la perdita del manoscritto non fosse stata che l'occasione buona per quell'« azzardato gusto » che è nella Banti;[30] crediamo appunto che sia possibile riunire i due problemi, quello del supporto autobiografico e l'altro del gusto di reduplicare la propria voce (come, in seguito, nella *Camicia bruciata*) nell'assunto strutturale di « spremere la rivelazione » non solo « dalle cose » come in Joyce,[31] bensí, nelle pieghe del raddoppio, dalle persone.

La traccia dell'« autobiografismo trasposto », visibile, anche se già in maniera particolare, nelle opere fino alle *Monache*, appare ormai neutralizzata, dispersa, nella piú problematica dimensione del già vissuto.

E mai come in questo romanzo i rapporti con il sé e l'altro sono cosí labirintici ed esistenziali: Artemisia ha bisogno della Banti per esistere (e per questo collabora e ripete, sebbene crudamente ferita, la storia delle tre passeggiate con Agostino Tassi e l'episodio di Corte Savella, lasciandosi smentire e quasi svillaneggiare come a Napoli); ma uguale, e forse maggiore, è la necessità della Banti di far riemergere dalla propria memoria e dal passato Artemisia Gentileschi, per riscattarsi con lei della mitica colpa di Eva in quell'Oloferne fiorentino (il « soggetto eroico da par [suo] » come *Artemisia* per Anna Banti).

7. Possiamo dire, senza esitazione, che l'opera non usurpa la propria fama di capolavoro; in essa, anzi, è condensata la sorte tipica di quelle opere *charnières* destinate a riunire tutti i frammenti di quelle trascorse e a congegnarle in un *unicum*, straordinario a tal segno da rendere irriconoscibili tutti gli antecedenti; e questo avviene per Artemisia medesima, a partire da Oloferne e fino al supposto autoritratto — con le sembianze di Annella De Rosa, l'allieva napoletana — prodotto alla corte inglese di Enrichetta. L'episodio dell'ultimo ritratto è ancora uno di quei luoghi labirintici per il modo esplicito in cui, appoggiata sopra la mano di Artemisia, che sigla con la parola « autoritratto » l'immagine di un'altra persona, appare l'altra mano che firma il proprio libro:

« "Autoritratto di Artemisia Gentileschi" dichiarò il solito discendente di Lady Arabella [...]. Lo ispirò forse la vendetta di Annella, Annella imbronciata che non ha avuto tempo di viaggiare, ma solo di morire in fretta e si svincola, ancora una volta, dalla mano di Maestra Artemisia. La quale, con questo viso di bruna torrida, affonda nella leggenda meridionale e passionale della sua giovinezza scandalosa. "Fu violata da Agostino Tassi e amata da molti": cosí è ripetuto a stampa anche in inglese. Ma la mano di Artemisia è forte e Annella non se ne libera. Ritratto o no, una donna che dipinge nel milleseicentoquaranta è un atto di coraggio, vale per Annella e per altre cento almeno, fino ad oggi. "Vale anche per te" conclude, al lume di candela nella stanza che la guerra ha reso fosca, un suono brusco e secco. Un libro si è chiuso di scatto ».[32]

È la consapevolezza ritrovata di *Orlando*, del « proprio volere e del proprio valore », con la differenza che Artemisia è veramente donna e come tale si è perdonata solo rare volte la colpa di esserlo, specie quando erano gli altri a ricordarle che l'artista era pur sempre e solo una donna, come se la fama di una donna-artista dovesse inevitabilmente costruirsi su una fama di scandalo; ma, forse, dietro al desiderio di Artemisia di « non voler piú essere donna » vi sono anche i sogni di purezza di Paolina.

8. « Mettre au jour ses phantasmes, comme je le fais, c'est le meilleur moyen de n'être pas détruits par eux » ebbe a dichiarare, in una intervista, Robbe-Grillet [33] ed è questa una confessione che la Banti potrebbe confermare per sé, pensando al ritorno di Artemisia negli anni Sessanta, con il dramma *Corte Savella*.[34] Le ragioni del romanzo non si erano, dunque, esaurite; l'autrice medesima, tiene, del resto, a giustificare, nell'« Avvertenza », la ripresa di una materia trascorsa, con il dubbio che nel « flusso narrativo si siano disperse le punte piú icastiche dell'azione e dei caratteri che ne formarono il nodo ».

Il mezzo teatrale viene dunque scelto in vista di una possibilità accresciuta di verosimiglianza, per la tentazione dell'« aria mossa dei corpi vivi », per la parola diretta e, inoltre, per la ripetizione di quello che realmente accadde « trecento anni fa », estrapolando i fatti del vero dai verbali del processo, svoltosi appunto in Corte Savella, la prigione papale dove Agostino Tassi fu rinchiuso dopo essere stato denunciato, per violenza carnale, da Orazio Gentileschi.

I tre atti di *Corte Savella* hanno per materia i momenti che maggiormente contarono nel destino di Artemisia: l'atto della violenza carnale (il primo); il processo vero e proprio, l'umiliazione dei sibili a Corte Savella, il matrimonio con Antonio (atto secondo); l'episodio fiorentino del quadro di Giuditta e Oloferne, l'apparizione del marito e il rinvio della decisione di raggiungerlo a Roma (atto terzo). Il movimento dell'intero dramma corrisponde assai bene alla prima parte del romanzo, in cui Artemisia si muoveva e parlava: la voce che la Banti le aveva scoperto allora, seppure in maniera filtrata, torna a farsi riudire da chi l'aveva riconosciuta la prima volta, sfogliando gli archivi del processo; e non è senza motivo che l'autore non faccia figurare fra le indicazioni sceniche che scarse notizie sull'abbigliamento (al contrario di Pirandello), ma tenga a precisare, accanto a ciascun ruolo, la cadenza della parlata:

« *Orazio Gentileschi, pittore (accento toscano, fra Pisa e Firenze)*
Artemisia Gentileschi, figlia di Orazio, quindicenne (accento romano) ».[35]

In nota la Banti motiva l'indicazione delle inflessioni dialettali con la mancanza, nel Seicento (e oggi), di « una koinè linguistica del parlato ». Senz'altro, e al di sopra di ogni altra motivazione teatrale, il desiderio di rendere la « voce » ai protagonisti deve aver contato molto.

Abbiamo detto che gli atti del dramma corrispondono alla parte iniziale di *Artemisia*, già allora piena di voci dei fantasmi della guerra; tuttavia, il dramma è piú « carico » rispetto al racconto: lí si aveva come l'impressione di una inevitabile calma, poiché si trattava di raccontare l'avvenimento e non di mimarlo con gesti e parole, ridiventati attuali nella finzione teatrale, che fatalmente « ferma » il tempo del dramma. La differenza del maggior riavvicinamento, che il teatro favorisce, non sconta tutto il divario con il romanzo; questo, alla fine, rientra nelle diversità strutturali del *medium* di rappresentazione. La maggiore somiglianza di animo, cui la Banti mirava, si ritrae interamente in un elemento nuovo, del tutto assente nel romanzo: l'amore della giovane Artemisia per Caravaggio. Questa nuova componente rende completamente diversi dramma e romanzo, specie per la funzione altamente drammatica che assume nell'azione. La notizia della morte del Caravaggio, appresa dai discorsi del padre con il pittore Saraceni, costituisce infatti la causa dell'*aveuglement* di Artemisia (come intende Souriau); la giovane, stordita dal dolore, si lascerà facilmente trascinare dalle ingannevoli insidie di Agostino Tassi. L'intero atto è occupato dalla macchinazione che si intesse intorno alla giovane, dai maneggi intriganti di Tuzia alle insinuanti parole del Tassi, che viene a stordirla con il racconto delle chiacchiere sulla sua cattiva fama e sulle sue pretese tresche:

« Credete forse che il vicinato non chiacchieri? I padri e i mariti son gli ultimi avvisati, ma tutti la sapevano la vostra tresca col Caravaggio »;[36]

e invano Artemisia si difende, sostenendo la purezza del proprio sentimento per il « Maestro » (« Ah che ribalderia vi andate inventando? Come osate accusarmi di trescare quando io il Caravaggio [...] neppure gli ho parlato ed è grazia se l'ho visto in faccia una volta? Come si può sapere questa infamità »). Nulla tralascia Agostino Tassi per colpire Artemisia, fino alla storia del progetto di matrimonio del pittore con l'amica di infanzia Cecilia Nari (nel romanzo, questa muore bambina, senza aver mai sentito parlare di Caravaggio).

Le grida di Artemisia, che fino ad allora si era lasciata trascinare quasi priva di coscienza, « respingendo sempre piú debolmente », concludono il primo atto, segnando l'inizio dell'evoluzione drammatica del personaggio. Come ogni eroina tragica, Artemisia subisce l'assalto del destino proprio nel momento in cui le forze meno resistono; e qui la Banti ha molto vicini certi modelli del teatro francese, come la *Phèdre* di Racine, altrettanto esposta ai colpi della sorte.

Il dramma novecentesco, cosí intriso di assurdo — e pensiamo a Pirandello, Ionesco, Giraudoux, Brecht — non poteva servire da schema ad una situazione drammatica con fondamento storico (come le « tragedie romane » del Seicento francese) e che presenta, soprattutto, una linea di tensione affatto diversa dai modelli drammatici attuali: *Corte Savella* è la messa in scena di un processo di violenza carnale, cui fa seguito un'azione di riscatto (lo schema del *Cid*). La novità dell'opera si risolve nella unità di tensione del culmine drammatico, che si ripete in ogni atto con una soluzione interna: il momento della violenza subita, il processo ed il matrimonio con Antonio Stiattesi, la vendetta di Firenze e la riapparizione del marito. L'azione occupa dieci anni, dal 1610 al 1620, e non vi è, quindi, nessuna preoccupazione di unità di tempo e di luogo (riscoperta nel teatro attuale perché favorisce la fissità mitica dell'assurdo), bensí forse una volontà di dare al Manzoni delle *Tragedie* una lezione di verosimiglianza. La Banti pensa infatti che, sotto questo profilo, esistono degli aspetti problematici nel Manzoni: quello storico, della *Storia dei Longobardi*, che riesce a cogliere il « verosimile », come nella creazione del personaggio della Monaca di Monza; quello di autore di tragedie e di Lucia, dove Manzoni non riesce a superare la propria storia per la « realtà storica »:

« Ermengarda e Lucia non sono personaggi del vero, autentico Manzoni, ma del Manzoni succube dell'età romantica, che era purtroppo la sua: mentre i principi tradizionali della sua confessione religiosa vagheggiavano nella donna virtú della non resistenza all'offesa, della rassegnazione, della pietà. Debolezza, dolcezza, lacrime ».[37]

Ma forse la scrittrice non bollerebbe come una forzatura l'uso dei miti greci, riscoperto dal teatro degli anni Cinquanta; anche la sua, in fondo, è una verosimiglianza raggiunta mediante l'invenzione.

9. In *Corte Savella*, la volontà di « seguire il documento » appare doppiamente motivata, sia dalla indiscutibilità degli atti del processo che dal desiderio di andare, per una volta almeno, oltre il « verisimile », fino alla misura del vero: « il romanzo dunque aveva peccato per troppa verisimiglianza mentre il dramma vuole essere solo piú vero », anche perché solo la parola teatrale può essere piú « vera », e si può misurare, ad esempio, il grado di maggiore intensità che acquistano i caratteri medesimi, a cominciare da quello della stessa Artemisia, subito meno infantile, piú cosciente di sé e della propria vocazione, « superba come Lucifero » (« E se non so' una principessa, so' una pittrice. E di pittrici ce ne sono meno che di principesse » risponde Artemisia a Donna Tuzia).

La prepotenza dei caratteri rientra, del resto, nei moduli drammatici del *maquillage* e della *surcharge* scenica: si veda, ad esempio, la caratterizzazione piú tipizzata di Tuzia, la mezzana, del « furiero » Cosimo Quorli e di Agostino Tassi, cosí sboccato nella sua oltraggiosa deposizio-

71

ne: « tutti avevano praticato l'Artemisia [...] tutto falso, illustrissimo, sono innocente come Cristo »).

Nel romanzo, la relazione processuale avveniva come stemperata dal dubbio che tutto non si « fosse svolto cosí »; nell'azione drammatica le parole, nel giro delle false testimonianze, ridiventano dolorose come gli atti. Il Tassi vinse il processo in grazia della rete di connivenze fra il giudice ed i testimoni: questo era da dimostrare e questa era la giustizia da rendere a chi fu condannata innocente. E, nella denuncia del sopruso subito, la figura del padre torna nuovamente a porsi in una situazione singolare rispetto alla figlia: Orazio non soltanto aveva condotto Agostino Tassi nella propria casa di via della Croce, dove Artemisia viveva in pratica da sola, ma era stato all'origine dello scandalo del processo di Corte Savella, dove, al solito, egli non è presente; ed è lui, infine, che farà sposare ad Artemisia un uomo come Antonio (nel romanzo tutto è piú sfumato, specie nel periodo inglese di Artemisia con suo padre).

L'ultimo atto è invece uno dei piú vicini al racconto: è qui che per il tramite di Arcangela, prima, e di Antonio, poi, riaffiorano le parole di *Artemisia*; e tuttavia, nella crudezza della scena di Oloferne, quando le dame fiorentine, eccitate dalla verità del dipinto, fanno l'atto di assalire il modello, e Caterina, la piú giovane fra loro, dopo la scena isterica, le grida in faccia: « [...] vi tenevo per la mia maestra e quasi vi volevo bene. Ma oggi ho capito quel che ci avete in cuore, un veleno [...]. Voi vorreste uccidere tutti gli uomini e insegnate alle donne a odiarli »,[38] si intuisce nettamente che la seconda Artemisia è separata dalla prima da ben altre esperienze (nel '60 la Banti aveva già scritto la « trilogia terribile » dell'*Allarme sul lago*).

In effetti, la somiglianza che abbiamo segnalato porta i segni di tutto un periodo di denuncia violenta, da cui, inevitabilmente, Artemisia non poteva uscire indenne. Basterebbe seguire le sue riflessioni, cosí smagate e vicine negli accenti a quel certo « gusto della cattiva sorte » di Paolina e pensare alle sconsolate frasi indirizzate ad Antonio nelle ultime battute del dramma:

« Se non avessi buona coscienza potrei credere che qualcosa di male faccio, senza accorgermene [...]. Ognuno nasce e muore solo: ma io, si vede, sola debbo anche vivere »;[39]

e alla risposta di Antonio:

« Voi non siete come tutti, Artemisia e la gente se ne accorge. Siete orgogliosa e non sapete comandare, siete umile e non sapete ubbidire. Io, per esempio, eccomi qua, non vorrei che servirvi e ve lo dissi anche il giorno... insomma il giorno delle nostre nozze. Voi, neppure ci faceste caso ».[40]

L'Artemisia del '47 si era lasciata tentare dalla favola dell'amore di Antonio; l'Artemisia del '60 vuole soltanto rimanere fedele al ricordo di un amore solitario, di testa (quello, tutto bantiano, per il Caravaggio), negandosi persino la possibilità dell'illusione della felicità: « Lasciatemi perdere », insiste con il marito. « Dare non posso, ricevere non voglio. Lasciatemi perdere, vi ho detto [...]. So che soltanto nella pittura trovo la pace [...]. Nessuno mi ha amata e né mi amerà; questo è il mio destino ».[41] Tutte queste dichiarazioni servono a ribadire fino a quale punto di chiusura sia giunto l'universo di Artemisia — e quello bantiano —; il dramma non è stato dunque scritto solo in vista di un *plus de verité*, ma anche, e soprattutto, perché Artemisia stessa, passando attraverso l'esperienza degli anni Cinquanta, si sentiva ora in misura di aggiungere un'altra verità al vero di Paolina, estensibile, inoltre, a tutta l'opera posteriore, se persino Marguerite Louise riscoprirà le parole della seconda Artemisia.[42]

10. La lettura di *Corte Savella* ci ha condotto fuori dal decorso cronologico normale di un decennio circa: nel '51, infatti, la Banti pubblicava una piccola raccolta di racconti, *Le donne muoiono*, comprendente quattro storie, *Conosco una famiglia* (1938) e *I porci* (1946), di cui piú o meno ampiamente abbiamo già parlato, e altre due, *Le donne muoiono* e *Lavinia fuggita*.[43]

Il discorso tematico risulta molto omogeneo per chi abbia in mente l'itinerario che da *Itinerario di Paolina* in poi viene ricomponendosi: il titolo della breve raccolta, come nel trascorso *Coraggio delle donne* e nei futuri libri di racconti, deriva da quello che fra essi ha una funzione metanarrativa, di verifica dell'impianto tematico e di quello poetico (narrativo). Il primo affiora chiaramente quando si considerino le componenti strutturali derivanti da un'esasperazione tematica, incentrata sulla mitica inferiorità della donna. La materia delle *Donne muoiono*, infatti, estrapola in termini fantastorici — il fatto accade a Valloria nel 2617 — la comune opinione sulla presunta pochezza mentale delle donne, anzi è l'evento straordinario a riscoprire il luogo comune. Insomma, una mattina qualunque, un « tale Mariano Pietrangeli, ricoverato in una clinica sperimentale per malati di mente » dà evidenti segni di delirio, affermando, in sostanza, di ricordare avvenimenti sepolti nei secoli:

« Lo vedevi battersi la fronte come uno che all'improvviso viene assalito da un ricordo preciso ed urgente, e giú a ragionare di cose e di fatti di cui nessuno dei presenti aveva nozione. Anche il suo linguaggio si alterava; egli si esprimeva con termini antiquati, quasi leggesse da un vecchio libro: ed era da notarsi come soccorresse allo stupire degli astanti traducendo in lingua corrente le espressioni meno comprensibili che gli uscivano di bocca ».[44]

La voce-off non ha ancora detto che si tratta di « ricordare » e lascia accumulare i referti delle diagnosi dei medici — delirio lucido, visioni alternate a episodi perfettamente normali in giovani di vent'anni —; poi, sempre in tono piú da leggenda, la voce fuori campo, quasi registrata, annota il grado della progressione del fenomeno e il suo evolversi in epidemia:

« [...] sui primi del '18, i dodici casi diventarono trenta, cinquanta (seppure ci si poteva fidare delle statistiche) e l'allarme minacciò di traboccare in panico ».[45]

Il registro epico, costruito sull'alternanza compatta del modulo temporale assolutamente narrativo e sui raccordi tratti dagli schemi della novellistica classica, da Boccaccio a Bandello, gioca soprattutto sul volontario ricorso a formule generalmente scartate dalla narrativa moderna, che tende a sopprimere le concatenazioni di causa ed effetto del tipo « si definí », « il peggio fu », « si seppe che », « si appurò », oppure « accadde che » e « fu assodato che ».[46]

Sul filo della registrazione degli esempi, il racconto giunge infine alla definizione del fenomeno, dopo una verifica diretta, appunto, quando un falegname accompagna il figlio a visitare i luoghi che egli, nel suo delirio, afferma di vedere. Negli archivi del Comune, rimasti miracolosamente indenni dopo tante distruzioni di guerre, viene ritrovata la prova anagrafica della visione del ragazzo (« Persino della morte di una bambina cinquenne che egli ricordava come sua figlia amaramente pianta, perita in un bombardamento [...] fu rinvenuta traccia, e nell'anno preciso da lui segnalato: "il '43", diceva: e si trovò scritto: 1943 »).[47]

È questa la notizia che dà l'attestazione della certezza ai ricordi degli uomini del 2700: « documenti ineccepibili stavano a provare la verità delle vicende e l'esattezza di quella che si definí la seconda memoria ».[48] A partire dalla definizione ufficiale del fenomeno, il tono del racconto diventa ancora piú stereotipato e deformante, proprio nella misura in cui, nella elencazione distaccata della sua progressione, si perviene al « punto »:

« Qui sta il punto. A due anni di distanza, infatti, dall'inizio di questi avvenimenti, non ci si poteva illudere sul peso di una constatazione unanime ed universale: nelle donne, nelle ragazze, la grazia della seconda memoria non s'era ancora prodotta, esse non riuscivano ancora a ricordare: pareva non ne avessero la forza e, forse (si cominciava ad insinuare), la ragione ».[49]

Comincia qui la parte centrale del racconto delle donne che « muoiono », perché nuovamente colpite dal « segno di una esclusione fondamentale », e ancora piú costrette nel proprio destino di « farfalle notturne ed effimere », mentre emerge, riscoperto, « il mito arcaico di Eva colpevole e punita [...] a insinuare che certo la donna aveva peccato piú dell'uomo, con maggior coscienza, e bisognava dunque che piú dell'uomo soffrisse per meritare l'eternità del ricordo ».[50]

E la trascrizione dello sforzo inutile della donna per ricordare assume i caratteri di un incubo maligno, in cui le donne si dibattono senza volersene persuadere e poi, a misura, se ne distolgono, occupandosi alla maniera degli uomini prima della seconda memoria, diventando « grandi sportive » e « capitane d'industria ».

« L'uomo [...] non era piú umano da quando si sapeva immortale »; la donna, invece, torna alle usate pratiche della parsimonia del tempo, ingegnandosi di prolungarlo per illudersi di vivere di piú e differentemente; nelle comunità femminili si scopre la poesia (« Nel 2700, infatti, s'inizia la prima generazione di quelle grandi poetesse che, a tutt'oggi, si ammirano, al pari col leggendario Omero »).[51] In quelle comunità claustrali (le monache della Banti, da *Itinerario di Paolina*, a Marguerite Louise), dove ogni esperienza diventa simbolo (« Le cose vedute, una foglia, un sasso, senza posa rinnovate dalla potenza di un occhio implacabilmente acuto, diventano i cristalli dai mille riflessi »), la donna riscatta il proprio destino mortale mediante la creazione artistica. Dopo la poesia e la letteratura, a misura che le donne, almeno quelle dei cenobi, si allontanano dalla vita comune, la loro sensibilità si acutizza, fino a percepire il mistero dei suoni; e questo è il legame tematico con Lavinia. Le donne, da semplici esecutrici musicali, si trasformano in autori e, in quell'universo ormai spaccato a metà, « nell'estate del '71, calda, a quanto narrano, piú dell'ordinario, Agnese Grasti, musicista trentenne, ebbe una strana mattinata »; infatti, mentre è al piano, ritrova, fra le proprie dita, un'antica aria (quella di Lavinia?). E Agnese vede sovrapposta alla propria un'ombra « che non le somigliava, ma la inchiodava a un esatto riconoscersi »; anche lei, dunque, ricorda e da questa sua certezza nasce l'idea della fuga.

Da questo momento la *relève* del racconto viene assunta dal referto di un'amica, cui Agnese aveva affidato le proprie carte, da aprirsi dopo un cinquantennio, e dalle note rinasce Paolina, con la sua infanzia *fin de siècle*, le scontate leggende sui privilegi degli uomini (quelli della doppia memoria e non) e infine la colpa di sentirsi distinta da un diverso destino. Dopo la fuga e il ritiro diabolico fuori del rifugio, Agnese rientra nella comunità femminile per uccidersi: « Pare che Agnese si sia uccisa trattenendo il respiro [...] fino all'ultimo cosí ci parlò, e non a noi soltanto. Essa si rivolgeva agli uomini e li chiamava fratelli ».[52]

11. Introducendo questo racconto, prima di esemplificarne la materia stessa, avevamo anticipato le due funzioni che vi si formano, la metatematica e la metanarrativa. La prima delle due affiora spontaneamente solo che si rammenti la concatenazione tematica, evidente da *Itinerario di Paolina* in poi; in questa finzione fantastorica, però, il tema femminile si trova sul limite della esasperazione stilizzata, preludendo al periodo di denuncia veemente delle

opere immediatamente vicine alle *Donne muoiono*. Per ora, la lezione di Agnese Grasti serve a far sorgere il sospetto che la donna non faccia altro che scontare una colpa originale e senza fine; ed è questo il momento in cui, nella Banti, si profila piú netto il rovesciamento del pensiero di Simone de Beauvoir (« Donna non si nasce, lo si diventa »), intendendo una diversità *ab origine*, di cui la donna si fa colpa — la colpa di Eva — e che perciò è sempre sull'atto di tramutare in alibi.

Anche la funzione metanarrativa del racconto è evidente; anzi, sotto questo aspetto, la condanna della doppia memoria si risolve in una condanna del racconto stesso, che è, appunto, un prodotto della doppia memoria (con *I porci* e *Lavinia fuggita*). La Banti medesima, in fondo, con la sua poetica del passato, non pretende forse di « vedere » luoghi e fatti avvenuti? Di testimoniare di vite vissute?

Oltre che per la funzione metatematica che abbiamo visto, *Le donne muoiono* rappresenta il punto di rottura anche per quella metanarrativa, nella misura in cui lo stesso *meta-récit*, che è racconto del e nel racconto, funziona da smentita: chi bolla la doppia memoria, bolla se stesso e il proprio racconto; Orlando non scriverà mai leggermente il proprio poema.

12. L'ultima delle quattro storie comprese nelle *Donne muoiono* è un racconto fra i piú celebri della narrativa bantiana: *Lavinia fuggita*, un nome raramente scisso da quello di Artemisia. *Lavinia*, infatti, è ancora una storia seicentesca, ambientata appunto negli anni della Venezia del Vivaldi; il tempo cronologico, dunque, si regola su uno spostamento a ritroso, affatto opposto a quello del racconto precedente, sebbene la Valloria dell'oltre Duemila non fosse altro che Venezia.

Il racconto inizia con una sorta di prologo da lontano, come se la voce narrante avesse davanti uno di quegli scorci di laguna del Guardi, a Chioggia; sulla laguna si trova infatti Iseppo Pomo, il battellante richiesto per lo sposalizio di una trovatella (Orsola, la compagna di Lavinia, ma il narratore non rivela nulla per tre pagine almeno) sul quale viene a cadere una pioggia di fogli e, fra questi, un « quadernaccio spesso, squinternato dal volo, che per poco non finisce in acqua ».[53] È questo il quaderno di Lavinia, ma niente ce lo prova, per ora; anzi, per un momento, si sarebbe tentati di credere nell'immediato sviluppo narrativo che è legato alla scena dei fogli in volo, consistente appunto nell'incrociarsi degli sguardi fra Iseppo e Zanetta (« Se lo raccontarono, quel fatto, quando anche loro si furono sposati »).[54]

Il punto focale rimane volutamente all'interno di Iseppo Pomo, proprio in vista della descrizione « estraniata » che il battellante può fornirci dell'oggetto piovutogli addosso e che egli vede precisamente come un insieme di « fogli scritti, ma d'una scrittura bizzarra, e Iseppo, che dal prete un po' aveva imparato a leggere, non la riconosceva. Fasci di righi come nastri, neri, e in mezzo, impigliati, certi segni come mazzetti di ciliege, ma fatti male, o come girini colla coda: quando gli vennero in mente i libri di quelli che cantano in chiesa e si ricordò di aver saputo che le figliole della Pietà son brave a cantare e suonare ».[55]

Chiuso il prologo, il racconto prende un ritmo affrettato: liquidate le nozze di Orsola, quelle per cui Zanetta e Iseppo si erano incontrati, liquidate le nozze della stessa Zanetta, che diventa immediatamente madre e poi nonna (e custode del famoso quaderno), si capisce abbastanza presto che il racconto vero e proprio è legato al quaderno e che deve ancora venire. Dietro i vetri del balcone « lebbroso di salsedine » Zanetta e Orsola, finché questa sarà viva, si ritroveranno per parlare delle antiche compagne della « Pietà » e ogni volta riaffiorerà il ricordo di quel famoso giorno della fuga di Lavinia. « Gran bello stare alle zattere, di maggio » è la frase che sostituisce la parola all'immagine del ricordo, all'immagine di Lavinia che proprio quel giorno decideva di fuggire (« [...] quest'altr'anno non saremo insieme, aveva detto ») e ancora oggi Orsola e Zanetta son dentro all'« aria viva » di quella mattina: Lavinia, la maestra di canto sacrificata che non vuole scendere a terra (alla fine si decide e la Banti la vede, proprio come era solita vedere Paolina, Teresa o Artemisia, raccogliere la scarpetta sfilatasi nell'acqua) e da loro protetta, quasi a difenderla dal progetto di fuga. Il dramma di Lavinia, e di Orsola e Zanetta, che a volte la fiancheggiano e a volte la abbandonano stizzite dal suo comportamento sottomesso,[56] viene ad innestarsi contrappuntivamente nella spensierata gita delle ragazze della « Pietà », libere per un giorno di godersi i giardini e di sognare protezioni e ma-trimoni.

E il contrappunto serve a mischiare esemplarmente tutte le carte del racconto, ché mentre di nuovo si anticipa la fine — Lavinia è fuggita, Orsola e Zanetta si sposano — Lavinia esce dal padiglione, piangente e con il famoso quaderno sotto il braccio: nessuno saprà mai del dialogo svoltosi fra lei e la Priora e persino le due amiche indispettite dalle lagrime le voltano le spalle, anche per non lasciarsi prendere da un « altro sentimento, struggente ».

Dopo la sua scomparsa, Lavinia viene messa al bando, ma, nei bisbigli notturni, Orsola racconta a Zanetta la mania della loro compagna di alterare la musica (« Una pazzia. Una maledizione »), e la sua paura nel riascoltarla nelle esecuzioni altrui; persino l'Oratorio era suo: aveva atteso l'assenza del maestro per comporlo, proprio per sfuggire al divieto di scrivere musica (« Mai mi permetterebbero di comporre »); poi, in seguito al misterioso colloquio con il maestro, Lavinia decide di scomparire, lasciando il quaderno delle Cantate e Concertini, « gettato per spregio » dalla finestra e salvato da Zanetta.

E il racconto si chiude come era cominciato, su una frase di Orsola, quasi ad alludere che tutto non era stato che una sorta di *rêverie* dinanzi a un quaderno di note musicali, tanto l'atmosfera della storia era venuta impregnandosi di una oscurità diffusa, come per un progressivo conchiudersi del racconto con la notte, che allora scendeva sulla laguna:

« "Dormi?" Orsola batte le palpebre e quando le riesce di raccapezzarsi è sempre tardi per dire: "Me lo faresti un piacere, Zanetta?"
Batte il portone. Voleva chiederle un regalo, quel loro feticcio, il quaderno strapazzato che affronta il tempo nella casa di Iseppo fornaio ».[57]

Come *Artemisia*, *Lavinia fuggita* segna una tappa irreversibile nella storia bantiana, proprio nella misura in cui certi moduli narrativi, già largamente presenti nelle opere trascorse (come il contrappunto flaubertiano di *Felicina*), vengono ad essere utilizzati nella maniera piú esemplare possibile.

Pensiamo, ad esempio, alla sorprendente rispondenza

fra il tema del racconto — la fuga di Lavinia — e la sua realizzazione narrativa, mediante altrettanti punti di fuga, disposti a raggiera intorno all'avvenimento che ha soltanto un « prima » — la frase di Lavinia alle Zattere — e un « dopo » — il tessuto delle motivazioni della scomparsa —, mancando, però, del momento della sua attuazione: l'atto stesso è una fuga dal racconto. Crediamo che tutto questo non si debba spiegare esclusivamente in termini di immotivazione psicologica spinta all'estremo, nell'intento stesso di lasciare libero il destino di compiersi da sé, per quella caotica legge che Debenedetti, appunto, individuava nel « romanzo nuovo », ma debba formularsi, invece, in termini di scelte narrative, dirette non verso l'avvenimento, ma incentrate sulle sue ragioni; in tale maniera, si ritracciano tutte le strade che portano al « fatto » o che da esso partono, mentre il fatto stesso o è già accaduto oppure avviene inavvertitamente (ma non inspiegabilmente); la fuga di Lavinia è fra questi ultimi.

I poli che stringono l'assunto bantiano non sono né l'assurdo né il realismo magico, ma piuttosto quelli che determinano, anche se incompiuta, la realtà raccontabile.

È paradigmatico che, al limitare degli anni Cinquanta, la Banti abbia praticamente riassunto tutta la sua opera, conchiudendola in questi quattro racconti; nel cerchio che congiunge *Lavinia fuggita* (1950) e *Conosco una famiglia* (1938) si restringe, da parte a parte, la produzione bantiana dal 1937 al '50.[58]

NOTE

[1] Si legga l'epigrafe di sottoscrizione al testo di *Artemisia*: « Estate 1944-estate 1947 ».

[2] I racconti non sono stati raccolti insieme; quello de *I porci* (uscito la prima volta su « Botteghe oscure », II, 1948) farà parte sia de *Le donne muoiono* (1951) sia di *Campi Elisi* (1963); gli altri tre (*Un ragazzo nervoso, Incanti di Circe, Il colonnello*) appariranno su *La monaca di Sciangai e altri racconti* (1957); *Il colonnello* figurerà ancora su *Campi Elisi*.

[3] Ne *La monaca di Sciangai e altri racconti* (Milano, Mondadori, 1957) p. 99. La metafora del « sentirsi succhiato » è uno stilema ricorrente fra le « figure » della narrativa bantiana (come, nelle prime opere, « con peritanza » e « peritoso »).

[4] Ne *Le donne muoiono* (Milano, Mondadori, 1951) p. 35.

[5] *Ibidem*, p. 50.

[6] *Ibidem*, p. 53; si confronti con l'estremo dichiararsi di Joveta di Betania (*Je vous écris d'un pays lointain*, Milano, Mondadori, 1971): « Alternando oscure profezie ad assenze di memoria la ormai decrepita badessa ha ancora momenti di fervore durante i quali sempre piú spesso pronunzia il nome di Saladino [...]. Le suore si tappano le orecchie ma le piú anziane borbottano che non c'è da stupirsi, Joveta è sempre stata piú mussulmana che cristiana, l'hanno allevata le donne del Timurtash ». (pp. 124-25).

[7] Rispettivamente in: *I porci* (da *Le donne muoiono*, cit.) p. 39; *Artemisia* (Milano, Mondadori, 1953) p. 50; *Itinerario di Paolina*, cit., p. 63.

[8] G. CONTINI, in *Altri esercizi*, cit., parla dell'alternanza presente-perfetto; in effetti la sostanza dello stile della Banti è molto « sintattica » (processuale, verbale, cioè) e basterebbe appuntare l'attenzione sui « salti » temporali e modali dei verbi: dal presente al passato, dall'indicativo all'infinito, al condizionale, al congiuntivo (produciamo, fra tutti i possibili, l'esempio che abbiamo sotto mano, estratto da *Artemisia*, p. 148: « Le si addicono il riso valoroso, la giovialità, la spavalderia: nessuno dica che Artemisia ha paura », e ancora, in apertura di libro, da *Lavinia fuggita* in *Le donne muoiono*, cit., p. 94: « A questo punto... Lavinia ritrovò il senso esatto del momento e senza turbarsi, con piede sicuro, filò a poppa, saltò, perse una scarpetta, la ripescò, piegata in due, da non sapere come facesse a raddrizzarsi »).

[9] F. PORTINARI, « La Fiera letteraria », 3-2-1957, p. 4.

[10] G. CONTINI, *Parere ritardato su Artemisia*, in *Altri esercizi*, cit., p. 173.

[11] *Artemisia*, cit., p. 11.

[12] *Ibidem*, nella nota « Al lettore ».

[13] *Ibidem*.

[14] G. CONTINI, *Parere ritardato su Artemisia*, cit., p. 175.

[15] *Ibidem*.

[16] Cfr. a p. 24 lo scambio dei ruoli: « Ora è per me sola che Artemisia recita la lezione, vuol provarmi di credere tutto quel che inventai e si fa tanto docile che persino i suoi capelli cambiano di colore, divengono quasi neri, e olivastro l'incarnato: tale io l'immaginavo quando cominciai a leggere i verbali del suo processo sulla carta fiorita di muffa. Chiudo gli occhi e per la prima volta le do del tu ».

[17] *Ibidem*, p. 22.

[18] *Ibidem*, p. 16.

[19] Manzoni. Si veda lo scritto del '56, *Manzoni e noi* (in *Opinioni*, cit., pp. 62-63: « Accadde cosí che per amor del Manzoni storico e romanziere (che poi son la stessa cosa) io fui forse ingiusta al Manzoni poeta. Ma l'ingiustizia, caso raro, mi serví a qualche cosa. Voglio dire — e questa è la confessione piú difficile, quella che potrebbe offrire al critico la chiave del mio lavoro e la lente per discernerne le falle — voglio dire che mi serví a distinguere quanto nei *Promessi* si apparenta allo spirito dell'*Adelchi*; a sceverare cioè nel romanzo le parti

realistiche (o per usare il linguaggio manzoniano, "verosimili", ché altra realtà nella cosiddetta "fiction" non c'è) da quelle piú conformi al gusto ottocentesco, e che in fondo potrebbero definirsi di maniera, anche se di questa maniera sono il prototipo. I motivi di questa distinzione, bene o male giustificati, ma fondati sull'analisi di ogni pagina e su una scelta, in coscienza, meditata, mi confermarono nella sincerità della mia vocazione narrativa che era proprio quella di raggiungere secondo le mie possibilità, la verisimiglianza manzoniana, e cioè storica».

[20] G. Contini, *Parere ritardato su Artemisia*, cit., p. 174.

[21] *Artemisia*, cit., p. 123.

[22] *Ibidem*, pp. 122-23.

[23] F. Arcangeli, « La Fiera letteraria », 3-2-1957, p. 5; l'intervento inizia proprio con la citazione della Banti tratta da *Inganni del tempo*.

[24] G. Contini, *Parere ritardato su Artemisia*, cit., p. 177: « Filologicamente la Banti era attrezzatissima; la sua acribia di frequentatrice d'archivi (e scopritrice d'importanti documenti caravaggeschi) è un bell'esempio che viene ad accompagnarsi a quello di un'altra intrepida, Maria Bellonci... ».

[25] Bernardo Bizoni, *Europa milleseicentosei*, Milano, Longanesi, 1942. Anche questo è un testo introvabile; ne possiede una sola copia la Banti; la premessa si può leggere in *Opinioni*, pp. 13-23.

[26] Tale studio uscí nel 1916 in « L'Arte », *cit.*, dell'1-12.

[27] *Artemisia*, cit., pp. 196-97.

[28] *Ibidem*, p. 199 e si veda la scena degli addii napoletani: « "Signora bella mia, San Rocco, Sant'Agata..." Nel villaggio dov'è nata Nunziatina, fra asini e porci, cosí si piangono i morti da donne pagate a ore: ma Artemisia non lo sa. "Non partire, signora bella, questa serva tua non la lasciare..." Son le parole che la Gentileschi aspetta da un anno [...]. Pure anche queste le bastano, sicché arrossisce, si commuove, dolci lagrime le salgono in gola, per un momento è consolata e quasi persuasa. Tutti le han sempre voluto bene, anche questa serva che ha giudicato con asprezza; e anche Porziella che ha il suo sangue, anche Antonio che le scrutava la mano e non può, non può averlo dimenticato. Come se una volontà tiranna la dividesse dai suoi, si vagheggia compianta ed eroina... » (pp. 147-48).

[29] F. Arcangeli nell'intervento citato su « La Fiera letteraria », a p. 5.

[30] G. De Robertis, *Altro Novecento*, Firenze, Le Monnier, 1962, p. 284.

[31] G. Debenedetti, *Romanzo del Novecento*, Milano, Garzanti, 1970, p. 304.

[32] *Artemisia*, cit., pp. 212-13.

[33] Cfr. Bruce Morrissette, *Les romans de Robbe-Grillet*, Parigi, Les éditions de Minuit, 1971.

[34] *Corte Savella*, Milano, Mondadori, 1960. L'opera è stata rappresentata per la prima volta a Genova dalla compagnia « Squarzina » (il ruolo di Artemisia fu sostenuto da Paola Pitagora).

[35] *Ibidem*, p. 1.

[36] *Ibidem*, p. 49.

[37] *Ermengarda e Gertrude*, in *Opinioni*, cit., p. 45.

[38] *Corte Savella*, cit., p. 142.

[39] *Ibidem*, p. 146.

[40] *Ibidem*, p. 147.

[41] *Ibidem*, p. 122 e p. 151.

[42] La riflessione di Marguerite Louise, la principessa Medici della *Camicia bruciata* (1973), si situa, ovviamente, a un livello ancora piú *désenchanté*. Non è difficile comunque riconoscere, dalla piega delle sue parole, la vena altera e disillusa delle tante eroine bantiane (cfr. a p. 176: «"Io non ho amato nessuno perché nessuno mi meritava". I suoi occhi grigi lampeggiavano d'ira, ma per la prima volta Violante non abbassa i suoi, pieni di lagrime. A poco a poco quel viso bianco si distende, si addolcisce in un sorriso indulgente: "Mon enfant, svegliati, non ci sono amori eterni. Non si ama un uomo o una donna per le sue qualità, si ama l'amore che ci si illude di accendere, sicché non si è innamorati che di se stessi [...]. Si è condannati, specie noi donne, a una continua affannosa verifica, proprio come gli orafi consultano la pietra di paragone per saggiare il titolo dell'oro. Fare innamorare un uomo è un esercizio divertente ma costa caro e presto viene a noia, tuttavia piú si avanza in età, piú diventa necessario per non cadere in disperazione. La memoria degli amori infelici svanisce quando si vive a lungo: in Carlo io ho amato la bella quindicenne che ero, mentre in Cosimo non riuscivo ad amarmi, cosí sono arrivata a odiarlo perché in lui mi odiavo"».

[43] Tutti i racconti saranno ripubblicati in *Campi Elisi*, cit.

[44] *Le donne muoiono*, Milano, Mondadori, 1951, p. 57 (le citazioni sono da riferirsi tutte a questa edizione).

[45] *Ibidem*, p. 59.

[46] *Ibidem*; vedi, ad esempio, pp. 60-61.

[47] *Ibidem*, p. 60.

[48] *Ibidem*, p. 61.

[49] *Ibidem*, p. 63.

[50] *Ibidem*, p. 66.

[51] *Ibidem*, p. 73.

[52] *Ibidem*, p. 82.

[53] *Ibidem*, p. 87.

[54] *Ibidem*.

[55] *Ibidem*, pp. 87-88.

[56] *Ibidem*, pp. 100-101: «Lavinia piangeva, il suo pianto era ben visibile anche se si riparava nella rigidezza del viso [...]. La luce rossa del tramonto le batteva in faccia, doveva vederci poco e infatti inciampò in una frotta di bambine che s'intestavano al gioco dei quattro cantoni. Orsola aveva riconosciuto il quaderno. Ma insieme a Zanetta, Orsola passava un momento cattivo, il pianto di Lavinia non la intenerí, anzi le parve un tradimento alla sua fiducia. Insomma se tutto era andato di traverso era colpa di questa sciocca col suo librone sotto il braccio, che non sapeva divertirsi come gli altri né lottare alla

pari con le nemiche: e ora piangeva. Che cosa si era lasciata fare e dire? [...] Il dispetto cresceva, per la parzialità che le portavano l'avrebbero pestata. Oscuramente sentivano che quel dispetto le salvava da un altro sentimento, struggente, che stava in agguato. Perciò le voltarono le spalle ».

[57] *Ibidem*, p. 119.

[58] A voler delimitare superficialmente i periodi della storia bantiana potremmo porre due momenti-cerniera: dopo *Le donne muoiono* e dopo *Le mosche d'oro*; si vedrà, tuttavia, come in profondità gli insospettati ritorni spostino continuamente a ritroso gli stessi snodi della linea *in progress*.

V.

IL REALISMO FEMMINILE

> « Le roman moderne est un moyen
> d'expression privilégié de l'homme, non
> une élucidation de l'individu ».
>
> A. MALRAUX

1. Il primo gennaio 1950 usciva il numero uno della rivista longhiana « Paragone » e, considerato l'ambito storico-culturale della totale rimessa in questione ancora in atto, l'avvenimento non manca di introdurre elementi portanti nella vicenda bantiana; « Paragone » segna, infatti, per la Banti, l'inizio di un discorso critico piú assiduo e piú continuo,[1] specialmente in materia di dichiarazioni e di riflessioni sulla propria poetica.

Gli interventi maggiormente coinvolti nel nostro itinerario sono quelli pubblicati fra il '50 e il '56, posteriori ad *Artemisia* e coevi alla « trilogia terribile » (*Il bastardo*, l'*Allarme sul lago*, *La monaca di Sciangai*); un periodo carico d'importanza, sia per la storia interna della Banti che per le sue connessioni culturali. Negli anni in cui l'intellettuale non vuole piú limitarsi a ricordare, ma intende testimoniare della realtà della guerra e degli « anni perduti », ogni singola opera minaccia di cadere nel « sospetto », se confrontata con l'istanza del « reale ».

Anna Banti non ha mai optato per il neo-realismo, come non aveva optato per la « memoria », i parametri delle sue riflessioni teoriche si situano entro le linee del discorso sul romanzo « oggettivo », scavalcando Verga per Manzoni, col risultato, appunto, di inserire, nel dibattito sulla « questione del realismo », la prospettiva del romanzo storico, cosí come l'avevano intesa Walter Scott e Manzoni.

I tre saggi su Manzoni (*Romanzo e romanzo storico*, *Ermengarda e Gertrude*, *Manzoni e noi*, usciti rispettivamente nel '51, '54 e '56)[2] sono illuminanti proprio per la

chiaroveggenza con la quale, nel formulare le istanze criti-
che nei confronti di Manzoni, la Banti si pone a riconsiderare, oltre alla propria poetica romanzesca, anche il destino del romanzo storico:[3]

« C'est la faute à Voltaire: la colpa è proprio del nostro
Manzoni. E non per aver condannato il romanzo storico, ma
per aver servito, almeno nelle intenzioni, troppo devotamente
la storia e cosí poco, anzi nient'affatto, il romanzo ».[4]

L'annotazione teorica non è discordante con quanto la
scrittrice stessa ha realizzato, praticamente, nelle sue opere a tematica storica; perché se, nell'idea della Banti, Manzoni si era lasciato trascinare nella « difesa ostinata del
fatto avvenuto contro le insidie del fatto inventato, a tutto
scapito del fatto supposto », una risorsa le era subito deri-
vata dall'aver scelto il partito del verosimile (lo stesso che
intendeva Manzoni, nella frase citata nel saggio *Romanzo e
romanzo storico*: « Il verosimile è un vero... veduto dalla
mente per sempre, o per parlar con piú precisione, irrevo-
cabilmente »);[5] e, nel suo bisogno di un quadro plausibile,
in cui ognuno possa riconoscere la propria « immagine colta alla sprovvista, nei suoi luoghi, nelle ore e nei mesi che
si lasciò andare alle azioni spicciole », la Banti riusciva a
individuare naturalmente che il tramite fra la narrativa
neo-realista e quella a fondamento storico poteva sussi-
stere sia sul piano della oggettività che su quello della ef-
ficienza sociale, della « spinta morale »:

« [...] il moderno romanzo oggettivo può dunque considerarsi per quel suo affetto all'istante appena scoccato — il
presente non ha segno —, romanzo di cronaca, e ce lo confermano le prove meno felici, quando è tentato dai meno provve-
duti che non riescono a spersonalizzarsi che attraverso il linguaggio, appunto, di cronaca di giornale [...]. Nelle testimonianze piú nobili, invece, si direbbe che la cronaca si allontani
di un passo, si risolva in proiezione meno diretta, servita da
una scrittura allucinata di semplicità e come di una scabra
incertezza. Ne segue, talvolta, un effetto poetico la cui vera
causa è da rintracciarsi nell'eterno dettato della memoria: la
memoria che ha fatto in tempo a scegliere, che suggerisce e
trasferisce il fatto crudo dall'ordine dell'avvenuto a quello del
supposto. In questo caso la cronaca è sorpassata, la storia è
raggiunta, il romanzo realista è già romanzo storico ».[6]

E giustamente, al termine di una analoga citazione, Bigongiari ebbe a mettere in relazione i contenuti della dichiarazione con quanto di ugualmente drammatico si era determinato nella poesia contemporanea,[7] puntualizzando, fra l'altro, come la tecnica bantiana dell'allontanamento, di fronte all'urgenza della cronaca, abbia una correlazione con l'effetto di illusione prospettica praticato dai barocchi (« l'infinito a pochi metri ») e come, da questo perenne confronto con il « flusso del tempo » e dalla necessità del suo superamento, si finisca per giungere alla formulazione di una sorta di « *intermittence* figurativa », che in pratica riconduce la storia ai termini della durata esistenziale, dove, però, la memoria opera non perché « ricorda » soltanto, ma perché « dimentica » e inventa:[8]

« La memoria è una maga triste; e la sua patria è una terra remota che il tempo governa: pochi minuti o molti anni vi acquistano la stessa livrea dei morti che possono ben risuscitare, ma non sottrarsi a un ineffabile segno di astrazione, di illusione perduta. Su questa terra si costruiscono meraviglie, ma non si può mangiare né bere. Orbene: si direbbe che la Mansfield godesse, al posto della memoria, di una facoltà per cui il tempo le era costante e infinito presente, anzi l'attimo in cui la sensazione si precisa. Non castelli miracolosi, non rarefazioni traslucide, ma un sapore di vita breve ed eterna, il raggio di sole nell'orto e sul mare, la goccia di pioggia mentre cade, il gusto del cibo e del sonno, la fitta del dolore appena nata ».[9]

L'intero brano, tratto da un « appunto » della Banti per la Mansfield, potrebbe servire da autocommento; come non riconoscervi, infatti, l'azione della memoria che « ha fatto già in tempo a scegliere » e che, in definitiva, può sottrarre il tempo al tempo, ripetendolo all'infinito?

Tutto il sistema della referenza bantiana viene dunque regolato secondo un piano che non prevede affatto il famoso *miroir* (Stendhal), ma un filtro attraverso il quale passa non tanto il reale, quanto il racconto immediato di esso, la sua traduzione in parole: *Itinerario di Paolina*, ricordiamo, era già stata una scelta nel senso del romanzo.

La poetica del romanzo storico appare dunque interamente circondata dai pericoli (voluti) della finzione che ha per oggetto la storia, la realtà medesima: ma questa era l'unica scappatoia per porsi nel giusto mezzo fra l'istanza del reale — la fotografia neo-realista — e quella autobiografica; l'idea del romanzo storico, non dimentichiamolo, oltre che sul fondamento di una assoluta indifferenziazione fra la « riflessione e il vagheggiamento del passato » e la volontà di testimonianza che « conduce lo scrittore a narrare fatti di cui è stato protagonista o testimone »,[10] trova il proprio vertice nella esigenza, sempre piú determinante, dell'oggettività e nel tentativo di ovviare al « malanno » del racconto, della impossibile oggettivazione, che Pavese temeva di disseminare nella propria opera (« Il malanno comincia quando questa ossessione della fuga dall'io diventa essa stessa argomento del racconto, e il messaggio che il narratore ha da comunicare agli altri, al prossimo, al compagno uomo, si riduce a questa magra auscultazione delle proprie perplessità e velleità »).[11]

In definitiva, quella bantiana è la scelta di una libertà controllata, o comunque controllabile, e soprattutto di tutti i tempi. Si veda quanto afferma su V. Woolf:

« Lavorare a *Orlando* fu, nella storia interiore della Woolf, un liberarsi dal piccolo tempo, un evadere dall'angoscia individuale e della propria età, per immergersi in una vita a largo respiro, lungo i secoli, dove le ragioni si decantano in chiarità e in netti profili indicatori. Respinto il velo che oscilla di attimo in attimo sui nostri giorni, questo "tempo perduto", ecco, nel "tempo ritrovato", l'immortale personaggio che, di generazione in generazione, sperimenta la sostanza delle cose e la riduce a verità finalmente costanti ».[12]

2. Ancora un esempio, questo, in cui si avvertono, appena estrapolati, i termini di una confessione poetica; e se, in fondo, Colette, la Mansfield o, appunto, la Woolf, le appaiono piú ravvicinabili del Manzoni stesso, che ritiene sempre un Maestro insuperato, è per quel suo riconoscersi nel colore del loro verosimile; basterebbe ripercorrere anche soltanto poche frasi dei « saggi manzoniani » per avvedersi che tutta la riconsiderazione della poetica del Manzoni proviene dalla discordanza con la propria concezione del verosimile:

« Che cos'era la religione per una figlia di re longobardo nel secolo ottavo? Che cos'era per una contadina del milanese del secolo decimo settimo? A queste domande il Manzoni non risponde che con la costante venerabile ma inverosimile di una fede che, come ogni umano sentimento, dové pur sottomettersi alle condizioni del tempo. Quel perdono dalle offese cosí mollemente concesso dalla principessa barbara e dalla contadina secentesca, quella inalterabile soavità di modi, quella dirittura categorica, son doti che, anche attribuite comunemente a eroine meno insigni, inumidivano invariabilmente il ciglio di lettori e lettrici ottocentesche: ma a noi arrivano vuote di sangue, lievemente dolciastre e scadute ».[13]

La revisione del proprio « culto manzoniano », che, tuttavia, non si è mai spinta fino agli estremi del rifiuto, serve a chiarire i termini della poetica storica, che la Banti riconosce sia nel Manzoni del *Discorso sulla storia longobardica*, sia nei punti « verisimili » dei *Promessi sposi*. Un'ultima conferma ce la fornisce la Banti medesima, quando confessa il proprio debito verso la « verosimiglianza manzoniana »:

« Voglio dire — e questa è la confessione piú difficile, quella che potrebbe offrire al critico la chiave del mio lavoro e la lente per discernerne le falle — voglio dire che mi serví a distinguere quanto nei *Promessi* si apparenta allo spirito dell'*Adelchi*; a sceverare cioè nel romanzo le parti realistiche [...] da quelle piú conformi al gusto ottocentesco, e che in fondo potrebbero definirsi di maniera, anche se di questa maniera sono il prototipo. I motivi poi di questa distinzione [...] mi confermarono nella sincerità della mia vocazione narrativa che era proprio quella di raggiungere, secondo le mie possibilità, la verisimiglianza manzoniana, e cioè storica: intendendo con quest'ultimo termine un costante tener d'occhio il fattore tempo che, appena lo percepiamo, è sempre "passato" e comanda con uguale rigore l'istante or ora trascorso e i secoli piú remoti ».[14]

È difficile non accorgersi che il circolo delle dichiarazioni di poetica personale è di nuovo approdato alla confluenza o, meglio, alla determinazione di una visione del mondo, per cui la sola realtà percepibile è quella storica, dove però la storia serve, sí, a fornire il catalogo del « già vissuto », ma diventa soprattutto lo schermo per filtrare (e deformare) sia la realtà dei fatti che la propria soggettività.

Al limitare degli anni Cinquanta Anna Banti chiudeva praticamente tutto un periodo della propria attività con *Lorenzo Lotto* (1953), un altro « romanzo » di una ingiustizia subita, oltre che, ovviamente, un mirabile lavoro di critica specialistica.

3. Tutte le riflessioni poetiche che siamo venuti ritracciando sembrano, in apparenza, interamente rivolte a motivare piú la parte compiuta della propria opera che quella a venire, anzi contemporanea alla puntualizzazione teorica. Per questa parte *in fieri*, diretta a comporre un universo piú tematico che poetico, dobbiamo indirizzarci verso quelle note di richiamo pubblicate in un articolo sul « Mondo » nel 1945.

Dedicato alle ragazze, questo è il titolo dell'intervento in questione, è una specie di lettera aperta ed insieme una confessione, se consideriamo che, subito dopo il preambolo, si ricordano quelle « api operaie », le donne senza figli, cui, sole, è dato di avere un « affetto disinteressato ». Continua la Banti:

« Queste donne, che registrano cosí distrattamente i segni della propria età da conservare spesso i contorni di una impersonale intattezza, hanno, non per sé, un solo sesso del cuore, quello femminile. Non è rara, nelle madri secondo la carne, la predilezione della prole maschile, ma queste api operaie non soffrono che per la fanciulla, per la "regina" [...]. Non potevano parlare da vent'anni, e ogni anno aveva segnato il limite piú avaro di un silenzio e di una prigione sconsolati; non si riconoscevano compagne, ormai. Crescevano le "piccole italiane" e passavano dal benedetto limbo infantile al tradimento di una primavera ai cui sciocchi riti venivano, prima o poi, immolate. Si è tanto esecrato il mito razzista, ma non abbastanza credo, il mito virile [...]. Un solo scampo era loro offerto, la maternità, e spesso furono madri come gli uomini prendevano la tessera ».

E la riflessione amara dal passato recente si sposta a un piú lontano passato, alle « api operaie di vent'anni or sono, il cui alveare fu distrutto »; alle ragazze della propria generazione, dunque, quelle cui pensava quando lei stessa scriveva *Sette lune*, che ritorna, fra l'altro, riassunto in una curiosa sinopsi, come se non fosse stato mai scritto (« Erano nelle aule universitarie, negli uffici, nelle fabbriche, numerose quasi come ora, ma piú silenziose e tese. Nei modi, diverse dai compagni solo per la cura, forse eccessiva, di non essere notate »; come Maria Alessi, dunque, e, in certo qual modo, come Lavinia).

E queste « api operaie », irrigidite dal loro dovere di pioniere, si animano soltanto quando parlano dei propri successi: « La X ha avuto una cattedra universitaria, la Z dirige una clinica: eran questi i successi celebrati ».[15]

E, fra queste note scritte con l'intento di affidarsi a quella « spinta morale » cui la Banti intende tener fede,[16] appare un'altra sinopsi, anticipatrice, per noi, del *Bastardo*:

> « Morí nel '42, a Roma, una donna ancor giovane, ancor bella, ricca di nascita, che la passione del lavoro e degli studi aveva portato a rinunzie monacali: essa era ingegnere elettrotecnico e capo di una azienda importante. La sua vita era stata esposta a una offensiva sorda e costante, ma la sua natura generosa non se n'era alterata [...]. Aveva per tutte le donne un rispetto, una considerazione a priori che nel popolo femminile sono eccezione assoluta... ».[17]

L'articolo, ricordiamo, è posteriore alla distruzione della prima stesura del *Bastardo*, avvenuta nel '44, e ci interessa, appunto, oltre che per il « contenuto ideologico », proprio per le due sinopsi di *Sette lune*, già pubblicate da diversi anni, e del *Bastardo*, cui, all'epoca, la scrittrice stava forse ripensando.

Il libro, se non fosse andato perduto, sarebbe dunque stato pubblicato prima di opere come *Artemisia, Le donne muoiono* e *Lorenzo Lotto*, che in pratica chiudono il secondo periodo bantiano (ancora molto vicino a quello dell'*Itinerario di Paolina*, arrestatosi con *Europa 1606*) e segnano un'ulteriore stabilizzazione della sua poetica e della sua tematica.

La postdatazione del *Bastardo* riesce singolarmente proficua, se consideriamo come, in questa maniera, la posizione del romanzo — di inizio di un nuovo ciclo — viene a coincidere esattamente con il suo valore di ritorno volontario su temi e situazioni che, fino ad allora, non avevano trovato una sintesi autonoma, rimasti, come erano, presi dalla rete delle motivazioni autobiografiche (« il gusto della cattiva sorte », ad esempio, può servire a giustificare non pochi *sur place* tematici delle opere seguite all'*Itinerario*).

L'episodio di Oloferne aveva significato il compimento di un riscatto, una sublimazione di contenuta veemenza, e valida limitatamente ai contenuti della denuncia (questa la riconosciamo nella ripetizione dell'atto del riscatto in *Corte Savella*), mentre, nelle opere del decennio 1953-1963, che stiamo considerando, non poche volte la denuncia è

91

polemica e violenta; in definitiva, *Il bastardo* non rappresenta che il primo *volet* di una storia che si protrae fino alle *Mosche d'oro* e che, retrospettivamente, delinea tutta una sua continuità con la produzione anteriore.

Per questo complesso di motivi, preferiamo considerare l'opera, ancorché nata nel 1942-'43, come voluta nel '53, in quanto prologo esemplare di tutto il periodo narrativo del « realismo femminile ».

G. Debenedetti amava ricordare come Tozzi avesse dato inizio al romanzo dell'impiegato (con Svevo e Kafka); analogamente, durante il neo-realismo, il racconto stava fra il cantiere, la fabbrica e il *maquis*; alla Banti di questo periodo, invece, potremmo senz'altro riconoscere la prerogativa tematica della « situazione coniugale » (prima, le « donne sposate » non erano state poi molte: Amina, Ofelia, Artemisia; le altre erano zitelle e, il più delle volte, piene di sospetto — come Paolina — per il matrimonio). Di filiazione in filiazione, non sarebbe molto difficile ricomporre i paradigmi della storia del romanzo della situazione coniugale, da Flaubert a Pirandello e Moravia, tanto per semplificare i nomi fra i più scontati; ma è possibile porre subito delle differenze, specie se si pensa alla dimensione-limite e grottesca che il tema assume nella narrativa e nel teatro pirandelliani.

Pirandello giocava appunto sullo strano senso di adattamento « naturale » dei suoi personaggi alle situazioni più aberranti (*Tutt'e tre*, *La morta e la viva*, ecc.); nella Banti, invece, le situazioni aberranti esistono ancora, ma non vengono trattate in chiave assurda, bensí come una realistica e continuata umiliazione che la donna è costretta a subire, dal momento in cui ha accettato di sposare un uomo.

In pratica, la situazione matrimoniale diventa materia narrabile solo in quanto possiede una dimensione, una referenza volutamente drammatica e reale; e non a caso, le opere di questo periodo sono, insieme a *Corte Savella* ed escludendo *Le mosche d'oro*, fra le più naturalmente teatrali.[18]

Tematica reale, abbiamo detto: questa è tutta basata sul conformismo, sul valore d'investitura convenzionale del matrimonio, visto specialmente come luogo di distribuzione di ruoli fissi, cui la donna — di qualche tempo fa e forse ancora attualmente — si adatta per decisione sociale e per educazione, imparando presto a ragionare « da moglie ». Con *Il bastardo*, insomma, inizia la puntellatura di un universo volontariamente piú oggettivo (e impegnato) e, insieme, pericolosamente soggettivo, per il contatto possibile e plausibile che la situazione trans-individuale finisce per stabilire con quella individuale: il fatto tragico personale può rivelarsi precisamente identico a quello che batte alle porte dell'ispirazione e i traumi oggettivi non fanno altro che stabilizzare, deformandoli, persino, certi cardini, certe convinzioni, per cui si poteva credere che il riscatto di poche potesse esser valido per tutte. Non sarà difficile accorgersi, invece, che per ogni Artemisia, per ogni Agnese Grassi, si trovano troppe Ofelie e Lavinie, tutte « effimere farfalle », condannate a vivere senza scopo; questo, nella sostanza, il « diverso femminismo » bantiano degli anni Cinquanta, fino a quando l'ironia delle *Mosche d'oro* non verrà a correggerne certi contenuti unilaterali.

Parzialmente, la *fabula* del *Bastardo*, lo abbiamo visto, era già apparsa in quello stralcio di prosa pubblicato sul « Mondo »; la storia intera è però piú complessa ed è praticamente già contenuta nei titoli delle due pubblicazioni: *Il bastardo* del '53 veniva ripubblicato, sostanzialmente identico,[19] ma col titolo *La casa piccola*, nel '61.

4. *Il bastardo* (*La casa piccola*) è il classico romanzo basato sull'inganno. Donna Elisa Infantado, candidata al « celibato ad oltranza », con cospicua dote, verso i trent'anni accetta di sposare Guglielmo de Gregorio, un « ricco barone possidente » che, oltre alla prestanza rubiconda, « tiene una casa piccola » (cioè una famiglia irregolare), fatto ignoto a Donna Elisa. La curiosità « scioperata » della moglie complica tutto; a Omomorto avviene la scoperta dell'inganno e, da quel momento, la « casa piccola » assume ufficialità anche per la Infantado. In una notte di luna avviene la tragedia: Franz, « il bastardo », si uccide e Donna Elisa è forse la causa accidentale della morte del ragazzo, spinto probabilmente al suicidio dalle parole dell'alterco fra Elisa e il marito.

Per Elisa Infantado è l'inizio di una misera pseudo-esistenza di folle, che coinvolge anche i tre figli, Cecilia (la ragazza di cui si parla nel « Mondo »), Diego e Annella. A partire da questo momento, infatti, il racconto si trasforma in una sorta di referto sull'affannata ricerca del recupero di una felicità, in fondo mai esistita: dalla morte del « bastardo », la famiglia de Gregorio sarà per sempre disgregata. Donna Elisa non è in condizione di assumersi il compito del riscatto; sarà Cecilia, oppressa da un insidioso senso di colpa (« [...] se lei non aveva il capriccio della luna il bastardo forse non moriva »)[20] a tentare di ricomporre il simulacro della famiglia.

Cecilia, del resto, è l'unica ad affrontare direttamente il terribile Don Guglielmo, imponendosi fino ad ottenere dal padre il permesso di seguire gli studi universitari di ingegneria « per un lavoro arduo ed eccezionale, di pioniera ». Diventerà ingegnere elettrotecnico, anche se a prezzo di un estremo sacrificio, rinunciando, cioè, al futuro brillante di bella ragazza dotata, e morirà giovane. Eternamente sconfitta negli affetti familiari, Cecilia continuerà a sperare in un riscatto per sé e i suoi, in virtú di una specie di fantasiosa capacità di tramutare il reale, per cui la madre pazza, la fatua zia, il padre, acquistano « dignità di leggenda » (« Mamma è una santa veggente, papà un austero cavaliere, zia Adriana una fata madrina »); e l'inesauribile facoltà di Paolina e Maria Alessi di raccontarsi altre vite serve ancora una volta da raccordo strutturale con tutto l'universo bantiano.

I recuperi non saranno possibili: dopo una crudele e puerile vendetta sulla sorella, Anna farà un matrimonio di convenienza, dimenticando la sua « bellissima voce »; Don Diego, il fratello, si farà prete e Donna Adriana e il padre vivranno intorno ad Anna, uniti alla fine da un sentimento di derisione ai danni di Cecilia.

Il romanzo, dicevamo, segna un punto di rottura, non soltanto per la sostanza tematica, ma anche per l'impianto strutturale piú complesso, anche se molto vicino ai modi di costruzione trascorsi; finora la Banti non aveva pubblicato che due romanzi « veri e propri », *Sette lune* e *Artemisia*: una « autobiografia » trasposta, il primo; una « storia di corrucciato abbandono, metà vera, metà inventata, una biografia e un'autobiografia », il secondo.[21] Se *Artemisia*, però, come poteva notare Garboli, rientra nei moduli delle opere a « struttura aperta », *Il bastardo* è un romanzo di forma conchiusa, anche nei contenuti narrativi, se pensiamo a come, appunto, viene seguito, fino alla morte, il personaggio dominante, Cecilia, anche se tuttavia il registro è sempre sdoppiato fra la parte ricordata e quella diretta: la vita di Cecilia, in effetti, viene ritracciata per tratti, fino all'abbandono improvviso (lo stesso abbandono del personaggio primario che Artemisia rimproverava) per seguire la doppia vita di Annella, che da un lato assiste da infermiera esemplare la madre, mentre dall'altro si vendica crudelmente di Cecilia, facendole sentire il peso della propria abnegazione e della propria « vocazione strozzata ». È proprio Annella, del resto, a introdursi come primo personaggio del romanzo:

« Coi piedini sul ferro trasversale del cancello, la piccola fronte schiacciata contro la placca della serratura, Annella de Gregorio, di anni cinque, dava leva con tutto il peso del corpo al battente, improvvisando una specie di altalena a ventaglio che il cigolío dei cardini arrugginiti accompagnava ».[22]

Dalla descrizione si può dedurre che la *camera-oeil* è situata di fronte all'oggetto descritto; la registrazione, infatti, continua, allargandosi dietro alle spalle di Annella, fino al paesaggio meridionale, alla casa semi-abbandonata, da dove trapela il suono « stanco » del piano di Elisa Infantado e la sua voce « stracca e lamentosa » che ripete per la « terza volta: "Vientene, Annè" ».[23]

Segue la presentazione narrata dei protagonisti, tutti assenti, che scaturiscono da una memoria che ricorda raccontando, mentre affiorano, in Donna Elisa seduta, le immagini del proprio passato, in forma di *flash-back*: la Infantado giovane amazzone, la Infantado che si sposa... e la sua accidia inspiegabile fin nel rapporto con il marito, che la utilizza solo di notte (bisognerà aspettare Violante della *Camicia bruciata* perché tornino sotto la penna di Anna Banti i toni delicati del rapporto di Antonio e Artemisia, sebbene il sentimento della principessa tedesca sia praticamente a senso unico).

Il matrimonio e l'episodio della scoperta dell'inganno vengono dunque riportati per mezzo del *flash-back*, mentre il raccordo con il presente narrativo è effettuato da Cecilia, che sta tornando dalla zia Adriana, dove trascorre giornate intere (« Cecilia de Gregorio torna a casa: ogni quattro passi uno scambietto sul fondo sassoso del viot-

tolo fra le siepi incenerite dal sole e dalla polvere dell'estate ancora vicina »)[24] e torna sognando il padre e di viaggiare con lui (« [...] e il sogno porta sempre che Cecilia
viaggia per Napoli con papà, e fanno insieme lunghi discorsi »); tanto le basta per illudersi di un affetto costantemente perseguito; quella sera, però, mentre corre verso la porta socchiusa della camera materna, per abbracciare « le
ginocchia del padre », Cecilia sente l'urlo della madre (« Il
bastardo no, il bastardo in casa mia non ci dorme! »).[25]

La narrazione si fa un attimo piú sospesa, quasi in pre-
visione di una catastrofe, cui i piccoli de Gregorio reagisco-
no già a modo loro, disperdendosi; e, nella citazione dei
fatti al presente, d'improvviso tutto viene sospeso, per
l'« incanto della luna » (anche Cecilia, come Paolina, Maria
e Fernanda, non resiste a tale richiamo). Nella sospensione poetica della magía lunare (brani cosí favolosamente
incantati non torneranno prima di *Campi Elisi*),[26] il racconto continua con l'incontro notturno fra la bambina ed
il biondo bastardo in lacrime; questo, anzi, deve essere
frutto del ricordo di un racconto che Cecilia potrebbe aver
fatto a chi narra: [27] lei, infatti, non poteva non ricordare
all'amica l'episodio della « luna nell'orto ». Dopo quel « sette ottobre », giorno in cui moriva Franz, una sorta di mitica
colpa si abbatterà sui de Gregorio, che la sconteranno uno
per uno.

5. Ma il racconto di quel che avvenne quel « sette ottobre » resta invece in sospeso per quattro anni, fino a
quando la famiglia al completo, eccetto Guglielmo de Gregorio, va ad abitare a Napoli: Cecilia ha sedici anni, vive
accanto alla zia Adriana, che comincia ad essere delusa
nelle proprie aspettative sulla nipote prediletta, e ai suoi;
Donna Elisa è semi-inferma, da quella famosa alba allo
Chalet di Santa Marta, quando Franz viene tratto morto
affogato dal pozzo dell'orto (da allora « Cecilia dirà che il
chiaro di luna le punge gli occhi e la fa lagrimare »).

Ed è a Napoli, in questa casa provvisoria che, come
molti degli interni bantiani — e quasi tutti quelli di questo periodo — ha un aspetto sconquassato, quasi riflesso
concreto dell'indole di chi vi abita, che si giocheranno
tutte le partite di Cecilia, dalla progressiva follia della madre, accentuatasi in seguito al famoso ricevimento della

riconciliazione (che si tramuta poi in una tetra rappresentazione con punte d'isteria, quando Elisa si mette al piano per cantare l'aria del *Mefistofele* « dicon che l'abbia affogato »), alla rovinosa caduta di tutti i castelli in aria, che Cecilia si era affrettata a ricostruire dopo l'apparizione del padre:

« Coraggiosamente Cecilia si mosse [...]. Portava, la poverina, un vassoio con qualche cibo, il pane, dei piatti. Cosí carica, giudicava d'esser protetta contro le cose oscure e dure che dividevano suo padre e sua madre. Essere una figliola premurosa, brava, amorosa, e che papà se ne accorga e abbia voglia di godersela: questo Cecilia spera. Ma il peso e la quantità sono eccessivi, le mani inesperte tradiscono il buon volere. Non una tazza soltanto, come pocanzi, ma un'intera pila di piatti cade in pezzi, seguita da tutto quello che Cecilia reggeva, pane, frutta ».[28]

È questo uno di quei punti ravvicinati, identico a innumerevoli altri, attestanti della misura di distanza minima fra il personaggio ed il narratore, che qui traspare appena prima dello scatto « epico » di Cecilia, impegnata nella lotta contro il padre per il famoso consenso strappato a prezzo dell'assurda promessa di non « guardare piú nessuno » (« [...] Cecilia sa di aver preso commiato da una tenera donna nata con lei e che aveva diritto di vivere. Non scriverà piú a Francesca, non le confiderà piú i suoi propositi. Non si concederà piú di contemplarsi nell'occhio di un'altra ragazza, oggi un'amica domani un amante. Non si vorrà piú bene », quasi una eco puntuale di un altro programma di Cecilia bambina, all'indomani della morte del bastardo: « Non andrà piú da zia Adriana, non giocherà piú [...] si farà perdonare »).[29]

Allora rinunziava ai giochi, ora al proprio diritto di vivere come donna; ecco che riaffiora l'odio di sé (« Incorporea avrebbe voluto vivere », come Artemisia, che si sentiva mortificata da uno sguardo degli allievi della scuola di pittura), nella paura di non essere abbastanza forte da resistere alle « tentazioni » che, in obbedienza al padre, Cecilia deve fuggire. Una volta sola ha tremato veramente, quando, durante una lezione, si era sentita accarezzata da uno sguardo che, dopo lo scompiglio immediato, aveva accettato con una segreta felicità. A proposito di queste pagine, il Seroni faceva notare come esse potessero considerarsi « fra i piú bei studi d'amore che siano stati mai scritti »;[30] la Banti ha ritrovato, in effetti, per questo episodio, la mano leggera (e anche ironica, però) di *Sette lune*, quando Fernanda si era illusa sull'amore del Conte.

Come Artemisia, Cecilia è un Orlando che « scrive », che riesce, cioè, a realizzarsi anche spiritualmente, pure se rinnegata fino all'ultimo da tutti i suoi; e anche Francesca, l'amica d'infanzia (la Banti stessa), non la capirà piú.

Soltanto in « quello scatto finale » (a proposito del quale De Robertis scriveva: « Ma all'ultima parte ecco avvenuto lo scatto e una ricapitolazione di gran forza, come d'incanto tutto si spiega e risolve [...]. Sembra che a quel punto preciso insorga quasi una seconda vista, e che i personaggi prima di licenziarsi si rivelino finalmente »)[31] si può misurare fino a qual punto Cecilia avesse sacrificato la propria natura:

« Cecilia, dolce rinnegata di se stessa, per amore di un bene ancora oscuro. Cecilia mistica di una volontà spinta all'estremo. Ma l'aveva immaginata, Francesca, o conosciuta davvero, viva e spirante? ».[32]

Con queste frasi, cosí vicine agli accenti di Maria Alessi, Francesca si pone, nelle ultime pagine, a svelare l'ultima sfaccettatura inattesa della compagna (« il fiore della propria generazione »);[33] la dolce ragazza umile non era mai esistita per gli altri: « Era cosí buona! » dice Francesca all'uomo che l'accompagna nel pellegrinaggio alla fabbrica di Cecilia, sentendosi rispondere:

« "Questo poi no". [...] "Era durissima con gli operai, dura con noi tutti". [...] "non conosceva indulgenza". [...] "Mia moglie" [...] "pretende che non poteva fare altrimenti, sola donna con cinquanta uomini al suo comando. Magari ha ragione, ma non è lavoro da donne, il nostro. E poi era una bella ragazza. Cosa le era venuto in mente?" ».[34]

E, nella chiusa indiretta, si sconta l'inutilità di una vita spesa senza un riscatto pagante. Persino il consueto ingigantimento *post-mortem* le viene negato, come per una ulteriore conferma che non c'è eternità possibile per il lavoro femminile; questo è il punto in cui, considerata da una « visuale femminile », la *Weltanschauung* del romanzo novecentesco subisce una curiosa angolazione, dove risultano nette le divaricazioni fra la visione del mondo della donna e quella dell'uomo.

Se l'«uomo» del Novecento o, meglio, il suo modello romanzesco, appare, infatti, impegnato in un contrasto con le convenzioni sempre piú radicate (in questo senso si incanalano tutte le denunzie dell'assurdo, da Kafka a Sartre, fino, per qualche verso, ai *nouveaux-romanciers*) la donna (e il suo corrispettivo di certa narrativa che la riguarda) segue un itinerario opposto, in direzione proprio di quella integrazione sociale che l'uomo sconta da secoli.

La donna è in cerca di una sospensione da abitudini e da convenzioni, che fatalmente la conducono a rovesciare la denuncia del «mito di Sisifo»; essa è infatti alla ricerca del «tram delle sette», proprio perché la sua vita, nella maggior parte dei casi, è quella di preparare qualcuno per il «tram delle sette» e, nell'ansia dei tempi brevi, passerà senza zone mediane dall'integrazione all'alienazione.

Nel preambolo al nostro discorso sul *Bastardo* (*La casa piccola*), avevamo cercato di porre questo romanzo piú nell'ottica futura di «nuovo inizio» che in posizione retrospettiva; quest'ultima riemerge adesso in vista del raccordo finale, dove non sarà difficile rendersi conto che proprio mediante il personaggio di Cecilia, cosí contiguo a Maria e a Fernanda (Artemisia), si chiude con tutta la tematica del «pionierismo femminile»; sotto questo aspetto, il romanzo si rivela come poggiante — e ne risente strutturalmente — su due nuclei narrativi: quello della situazione familiare, preliminare a tutto il ciclo, e quello della donna pioniera, conclusivo, appunto, e molto vicino a *Sette lune*.

Per una strana coincidenza, dunque, la «vicenda vera», che pare abbia fornito l'occasione al romanzo, ha messo in contatto le punte di una biforcazione inventiva, per cui il racconto della vita di Cecilia viene a trovarsi in una posizione conclusiva rispetto a quello della vicenda matrimoniale fra Elisa Infantado e il de Gregorio, quasi che, per una ragione sotterranea, il tema subordinato venga ad assumere dimensioni piú rilevanti del previsto.

6. La Pieracci ebbe a definire il secondo libro di questa fase di «realismo femminile», *Allarme sul lago*, un'opera

invernale (« [...] se il precedente *Bastardo* poté sembrare una storia di primavera, struggente e mortificata, l'*Allarme* ci riporta a un gennaio dell'anima, senza mascheratura di candeline lucenti, ne ripete il brivido che penetra le ossa, il cielo duro e senza spiragli »)[35] e, realmente, la cornice letteraria e concreta dell'azione romanzesca non dà adito a spiragli di sorta.

Dalla sosta forzata di una viaggiatrice in un alberghetto sulle rive di un lago alpino, all'allarme misterioso che annuncia una imminente e imprecisata catastrofe (l'eco di Hiroshima, nel '56, è ancora viva) che, del resto, è e rimane puramente indiziale, l'azione romanzesca viene precisandosi in contorni estremamente spogli; ne è immagine immediata la stanza del Miralago, dove Eugenia, la viaggiatrice, incontra le tre donne in fuga.

E la cornice rimane immutata tutto il tempo che durano i racconti che in essa si formano, evocati, quasi, dalla situazione straordinaria (come le confessioni nella stanza infernale di *Huis clos*) che ripete puntualmente la condizione esistenziale di queste donne, prese come esempio dalla schiera delle « recluse » della normale « vita a due ». Non a caso esse vedono, in questa soprannaturale contingenza, l'occasione insperata per quella confessione totale di cui l'educazione e l'ipocrisia coniugale le aveva private; questo è il loro unico atto di libertà e, insieme, di smascheramento della misura della loro stessa complicità (e del proprio masochismo) piuttosto che una requisitoria diretta contro l'uomo, anche se gli elementi della denuncia appaiono molto piú pesanti di quelli dell'auto-accusa; questi si rivolgono, infatti, a scoprire l'estremo grado di sottomissione e di finzione che la donna, come moglie, è capace di praticare volontariamente (tutte e tre le donne, Katrina, Ottorina e Adele, ritornano sul luogo comune dell'inerzia femminile di fronte all'offesa); quelli mettono addirittura e completamente l'uomo, il marito, dietro il banco degli accusati.

L'indizio centrale del romanzo (« È parente un marito? ») costituisce in pratica il punto di fuga delle tre storie matrimoniali, ordinate secondo un crescendo esemplare di « terribilità », forse intenzionale.

Tre storie vere, si dice, e la formula di prammatica, « ogni riferimento a persone, fatti, ecc. », come nel *Bastar-*

do, avvalora tale ipotesi; nel libro, comunque, conta soprattutto il loro valore paradigmatico.

Le vicende sono molto simili fra loro, anche se, per la propria autonomia strutturale, ognuno dei tre racconti avrebbe potuto costituire una storia a sé stante; la loro riunione nelle tre dizioni diverse permette la ricostruzione del contesto orale del racconto fatto alla Banti stessa, che appare in veste di « narratario » nel romanzo (le funzioni narrative dell'autore non si limitano alla presenza di tracce della sostanza autobiografica nei personaggi prossimi e a volte distanti, o ai giochi di punti focali, ma comprendono intere parti da protagonista: pensiamo a Cecilia Nari, la piccola amica di Artemisia bambina, ad Agnese Grasti oppure a Francesca del *Bastardo*).

Una simile messa in scena, inoltre, proprio per la sua funzione di ricalco della realtà, finisce per ristabilire l'equilibrio con la marcata letterarietà della cornice che, in sostanza, è la referenza con il racconto reale, nella stessa misura in cui ne è la deformazione narrativa, che fa da contesto drammatico alla formulazione dei capi d'accusa. Il fondamentale schematismo del *cadre* va visto, dunque, anche quale mezzo per « rendere » la narrazione, alla stregua degli altri artifici, come quello dell'elencazione dei ritratti che preludono alle storie:

« E la donna piú singolare è questa nordica, piccolina, dai tratti duri, gli occhi incavati, spettrali [...]. La seconda cliente del Miralago non si distingueva da una comune italiana di mezza età. Di pelle bruna, quasi cotta dal sole, aveva sui capelli il riflesso metallico delle cattive tinture [...]. La terza donna poi colpiva per il colore della pelle, cosí rossa e tumida da parere scottata, sbollentata »;[36]

o della descrizione dei gesti minuti che attuano gli scambi dei turni narrativi.

Le voci narranti si avvicendano per tre volte a raccontare gli episodi di vita vissuta e a dare una testimonianza dei torti subiti e delle proprie colpe. Katrina, la nordica, è la prima delle donne a compilare il suo capo d'accusa, con il racconto della propria esistenza con Ottavio, uno pseudo-artista tutto fare, che la trascina dalle umilianti riunioni dei circoli di artisti falliti alle rocambolesche esperienze di vita rustica, fino ai vari *ménages* a tre, con un'artista a Parigi, prima, e con una sconosciuta che le somiglia perfettamente, in ultimo. E tutto questo dietro una vernice di rispettabilità inappuntabile.

La vicenda di Ottorina con Giuseppe è sostanzialmente simile a quella di Katrina: la sua è la storia di un matrimonio combinato; Giuseppe la sposa dopo essersene dovutamente appropriato, come un oggetto («Mi tirava nell'orto e subito mi metteva le mani addosso, poi tornava a casa e cominciava a parlare di concime»), continuando a servirsene, oltre che di notte, fino nelle coperture delle proprie libertà virili. Come Katrina, Ottorina ridiventa «la donna del Vangelo» quando si tratterà di far finta di essere incinta in età piuttosto inconsueta, per salvare la rispettabilità del marito e soddisfare il suo diritto irrealizzato di avere un «figlio maschio».[37]

Quella di Adele, nei dettagli, è una storia molto piú tetra: Corrado, l'uomo che diventa suo marito dopo un matrimonio di riparazione, è, oltre che un artista fallito, come Ottavio, anche un maniaco sessuale, la cui fissazione è di punirla come donna; per avergli «ceduto», la cede prima ad un amico, il pittore Farneti, e poi ogni tanto la obbliga a seguirlo in quei posti, dove, secondo la sua logica, lei potrebbe imparare il «mestiere». Il sommario delle vicende rende conto in minima misura, forse, del dettaglio delle tre esperienze coniugali, di cui potremmo comunque riconoscere il valore paradigmatico preannunciato, appena si formuli l'evidenza che ci troviamo di fronte a tre dei possibili casi di matrimonio: un matrimonio d'amore, quello fra Ottavio e Katrina (i due si sposano dopo un periodo di convivenza riuscita); un matrimonio combinato: è il caso di Ottorina e Giuseppe; le nozze forzate e riparatrici, fra Adele e Corrado, altri due intellettuali come Ottavio e Katrina.

7. La parabola esteriore, malgrado le singole varianti, è anch'essa esemplare: dal momento in cui un uomo e una donna sono sposati, inizia il tormento dell'uno sull'altra e all'ingigantirsi dell'offesa corrisponde un assottigliarsi volontario delle reazioni, come se in ogni caso tutti i passaggi del gioco fossero previsti e scontati; e potremmo allineare i contatti fra tutte le situazioni che inevitabilmente finiscono per ribadire lo stato di inimicizia (e non soltanto di incomprensione) che l'uomo ha per la donna:

« Questo trattamento [è Katrina che ricorda le sue serate con Ottavio e i suoi amici artisti] del resto non era riservato a me sola, ma da loro esteso a tutto il genere femminile. La donna era per essi una faccenda privata, trascurabile in pubblico, a meno che non fosse il caso di vantarsene. A volte avevo l'impressione che si vergognassero che una donna sedesse con loro e avesse, come loro, occhi naso bocca. Se dicevano di una ragazza: è intelligente, subito strizzavano l'occhio per far capire che quella era la parola d'ordine a significare che era bella e desiderabile ».[38]

Il matrimonio, dunque, è una sorta di azione sempre perdente per la donna (il sospetto di Paolina!) che le dà « diritto » solo di rispettare e servire l'uomo in tutti i sensi, la casa, i figli e il decoro; è il marito a decidere totalmente del suo destino, dalle necessità materiali (tutte e tre le donne vivono in una esemplare schiavitú finanziaria: « Batte il desolato rintocco: le donne son sempre state povere, le donne son sempre state ignoranti », scriveva la Banti nel saggio sulla Woolf), fino alla determinazione dei loro consensi alle situazioni meno sopportabili, come nel caso della convivenza a tre e delle varianti ad essa:

« Come sono bravi gli uomini. Ero tradita, ero soggetta, non ero padrona di nulla sebbene m'ingegnassi, alle mie ore, a raccontarmi il romanzo della mia sconfitta [Ottorina è come Paolina]. Ma non mi illudevo, anche il romanzo faceva parte dei miei segreti e, forse, illeciti divertimenti [...]. La legalità era dalla parte di Giuseppe che stringeva nello stesso mazzo le sue avventure e i suoi affari ».[39]

In questa forma di continua presenza a sé sono minime le ombre che ad essa sfuggono, come alle tre donne dell'Allarme nessun segreto, difetto o tradimento, di Ottavio, Giuseppe e Corrado, rimangono oscuri, e loro stesse sono fin troppo consapevoli della propria corresponsabilità e del malvezzo di usare la propria intelligenza in un vuoto lavorío autodistruttivo che non salva nessuno. Questa è la confessione leit-motiv che coinvolge la donna nelle colpe dell'uomo:

« Ecco, [...] è questo il mio destino, il destino delle donne: proporsi un movimento e lasciarlo stagnare nell'immobilità consuetudinaria e meccanica che ci è assegnata » [Ottorina];
« Forse, per uniformarmi troppo a lui, io gli ho nociuto ed egli mi ha ripagata comunicandomi una impotenza a discer-

nere quel che vale la pena di fare: in sostanza il bene e il male » [Katrina];

« [...] il motivo principale era che volevo esser lasciata in pace [...]. Dio mi perdoni, io credo di aver spinto, con questo sistema, mio marito verso i suoi peggiori difetti e di avergli nociuto, con l'acquiescenza passiva, quanto certe donne adulatrici » [Adele].[40]

Tutte queste esemplificazioni possono servire a confermare l'opinione che l'*Allarme sul lago* sia stato, piú che altro, l'occasione buona, per lo « storico dei costumi », di riunire fatti analoghi in un unico quadro (Lukács) e sfruttarli essenzialmente sotto un profilo prossimo a quel « saggio sociologico sulla donna » che è il woolfiano *A room of one's own* (nel '50, ricordiamo, usciva la traduzione bantiana della *Jacob's room* e, nel '52, l'articolo *Umanità della Woolf*; i due lavori attestano molto bene della contiguità spirituale che la Banti di questo periodo sente per la scrittrice inglese).

Molti dei capi di accusa e di auto-accusa, compresi nel romanzo, rientrano effettivamente piú nel taglio dello studio sociologico che negli schemi ordinari dell'analisi psicologica, svolta in termini narrativi; pensiamo appunto alla rilevanza che assume lo stato di soggezione culturale ed economica femminile in quei generi di matrimonio a senso unico, in cui la donna arriva a confessare, come fa Ottorina: « Amavo il passo di Giuseppe per la casa, ma avrei voluto ascoltarlo da una cella, da una prigione in cui egli non potesse penetrare »; oppure: « [...] mi sarei contentata della mia sorte se non fosse stato quel fatto di esser trattata da moglie soltanto di notte. Passava il tempo e i nostri legami erano ormai cosí insignificanti che per settimane non mi sentivo rivolgere la parola: tuttavia su quel capitolo la sua assiduità era costante, tanto che ero arrivata a supporre le piú strane cose, per esempio che non volesse perdere i diritti e le comodità acquisite col titolo di marito, un affare come un altro ».[41] Sia Katrina sia, soprattutto, Adele si dichiarano egualmente assoggettate e costrette a subire i « doveri coniugali » come iterati atti di violenza.

Gli stessi rilievi psicologici, d'altra parte, potrebbero costituire un preciso trattato comportamentistico della coppia o, piú esattamente, delle reazioni femminili di fronte al matrimonio. Non dimentichiamo, infatti, che tutte le radiografie vengono svolte da un punto di vista femminile, persino nei modi « formali » del soliloquio (la *parlerie interiore*), che la donna, nella sua esistenza solitaria, non smette di formularsi.

La riuscita piú sicura del romanzo è proprio legata alla messa in evidenza dello schermo che la donna pone tra sé ed il mondo e che utilizza per formare e deformare tutta la realtà. In definitiva, il soliloquio allontana ogni possibile presa sul reale ed è un subdolo strumento di vaglio dove si consumano i feroci tradimenti della donna ai danni dell'uomo.

Era il pensiero consapevole di Artemisia accanto ad Antonio (« Poveri uomini, anche loro: travagliati di arroganza e di autorità, costretti da millenni a comandare e a cogliere funghi velenosi, queste donne che fingono di dormire al loro fianco e stringono, fra le ciglie seriche al sommo della guancia vellutata, recriminazioni, voglie nascoste, segreti progetti »),[42] opinione che Eugenia ribadisce: « Penso che la donna sposata non ha diritto alla malinconia senza tradire ».[43]

« Vorrei dividerlo con voi, questo dono incomparabile, e che ritornaste con me fanciulle, quando non si crede che gli uomini siano diversi da noi. Non lo sono affatto, in effetti, e la colpa è nostra se, per difetto di carità fraterna, li lasciamo oppressi dal peso del nostro destino »:[44]

con questa confessione, simile nei contenuti al messaggio lasciato da Agnese Grasti, Eugenia chiude le tre confessioni di vite infernali e si percepisce come tutta la chiaroveggenza delle auto-accuse le appartenga, insieme alla volontà di riequilibrare la tendenza alla requisitoria con una giustificazione estrema, analoga alle *Donne muoiono*.

8. In questa prospettiva l'*Allarme sul lago*, pur nelle sue volute radici reali, non fa altro, e logicamente, che rinviare a tutto un universo narrativo, oltre che ideologico; le storie di Katrina, Adele e Ottorina possono, in ultima ipotesi, rientrare in quel perenne racconto che, da Paolina in poi, la Banti tenta di esorcizzare. Ne è riprova la somiglianza « psichica » delle tre donne tra loro (e con Elisa del *Bastardo*) come se, in sostanza, non si trattasse che di

una unica matrice di donna, di fronte al tipo universale, e opposto, che è l'uomo. I mariti dell'*Allarme*, ad esempio, nel calco di prepotenza che li accomuna, si rassomigliano profondamente e ognuno di essi, in dosature differenti, si apparenta al Don Guglielmo del *Bastardo*,[45] mentre Corrado, piú degli altri, prefigura il personaggio di Cosimo de' Medici della *Camicia bruciata*.

La rete dei vincoli fra gli eroi narrativi, se interamente ritessuta, condurrebbe inevitabilmente al *locus* di un'unica sostanza, seppure dilatata, alla radice di tutti;[46] a noi, qui, il rilievo serve come orma di quel « passo indietro di fronte alla cronaca », di cui ci sembrava aver perso le tracce.

E non è paradossale se, all'evidenza dei fatti, ritornando sulle considerazioni preliminari circa la funzione di chiusura del *cadre* della narrazione, si addivenisse alla conclusione che tutta la denuncia dell'*Allarme* passa attraverso l'artificio iniziale dell'arresto del flusso del tempo; l'*Allarme sul lago* è l'unico romanzo bantiano « senza tempo », in cui, cioè, la dimensione temporale viene completamente sostituita dal racconto che dura meno di un giorno (dal mezzogiorno all'alba successiva).

9. *La monaca di Sciangai e altri racconti (1957)*[47] (ne contiene quindici) ripropone, insieme ad alcune storie già edite come *Felicina*, *Inganni del tempo*, *Il colonnello*, *Incanti di Circe* e *Un ragazzo nervoso*, molte storie scritte fra il '50 e il '57, coeve, dunque, al periodo « oloferniano ».

È ricorrente il pensiero secondo cui i grandi scrittori sono, in genere, « scrittori di pochi libri e di pochi temi »,[48] basandosi, appunto, sulla evidenza che, considerate *in toto*, le opere delineano una *Weltanschauung* dai contorni molto riducibili e da esperienze diventate fondamentali, forse solo per accumulazione; questo luogo comune vale anche per la Banti di questi racconti (e di sempre, in fondo) riproposti in blocco e senza rimaneggiamenti (Anna Banti è scrittrice di pochissime varianti e di opere « finite »)[49] dove, nella varietà dei temi, risaltano, in maniera ancora piú determinante, le linee unificatrici dell'ispirazione. E la fedeltà non è soltanto tematica, bensí di scrittura, e il timore dell'« apparente infedeltà », che la scrittrice manifesta nella breve avvertenza al lettore, segnalando il divario cronologico fra i primi e gli ultimi racconti, appare immotivato, perché le differenze risultano irrilevanti, se confrontate appunto all'arco di tempo che le ha determinate. Piú esattamente, nelle possibili e inevitabili infedeltà che gli scarti diacronici comportano, è sempre rintracciabile il termine di invarianza nei confronti fra i testi. Inoltre, le modificazioni stesse sono, sí, collegabili a fenomeni culturali parametrici («prosa d'arte», «neo-realismo») ma appaiono altrettanto legate a differenze di diacronia interne: vi è già una netta antinomia fra lavori molto vicini come *Conosco una famiglia* (1938) o *Felicina* (1939) e l'*Itinerario di Paolina* (1937), ad esempio.

Con tutto questo non intendiamo restringere la misura della continua ricerca svolta dalla Banti: vorremmo però puntualizzare che i termini di tale ricerca si esplicano nell'ambito di una sostanziale «fedeltà», o di rapporti di equivalenze (quelli per cui, su un piano strutturale, si giunge ad avvicinare il «capitolo» al «racconto lungo», nella sostanziale necessità di affidarsi a un ritmo narrativo molto marcato).[50]

Tornando ad esemplificare nella materia di quest'ultima raccolta, dovremmo segnalare di nuovo la consuetudine del titolo, tratto dal racconto fra essi emblematico: *La monaca di Sciangai*, infatti, è il titolo della storia conclusiva.

Questo nuovo libro di racconti, oltre che riproporre molti paradigmi tematici della narrativa bantiana, presenta, prima di *Campi Elisi*, un'esemplare vista d'insieme, che offre la possibilità di misurare, parallelamente alla varietà dei motivi,[51] i fondamenti strutturali della maniera di fare il racconto della Banti.

La varietà delle trame, biografiche o cronachistiche, può trovare una spiegazione nella marcata incidenza del *fait divers*, il dato della cronaca pescato in piena zona dell'imprevedibile, della casualità, di rado sfruttato bozzettisticamente (in maniera sfuggevole il bozzetto affiora nelle pagine dove tornano gli ambienti primo-novecenteschi, tipici di *Sette lune* o *Conosco una famiglia*, in quelli che si potrebbero chiamare racconti di biografie borghesi, come *Inganni del tempo*, *La libertà di Giacinta*, *Disturbi telefonici*, cosí impregnati dell'atmosfera di parsimoniosa difesa del decoro di certa borghesia povera, la stessa che ritroveremo in *Noi credevamo* e che proviene senz'altro dalla medesima radice autobiografica) ma utilizzato tonalmente. Ogni situazione reale, cioè, conserva, nel racconto, una sua ragione referenziale, non come punto di partenza ma come sviluppo e punto finale; ogni squarcio di biografia vale proprio come interruzione del flusso reale a favore dello spessore narrativo.

Oltre a questo procedimento « saggistico », estensibile a tutte le modalità della novellistica (piú accentuatamente a quella moderna, ma anche a quella classica) crediamo di poter rilevare, nella predilezione bantiana per certe chiusure che rovesciano l'impianto del racconto, fin quasi a smentirlo, una linea propriamente ironica, ben situabile fra Maupassant, Čechov e Pirandello (fra gli altri), prolungata però fino ai termini estremi, per cui non soltanto si tenta di eludere (in consonanza con la poetica del romanzo moderno) il finale « verosimile », ma, in maniera forse piú incisiva nelle storie brevi, di proporre, appunto, un'altra soluzione narrativa.

Questa particolarità strutturale l'avevamo già incontrata nel *Bastardo* e, forse, questi finali con *suspense* si dovrebbero interpretare non tanto come spiegazioni *in extremis*, ma in quanto ipotesi estreme di altri racconti che si sarebbero potuti sviluppare a partire dal medesimo *fait divers* o dalla medesima biografia.

Non vogliamo, certamente, generalizzare questa *démarche* narrativa; è tuttavia innegabile che, alla base di molti racconti, l'« andamento teso continuamente all'esplicazione, alla giustificazione, nel procedere concentrico verso il motivo centrale del racconto » (Bàrberi Squarotti)[52] è valido fino al momento in cui, improvvisamente, vengono ad aprirsi altre prospettive (anche retrospettiche e per questo passibili di provocare smentite).

Il sostrato di una simile tendenza alle deviazioni sul finale si può ricondurre facilmente nell'ambito di una tecnica narrativa che si giova della *suspense* proprio per un senso naturale del racconto; oltre a questo, però, vorremmo riferirci a una caratteristica, già rivelatasi, di una singolare tendenza all'ironia, perpetrata il piú delle volte a spese del personaggio (una maniera di porli « in vicinanza », piú che un mezzo di allontanamento) e che conduce spesso il racconto a soluzioni impreviste. Pensiamo al tiro del bagno inopinato, prima di imbarcarsi, del soldato Tavella, in *Incanti di Circe*, o allo scherzo preparato al « ragazzo nervoso »,[53] che si accorge, dopo un'estate sprecata nel corteggiamento della ragazza « vestita viola », di aver fatto la corte a una donna sposata, la nuora del salumaio che gli vendeva i panini dell'attesa (« Si chiamava Maria, aveva marito, era gelosa »); e Alberto, il protagonista del racconto, sfoga la sua rabbia scagliando un sasso contro alcune pecore di passo:

« Sui prati gialli, tremolanti nella calura, fino all'orizzonte occluso dai vapori, un gregge emigrava; furono donne, per Alberto, grasse ragazze melense che si affrettavano per qualche segreto capriccio [...]. Qualche sasso era avanzato dal carico di ghiaia sul fondo del camion, e Alberto ne afferrò uno e lo lanciò rabbioso, in direzione delle fuggitive ».[54]

Si potrebbe ravvisare, in queste correzioni estreme, l'intento di portare fuori da una orbita scontata il tracciato del racconto; tuttavia, se questa direzione, tipica del romanzo del Novecento (specie del primo ventennio) sussiste nella Banti, è anche per una adesione spontanea ai moduli che piú rassomigliano alla continua pratica dell'ironia e dell'auto-ironia. Non è tanto il prevedibile o il « senso comune », dunque, a fare tutte le spese dell'infrazione, ma anche il proprio rapporto di fiducia sia nel racconto (Sterne e Diderot reagivano allo stesso modo) che nel personaggio.

Una maniera non eccentrica, forse, di inserire nella propria tendenza al narrare fluido e pieno (l'impronta ottocentesca) il « vuoto » necessario a spostare il ritmo della narrazione verso i moduli novecenteschi; abbiamo visto come tutto questo avvenga naturalmente, nella Banti, e, aggiungiamo, inevitabilmente: la scelta del racconto « classico » comportava già una serie di vicoli da scartare per non cadere nelle *impasses* in cui, addirittura, la propria vocazione avrebbe potuto essere in gioco. La Banti ha continuato a credere nelle strutture narrative ottocentesche proprio nella stessa misura in cui riusciva a deformarle dal di dentro (nei saggi manzoniani si manifesta, appunto, tutta questa problematica).

Dobbiamo forse concludere, aprendo provvisoriamente una parentesi sull'ambito del romanzo italiano, che la ricerca della Banti deve includersi nei cauti tentativi delle innovazioni moderate, che Barilli rinveniva dietro « la barriera del naturalismo »?[55] Può darsi; tuttavia, siccome il conto non deve farsi solo in base al grado e all'importanza degli scarti utili, ma anche sulla coerenza di una ricerca, pensiamo che la Banti abbia scelto l'unica tecnica narrativa adatta alla propria misura. La sua è una vocazione che, per giungere nello stato della « révélation de la grammaire par un souvenir en choc », che è lo scrivere, ha bisogno della « storia da narrare », del personaggio « problematico », anche se nell'atto dell'invenzione il « *cosa* pensa e scrive » deve esserle del tutto indifferente.

Questo determinante sostrato narrativo (romanzesco), che è la radice, il *punctum* di ogni ispirazione, finisce per concretare, nell'atto della lettura, il piacere medesimo di chi racconta nel farsi una sorpresa di ogni avvenimento (cfr. le parole di Rodolfo in *Sole d'argento*: « Forse questo virus è la parola facile, la chiacchiera, insomma, che gli scorre nel sangue e fin dagli anni della puerizia traduce in vocaboli quel che l'occhio vede »).[56]

10. Nei racconti che stiamo ora considerando, dall'antico *Felicina* all'ultimo *La monaca di Sciangai*, è impossibile non avvedersi di tale tendenza connaturata per il « raccontare storie »; ne è conferma indiretta il fatto stesso che ogni racconto è la storia, la biografia, seppure minima, di qualcuno (o di piú di uno, come ne *Le disgrazie di Miccioli*).

Sono biografie minime quelle di Marta (*Cuore avvelenato*), di Erminia (*Affetti difficili*), di Pia (*Morte della carità*), di Giacinta (*La libertà di Giacinta*), di Lisetta (*La casa*) e di Arabella (*Arabella e affini*); « grumi informi », « vicende strozzate », scrive Bàrberi Squarotti nel suo *Appunto* sulla Banti,[57] segnando, giustamente, una linea di discriminazione, all'interno di queste « storie di qualcuno », fra due generi di ispirazione: quella che investe le esistenze oscure, « accorate, soffocate » come Teresa, Erminia, Pia o Giacinta (e potremmo ricordare almeno le tre donne dell'*Allarme sul lago*), e l'altra, in cui sono messe a fuoco, ma lasciate in ombra il tempo di un enigma, esistenze come quelle di Lavinia, Arabella[58] e Angelica (*La monaca di Sciangai*).

La linea cade, però, appena la considerazione si sposta

sul trattamento narrativo che finisce per accomunare le due linee in una sola, come nota ancora Bàrberi Squarotti: « Due problemi, due verità ugualmente ardue da illuminare, per l'inquisizione impietosa e tenace della Banti: la vita che pare non avere un senso, nel suo grigiore, nella sua continua umiliazione, e la vita che si svolge come proposta ininterrotta di enigmi, cosí al di fuori delle regole, delle misure normali di spiegazione; e ne nasce il ritmo serratissimo [...] del suo racconto, tutto precisazioni, aggrumarsi progressivo di situazioni, di pensieri, di memorie, di scritti e reazioni di chi in quelle vite grigie o turbinose è stato implicato, e si è trovato preso nel gorgo delle testimonianze, richieste con un'interrogazione che non lascia pace ».[59]

E la riunione può prodursi anche perché esiste un anello di giuntura fra i due moduli: le vite grigie conoscono, come le altre, delle crepe immotivate, l'enigma, appunto; pensiamo alla storia esemplare, sotto questo aspetto, di Lisetta, la protagonista del racconto *La casa* (un tema cosí verghiano), a quella sua vita occupata interamente dal pensiero di far fruttificare ogni minimo avere per « la casa » (riusciva persino a speculare sugli inviti estivi delle ex-amiche di collegio: « Stava lontana quindici giorni, un mese, e ritornava straordinariamente ingrassata perché, contro il suo solito, aveva mangiato molto calcolando di accumulare cosí un nutrimento che le avrebbe facilitato, per lunghi mesi, il regime severo di casa »). E poi la catastrofe della guerra; a trent'anni Lisetta si ritrova gli inquilini in casa, al piano di sopra, credendo di morire ad ogni urto sui mobili o sulle pareti. Gran parte delle giornate ora non le spende per lavorare, ma per recuperare la casa invasa dagli sfollati, durante la sua permanenza in campagna col padre e fa tremare tutto il vicinato con i suoi propositi incendiari; all'improvviso la casa si libera, ma la ragazza non reagisce « logicamente », con una esplosione di gioia, ma, inaspettatamente, mormora: « Il Signore m'ha fatto la grazia [...] ma io non so piú che farmene ».[60] La casa verrà poi comperata da un parente (forse il fratello) e Lisetta svanisce insieme alla sua follia.[61] La vita « fatta di niente » di Lisetta forse comincia solo dopo, quando le verrà l'abitudine di doversi privare anche della casa.

Molti personaggi di questi racconti, del resto, che dal

grigiore escono molto di rado, si accontentano dei momenti meno oscuri per darsi un senso; come Pia, la cucitrice a domicilio con un « bastardello » da allevare (*Morte della carità*), che sconta una continua offesa del mondo, in quella confessione per consolare Mammola, la figlia della baronessa, « caduta anche lei » (« Come, anche questa donna grassa e vecchia che ho conosciuto da bambina » si stupisce Mammola, sorridendo; quel sorriso che Pia accetta come un successo, un fare l'elemosina senza timore).

Basta un ricordo felice, a volte, come ad Erminia (*Affetti difficili*) o una presenza amica (Orazio Beninvieni in *Disturbi telefonici* e Giacinta Cavalli in *La libertà di Giacinta*) per fare affiorare il barlume di un senso nelle esistenze piú avvilenti. Non che l'effetto finale di sconsolata accoratezza, che perdura in ogni storia, venga attenuato: tuttavia la tonalità e il registro narrativo risultano piú mossi, piú vicini al ritmo mobile e sfumato dei sentimenti, della realtà stessa, e senz'altro agganciati nella sostanza al « fatto da raccontare », che pure nei frammenti di vita è incalzante. In ultima ipotesi, il tono dei racconti « grigi » forse non è che un correlativo formale di una ridimensione del « fatto », del grande avvenimento di tutta una vita.

I due racconti piú lunghi della raccolta, *Arabella e affini* e *La monaca di Sciangai*, ad esempio, possono servire da riprova di queste sfumature tonali piú brillanti, appena i fatti da raccontare diventino piú densi.

11. *Arabella e affini* e *La monaca di Sciangai* sono due storie tratte da un mondo semi-aristocratico (abbiamo visto come la Banti sia stata scarsamente tentata, finora, dalle tematiche populistiche; l'ambiente che piú consapevolmente la ispira è quello della « virtú e decadenza », aristocratico o borghese, e non tanto perché luogo tipico della « malattia novecentesca » — secondo l'uso pirandelliano e moraviano — ma soprattutto perché la selezione romanzesca vi opera meglio); Arabella è addirittura nobile e Angelica Ingegneri, alla fine, diventa marchesa; entrambe, tuttavia, sono un « fatto » singolarmente denso da riferire e non a caso esse vengono raccontate da narratori-*témoins* (Claudia, la sorella, e miss Clark, la governante, per Arabella; Agnese Ingegneri, il marchese De Paoli e la nuora Erminia, per Angelica).

La contessa Claudia, cosí ossequiosa alle regole aristocratiche del casato e divenuta cosí naturalmente *maman*, rivede sorgere, nei luoghi del passato, l'immagine di Arabella, confusa tra i figli che giocano sulla stessa spiaggia in cui la sorella aveva iniziato la sua deroga all'educazione e al mondo della propria nascita. Dalla frase che miss Clark (passata ora a curare i figli della contessa proprio perché è un feticcio del passato di Arabella) pronuncia, identica a quella di tanti anni prima (è la stessa tecnica di *Lavinia fuggita*), Claudia, per *flashes* di immagini e ritagli di episodi, si ripropone il film della vita della sorella, dalle prime scappatelle senza malizia, alle partite piú scabrose, con Arabella che tenta una prima fuga con il giovane notaio Calandri, cui fa seguito il ritorno all'ovile e il conseguente matrimonio di convenienza con un vecchio duca; dal riso insolente di Arabella — la stessa strafottenza di Artemisia, in certi momenti — mentre le dice: « Tempo un anno e ti maritano anche te, cosí non succedono guai », ai *coude-à-coude* con il Maresciallo napoletano e al suo impensabile incontro con la sorella, diventata una « sora Lella qualunque », in un appartamentino di due stanze. Lo sbalordimento di Claudia non ha piú limiti, come quando, nella « Casaccia » della campagna di Napoli, Arabella le aveva confessato tutto con l'abituale franchezza:

« "Di me ne hanno dette tante, ma nessuno mi ha capita mai, neanche quella pecora di miss Clark che si ostina a credermi un angelo sacrificato. Non sono un angelo e nemmeno un mostro come credi tu" e qui scoppiò a ridere [...]. "Sono una donna come le altre, grazie a Dio, come una di queste contadine qui intorno. E anche se avessi sposato quel Calandri, a parte che mi piaceva tanto quella sua casa piccina, con tutti quei gingilli buffi, sarei rimasta tal quale, stai sicura. Mi dispiacque solo per il bambino che mi fecero buttar via, ma anche quella è stata una esperienza, una esperienza da ragazza povera, proprio di quelle che piacciono a me" »;[62]

e, come allora, Claudia si getta quasi dalle scale per evitare di incontrare l'uomo di Arabella. Tuttavia, proprio per il gusto del proibito, di cui è impregnata la vita della sorella, la riflessiva e saggia Claudia continuerà a disputare a miss Clark la propria versione della storia di Arabella, « aggiornata sugli ultimi testi di Lady Chatterley e della psicologia freudiana ».

Il personaggio centrale di *Arabella e affini* è da vedersi, ovviamente, in Arabella; Claudia, tuttavia, non rappresenta soltanto il narratore interno della vicenda, di cui è stata la principale testimone, ma anche la figura al positivo, lo stampo della mediocrità, tanto piú attirabile nella sfera del proibito e che ha non poche copie nell'universo bantiano (la piú immediata è la quasi contemporanea Agnese Ingegneri, sorella di Angelica; la piú lontana è Violante della *Camicia bruciata*, anche lei posta di fronte ad un « mostro » come Marguerite Louise).[63]

Come fra le due eroine di *Sette lune*, Maria e Fernanda, il rapporto fra Arabella e Claudia non si stabilisce su una base antitetica; la zona fra il bene e il male, fra il chiaro e l'oscuro, seppure esistente, non è mai decisiva per la Banti e lo abbiamo visto persino nelle tre storie dell'*Allarme*; la curiosità che Claudia, ad esempio, nutre per l'ambiguo passato della sorella è già una sfumatura fra campo e campo.

12. La medesima frangia di contatto la rintracciamo ancora, e forse in maniera piú netta, nell'ultimo racconto lungo, *La monaca di Sciangai*.[64] L'intreccio di questo « romanzo breve » non somiglia, di per sé, ad alcuno di quelli finora incontrati, e si basa, a partire da un impianto di prove via via piú determinanti, su un singolare rapporto di amore-odio fra due sorelle: Angelica, « la monaca di Sciangai », e Agnese, la sorella maggiore che sposa l'uomo (il marchese De Paoli) che Angelica crede di amare (e che sposerà a sua volta, dopo la morte di Agnese).

La narrazione, come accade di frequente, comincia da un presente localizzato (« Da Tokio, da Pechino, da Sciangai, due volte l'anno arrivano in casa De Paoli cartoline e lettere: talvolta, non sempre, per Santa Agnese, il 21 gennaio ») mentre, progressivamente, il disegno si scopre: una mano tremante, quella di Agnese; i tre ragazzi De Paoli, che si disputano il francobollo della cartolina; poi Agnese, vestita di scuro dopo dieci anni di matrimonio (cfr. gli undici di Elisa Infantado nel *Bastardo*) e il marito, il marchese Paolo, ancora « bellissimo come a trentacinque anni, quando Agnese lo aveva sposato ».

Senza transizioni brusche, come nel *Bastardo*,[65] un sospiro svolge i contenuti della memoria (l'inizio del racconto si situa dunque fra le due parti narrative, quella in cui riaffiorano nel ricordo di Agnese gli avvenimenti dei dieci anni, e l'ultima, che inizia subito dopo la sopravvenuta morte di Agnese, con lo sviluppo della vendetta di Angelica); Agnese sospira pensando a tutte le diciottenni che Paolo incontra sui campi da tennis, dove, in passato, era fiorito il sospetto d'idillio fra Angelica e Paolo, allora nobile senza fortuna:

« Se le diciottenni davano un particolare affanno a donna Agnese, non era senza segreta ragione. Diciott'anni aveva Angelica quando si fece monaca: la piú bella e la piú sana fra le ragazze della città; anche lei sportiva e, come le sportive, un po' crudele verso i coccetti come sua sorella ».[66]

Sembra per una ironia della sorte, dunque, che Agnese, diventata ricca ereditiera, possa sposare il marchese povero (e nelle pagine che rappresentano l'episodio riemerge il tono corale di *Felicina*; tutti hanno lo sguardo puntato sulla attempata zitella che, invece di fare la felicità della sorella, fa la propria, e nessuno critica: « Agnese Ingegneri fu approvata; quella sua capricciosa sorellina non era la moglie adatta per un tipo serio come il De Paoli »), ritrovando per l'occasione perfino una parvenza di bellezza e la convinzione di « avere lei diciott'anni pieni e trionfanti », mentre Angelica, appunto, decide improvvisamente di farsi monaca. Don Paolo, apparentemente, e anche perché in fondo non era mai stato innamorato di Angelica,[67] non accusa nessuna meraviglia; per Agnese, invece, è l'inizio di una felicità avvelenata. Il rimorso per la monacazione della sorella, tanto piú sentito nei momenti in cui si sente felicemente attratta e ripagata dal rapporto con il marito, si trasforma in un sentimento morboso, assai vicino allo stato patologico, che conosce il *summum* quando la quarta figlia, chiamata Angelica come la zia, muore. Anche Agnese morirà, dando alla luce il quinto figlio che « [...] non le sopravvisse che di pochi giorni » e dopo aver scritto un demenziale testamento di confessione ad Angelica, traducendo in parole auto-accusatorie tutto il suo complesso di colpa.

La Banti non è alla sua prima rappresentazione di personaggi al limite della patologia; la fragilità sospetta, fisiologica e psichica, della donna, oltre alla sua psicologia, non potevano essere un segreto per lei: già Ofelia (*Vocazioni indistinte*) era una malata e cosí Elisa Infantado, Marta, Lisetta e poi Denise, Marguerite Louise e, in un certo modo, anche Violante, come Annella De Gregorio (Katrina, la prima delle donne dell'*Allarme*, ha addirittura un periodo alla Enrico IV).[68]

Sappiamo anche il valore classificatorio che l'incrinatura patologica assume nell'ambito della narrativa moderna: la minima ombra della deformazione psichica non manca di riportarci in area naturalistica (Debenedetti e Barilli, fra gli altri, hanno ampiamente esemplificato le varie reincarnazioni dei moduli validi, da Flaubert ai Goncourt e, ovviamente, De Roberto, mediato da Bourget).

Fatalmente la sonda riemerge anche nel caso della Banti, ma il tema, tuttavia, non viene sfruttato essenzialmente dal lato della eccezionalità necessaria allo *status* del personaggio, bensí come una possibilità permanente di malattia (specie nella donna; la stessa tendenza al racconto di Paolina, ad esempio, è riavvicinabile ad una attività patologica o, per lo meno, schizoide).

Quello che vale, soprattutto, è tanto il momento del sondaggio psichico, il momento dei referti diagnostici, quanto la messa in evidenza delle cause, perché, è ovvio, la possibilità stessa della narrazione vi dipende interamente. Tutta la seconda parte del racconto, ad esempio, che riguarda la «follia» distruttiva di Angelica, fa da *pendant* esatto (deterministico quasi) alla prima: Angelica si fa sposare dall'atterrito Paolo (che scopre ora la delicatezza dei sentimenti di Agnese) e pretende da lui altrettanti figli che la sorella (e saranno cinque figlie, tutte odiate), mentre, sistematicamente, si libera dei figli di Agnese (Andrea muore di tubercolosi, curato poveramente dal fratello Marco, fattosi prete, e da una infermiera, Erminia, che lo sposa in punto di morte; Gianni morirà in una corsa automobilistica) e manda in rovina tutto il patrimonio che Paolo aveva ereditato dalla moglie. Il racconto della storia del suo matrimonio con la ex-suora il marchese De Paoli lo fa proprio ad uno stalliere, che è sul punto di licenziare: sono questi gli sfoghi notturni che hanno indotto Peritore al paragone con le scene verghiane di Mastro-don Gesualdo con Diodata.

13. Tutte le premesse dello schema naturalistico sembrano svilupparsi ordinatamente, dalla eccezionalità e dalla patologia dei caratteri dei due personaggi-chiave alla deterministica conclusione in cui tutti si disperdono. Eppure, quello che certamente doveva interessare in modo piú intimo l'autore risalta abbastanza chiaramente: non vi è nessuna tara ereditaria alla base della follia delle due sorelle, bensí una motivata reazione di ordine psicanalitico. Agnese, con il suo complesso di colpa, prima verso la sorella, che riteneva già un poco come sua figlia, poi con la figlia stessa, verso la quale non prova lo stesso affetto che nutre per i figli maschi, interpreta tale fatto come una volontaria proiezione dell'odio che sente per la sorella, causa del suo complesso di colpa; e la fragilità fisiologica non può evitarle la minaccia della follia. Angelica, dal canto suo, è altrettanto esposta: il matrimonio di Agnese, per lei, ragazza energicamente persuasa delle proprie prerogative, che la Banti sottolinea, è stato molto piú di un tradimento; la monacazione, del resto, non voleva essere che il primo atto di una punizione nei confronti di Agnese. Nell'ottica di Angelica è stato come se sua madre si fosse unita con l'uomo da lei amato (cosí spiava la sorella, quando Agnese stava decidendo di sposarsi: « Una febbretta nervosa, in quei giorni, l'aveva ringiovanita, i suoi miti occhi brillavano [...]. Non si rendeva conto di come Angelica la fissasse »)[69] e la sua vendetta si concreta proprio ai danni di tutti coloro che le hanno trafugato l'affetto della sorella; gli stessi figli di Agnese avevano compreso:

« "Chissà perché donna Angelica l'ha tanto odiata: non certo per amore del babbo. O l'ha troppo amata?"
Qui Marco fece un gesto come di noncuranza, ma che, in realtà, voleva tagliare quel discorso. Dunque anche Andrea sospettava quel che lui aveva creduto di cogliere nello sguardo della matrigna al ritratto di Agnese; il rancore di chi si è sentito derubato dell'affetto di una madre, di un padre che non può perdonare. Se quello era il segreto della perfidia di Angelica nessun calore umano avrebbe potuto vincerla e calmare la sua atroce e infantile sete di vendetta ».[70]

Per questo, da ultimo, si era circondata dai ritratti della sorella morta e aveva preparato per sé una cappella con un tetto a pagoda e con dentro due sole tombe affiancate, con sopra scritti i nomi di Agnese e Angelica Ingegneri

(« tutt'e due spose e madri esemplari. Di chi non è detto »).

Un'altra deroga al latente schema naturalistico si fonda sulla maniera stessa di condurre la narrazione, cosí discontinua (tutto il periodo del primo matrimonio è ricordato da Agnese, mentre quasi tutto il secondo è raccontato dal De Paoli allo stalliere) fino a sprofondarsi in una sorta di dimensione epica. L'inserto finale è il racconto del fratello di Erminia, quando tutti hanno già dimenticato e passano davanti alla cappella domandandosi a chi appartengano le due tombe e chi sia in realtà quella « marchesa » infermiera, di cui solo Otello conosce l'identità (« [...] sua sorella Erminia è marchesa sul serio, anzi l'unica marchesa De Paoli vivente [...]. Non chiacchierone, né vano, Otello s'infiamma a questa storia cupa e tenera che lo ha toccato da vicino e dimostra coi fatti certe sue teorie confuse sulla nequizia dei signori, quando ci si mettono »).[71]

La materia di questo racconto-limite serve a ricondurci nel solco delle considerazioni già formulate circa l'insopprimibile prevaricazione del racconto (troppo spesso, nel corso della narrazione, « qualcuno » prende la parola, non solo per assicurare la *rélève*, ma per entrare a far parte, come testimonio narrante, dell'oralità del racconto). Chi scrive è sempre sul punto di lasciare la penna per sostituirsi al « nessuno » che, a livello della struttura oggettiva, dovrebbe narrare.[72]

Fra le importanti sfaccettature che *La monaca di Sciangai* presenta, la piú caratteristica, la stessa forse di tutte le raccolte di racconti, è proprio questa indicazione smascherata del gusto di raccontare per raccontare; il campo che, nel *nouveau-roman*, ad esempio, è occupato dalla proliferazione testuale.

NOTE

[1] Si veda nella Nota bibliografica.
[2] Raccolti in *Opinioni*, cit., pp. 38-65.
[3] Cfr. *Romanzo e romanzo storico*: « Ma non sarebbe male che allo studio del problema neorealista, cosí bene impostato da molti e cosí importante per i nostri narratori, si accompagnasse ormai da parte nostra un intervento piú ampio e piú radicale che rimettesse in gioco i valori di tutta la narrativa, nazionale e straniera: un oggetto che vediamo come ininterrottamente preoccupi e appassioni la stampa qualificata di

ogni paese. E per cominciare da quel che tocca le nostre par-tecipazioni piú illustri [...], perché non darci la pena di un capitolo in cui si esaminino le possibilità attuali di un genere che, in questo momento, si direbbe, prende quota? Vogliamo dire il romanzo storico. Il quale non è morto » (pp. 38-39).

[4] *Ibidem*, p. 39.

[5] *Ibidem*, p. 40.

[6] *Ibidem*, pp. 41-42.

[7] P. BIGONGIARI, *Antinomie stilistiche di Anna Banti*, in « La Fiera letteraria », 3-2-1957, pp. 1-2.

[8] *Ibidem*, p. 2: « È il tempo che rompe quei "verts paradis", quelle premesse ideali con la sua azione corruttrice. E quando la memoria "trasferisce il fatto crudo dall'ordine dell'avvenuto a quello del supposto", che è il margine stesso che l'invenzione si concede nell'ordine irreperibile della cronaca, in definitiva altro non accade in quella supposizione, che una ricostruzione di una sorta di staticità, una riduzione dell'azione a contempla-zione, una vera e propria *intermittence* figurativa in cui, nel sorpassare la cronaca, si raggiunge piú che la storia nel suo piano ideologico, una storia come fermata, sottratta al suo tempo minore e senza che necessariamente lo debba riassom-mare ma solo, e di volta in volta, faticosamente interrompere (un passo piú in là della cronaca) ».

[9] *L'occhio della Mansfield*, in *Opinioni*, cit., p. 119.

[10] *Manzoni e noi*, in *Opinioni*, cit., p. 59 (qui la Banti, rico-noscendo al Manzoni una sorta di « memoria storica », scrive: « Ne conclusi che se c'è alta forma di memoria, questa è la storica, una forma quasi trascendente, che per minimi appelli e quasi segni rabdomantici di una trapassata realtà, la interpre-ta, la ricompone, la restituisce a una costante morale che, dal buon senso alle passioni estreme, abbraccia le azioni e i sen-timenti umani in ogni tempo. Della validità di questa persua-sione ebbi, prima e poi, infinite conferme specie per quel che riguarda i *Promessi*. Basterà citare, per esempio, gran parte dei capitoli 28 e 29, là dove si raccontano gli effetti e gli aspetti della carestia milanese »).

[11] C. Pavese, estratto dall'opera di N. BONIFAZI, *L'alibi del realismo*, cit., p. 177.

[12] *Umanità della Woolf*, in *Opinioni*, cit., pp. 69-70.

[13] *Manzoni e noi*, in *Opinioni*, cit., p. 63.

[14] *Ibidem*, p. 62.

[15] *Dedicato alle ragazze*, in « Il Mondo », 14, 20-10-1945, p. 9. Recentemente la Banti ha scritto: « Cosí si era "femministe", sui primi del novecento, corazzate dal proprio orgoglio e dalla propria autonoma intelligenza » (prefazione a *La vagabonda* di COLETTE, Oscar Mondadori, 1977, p. 8).

[16] Si confronti con i termini della risposta formulata dalla Banti ad una delle domande proposte da « La Fiera lettera-ria » del 3-2-57. Al quesito se raccoglierebbe i propri scritti di costume d'anteguerra, la scrittrice rispondeva: « No. Non con-sidero con benevolenza i miei vecchi articoli di costume, né quelli altrui. Sono giochi facili, superficiali e anche leggermen-

te disonesti. Credo che il genere "documento" sia una buona scusa per chi vuol cavar la castagna colla zampa del gatto e non assumere la responsabilità di un *moralista integrale*» (il corsivo è nostro).

[17] *Dedicato alle ragazze*, cit., p. 9.

[18] *Corte Savella*, lo abbiamo visto, è, d'altronde, propriamente un'opera teatrale.

[19] Le sole varianti, e la Banti in genere ne conta cosí poche, si trovano nelle pagine in cui Francesca ricorda la visita allo stabilimento di Cecilia (proprio sul finire della storia).

[20] *La casa piccola*, Milano, Mondadori, 1961, p. 67. Da *Itinerario di Paolina* e *Sette lune*, fino all'ultimo dei racconti finora pubblicati (*Insufficienza di prove*, contenuto nella raccolta *Da un paese vicino*, Milano, Mondadori, 1975, p. 83) il motivo della « luna » non cesserà di ispirare alla Banti pagine stupende. E si veda come, in un lavoro del '21 — *Pietro Testa incisore e pittore*, « L'Arte », *cit.* — la scrittrice, in pratica, parlando del « colore » delle pitture, compone uno di quei brani che potremmo facilmente ravvicinare ai suoi « pezzi » sulla luna: « Hanno, le pitture veneziane, una comune caratteristica: quella di esser cosparse di certe luci molli che scivolano in ondeggiamenti e in disposizioni di fuochi fatui sulle carni madreperlacee e sulle fioriture di materia piú dolce e piú soffice. Queste luci dividono in falde di ombra opaca e di chiarità lunare tutto il campo delle scene e son ritagliate da limiti cosí capricciosi e accidentali, da non poter essere neppure per un istante giustificate col pretesto di una ricerca luministica "après nature", alla caravaggesca » (p. 15).

[21] C. GARBOLI, *Una signora a scuola da Caravaggio*, in « L'Espresso », 12-4-1970; cfr.: « Quando la Banti scrisse *Artemisia*, sulle scene italiane la prosa d'arte teneva ancora validamente le parti di primattrice. Scrivere romanzi era considerato di cattivo gusto [...]. La Banti cercava uno spiraglio, un interlocutore, e confidava sdegni, sogni, astratti furori a una controfigura fraterna a una sorella d'arte [...]. Saltò fuori una storia di corrucciato abbandono, metà vera e metà inventata, una biografia e un'autobiografia. È improprio definire *Artemisia* un romanzo. Insieme a *Conversazione in Sicilia*, è la sola "opera aperta" di quegli anni in Italia ».

[22] *La casa piccola*, cit., p. 11.

[23] *Ibidem*, p. 12. A proposito della « citazione » linguistica, si confrontino le righe conclusive dell'intervento, sulla « Fiera letteraria » del 3-2-57, *cit.*, di PASOLINI: « Come Gadda la Banti esaurisce l'esperienza realistica "classica", confinando la realtà diretta in dialoghi che sono citazioni — dal "Santo diavolone" del Verga si passa al gaddiano "Vacca miseria" e infine all'asciuttissimo "Cecí fossi impazzita" della Banti — e facendo vibrare quella realtà nel testo narrativo in un sommovimento lirico di specie, appunto, espressionistica. Ma, come invece fa Gadda, la Banti oggi non macina e demolisce quasi una sacca storica fuori dalla storia, un fondo disperatamente e grandiosamente inconoscibile e nemico: anzi, nell'empito raziocinante

e nei nuovi motivi di questo *Bastardo* mostra di impegnarsi, con passione, alle passioni del mondo » (p. 5).

[24] *La casa piccola*, cit., p. 40.

[25] *Ibidem*, p. 44.

[26] Il racconto che dà il titolo alla raccolta (cfr. p. 596 e segg.).

[27] Cecilia, ricordiamo, era un'amica della Banti.

[28] *La casa piccola*, cit., p. 95.

[29] *Ibidem*, p. 67.

[30] A. SERONI, « L'Approdo Letterario », ottobre-dicembre 1953, p. 89 (« Prendete, ad esempio, le pagine del romanzo ov'è fissata la grande avventura amorosa di Cecilia. La ricorderete sempre, sul banco dell'aula universitaria, con dentro, fissa, l'ammonizione paterna ch'è minaccia, con la conseguente costrizione fatta alla sua bellezza che vuol rivelarsi d'ogni parte, con, ad un tratto, l'avvertito pungere d'uno sguardo [...]. E il sommovimento improvviso; e poi la sicurezza che quello sguardo le dà, in ogni ora della sua giornata [...]. Poi, altrettanto improvviso, lo scomparire di quegli occhi e di quello sguardo [...]. Siamo dinanzi ad uno dei piú belli studi d'amore che siano stati scritti »).

[31] G. DE ROBERTIS, *Altro Novecento*, cit., p. 290.

[32] *La casa piccola*, cit., p. 208.

[33] *Ibidem* (in *Sette lune*, Maria Alessi chiamava Fernanda « il fiore e il decoro di quel tale anno », cfr. p. 282).

[34] *La casa piccola*, cit., p. 214.

[35] M. PIERACCI, *L'allarme sul lago*, in « La Fiera letteraria », 3-2-57, *cit.*, p. 2.

[36] *Allarme sul lago*, Milano, Mondadori, 1954, pp. 11-13.

[37] Cfr. il discorso di Giuseppe alla moglie: « Ottorina, io sono un uomo onesto e sposandoti ho creduto di scegliere una moglie cristiana, educata da un sant'uomo. Finora hai fatto bella vita, nessun pensiero, un marito che sgobba per la famiglia. Non mi lagno di te, ma è venuto il momento di dimostrare che non son stato ingannato e che non sei una bambina ma la donna del Vangelo, prudente, indulgente, nemica degli scandali, pronta a pagare il beneficio di esser stata per tanti anni mantenuta senza fatica e protetta da un nome rispettabile [...]. Niente di grave infine. Un incidente, una seccatura che si rimedia con un po' di tatto [...]. C'è, insomma, una figlioletta che ho messo nei pasticci, ne va di mezzo del mio onore e non posso transigere. Ho riparato dicendo a tutti che sei incinta, nessuno avrà dubbi e useremo qualche piccolo accorgimento a fin di bene » (pp. 125-26). L'ironia che gonfia le parole dell'uomo è fin troppo percepibile perché si possa mettere in dubbio la posizione ravvicinata del punto di vista del narratore (e si veda anche a p. 66 il tenore delle profusioni di lodi che Ottavio elargisce a Katrina, prendendola per confidente della propria avventura amorosa: « E che ero una amazzone, e che ero una santa. "Katrina, sei la Madonna" arrivò a dirmi e dovette sembrargli un bel dire perché non si stancava di ripeterlo »).

121

[38] *Allarme sul lago*, cit., p. 32.

[39] *Ibidem*, p. 112.

[40] *Ibidem*, pp. 139, 94, 113.

[41] *Ibidem*, p. 111.

[42] *Artemisia*, p. 59. Questa è ancora una frase-*leitmotiv* che riemerge regolarmente a volte anche carica d'ironia (cfr. nel racconto *Le donne muoiono*, a p. 69: « A tutto si fa l'abitudine, e gli uomini trovarono compenso alle crudezze e ai rancorosi sbalzi di vita domestica [...] riaffidandosi ai piú vieti pregiudizi sul poco cervello delle donne [...]. Parliamoci chiaro, era meschino e puerile, alla fine, questo ostinarsi a pretendere ciò che la natura negava, e sempre s'è saputo che un uomo non è fatto come una donna »).

[43] *Allarme sul lago*, p. 220.

[44] *Ibidem*, p. 221 (cfr. *Le donne muoiono*, p. 82: « Essa si rivolgeva a tutti gli uomini e li chiamava fratelli »).

[45] La Banti ama ricordare che Libero (delle *Mosche d'oro*) è il suo primo vero personaggio maschile, definendolo tuttavia « un po' donna anche lui » (si confronti con il pensiero di Katrina: « Ero stata, da ragazza, nemicissima degli uomini troppo chiusi nei privilegi della propria virilità, tanto al mio paese come dopo, in Italia. Ottavio mi era parso dei pochi sensibili ai passaggi d'umore che agitano le donne, anche le piú posate: un po' donna lui stesso. Per questo mi era piaciuto », p. 47).

[46] « Voi dite che il personaggio è morto, e io vi dico che non è vero »: questa affermazione (estratta dal racconto bantiano, già citato, *A conti fatti*), ribadisce, in sostanza, il ruolo prioritario che la Banti attribuisce alla funzione « rappresentativa » del racconto (quella del personaggio, appunto; basta pensare come, nei *nouveaux-romans*, dove è l'autorappresentazione ad avere la preminenza, non esistano « personaggi », bensí le « personnes ») e si capisce anche che, per il reperimento dei suoi *lieux-dits*, non si possa fare a meno, alla stregua degli stilemi semici, di far « giocare » la somiglianza dei personaggi fra loro; e quest'« indice » di somiglianza, essendo di natura non « reale », serve, ovviamente, la strategia del « passo indietro » di fronte alla realtà.

[47] Il « romanzo breve » *La monaca di Sciangai* è stato ripubblicato successivamente, sempre presso Mondadori, nel '63; gli altri racconti, invece, passeranno, eccetto alcuni (cinque per l'esattezza, e cioè: *Incanti di Circe, Un ragazzo nervoso, Morte della carità, Disturbi telefonici, Una ragazza parla*) nella raccolta *Campi Elisi*.

[48] A. BALDUINO, *Corrado Alvaro*, Milano, Mursia, 1972², p. 95.

[49] Abbiamo avuto, qualche volta, l'occasione di vedere scrivere la Banti ed effettivamente la sua scrittura è molto fluida, di getto; non solo, ma le sue opere vengono anche pubblicate « finite » (il che fornisce un curioso contrasto nei confronti del modulo dei *remackes* del romanzo novecentesco — Quarantotti-Gambini, Alvaro, Bilenchi, ad es. —) prive dell'ausilio di *carnets* o di storie segrete dei lavori. Tutto l'aiuto proviene

dunque dal già pubblicato, dall'andirivieni possibile fra critica artistica, letteraria, cinematografica e narrativa.

[50] Forse in maniera piú accentuata che in altri autori, nella Banti persino il ritmo dei romanzi « voluminosi » è ricalcato sull'andamento del « racconto lungo ». In definitiva, la scrittrice è restata fedele all'ipotesi delle « narrazioni brevi, dove tutti gli elementi del "romanzo" siano succintamente offerti, in una panoramica, per cosí dire, sulla cresta dell'onda » (estratto dalla nota « al lettore » della Monaca di Sciangai ed altri racconti, p. 5).

[51] Anche per uno stesso tema, come avviene in Affetti difficili, Un cuore avvelenato, La casa, tre racconti incentrati su un'identica base tematica di « eventi » determinati da motivazioni psichiche (valida per molta narrativa bantiana e novecentesca, del resto, cosí piena di questa specie di « normalità altra »).

[52] G. BÀRBERI SQUAROTTI, Poesia e narrativa del secondo Novecento, cit., p. 219.

[53] Quella del Ragazzo nervoso è una delle storie piú continuamente intrise del tono divertito che la Banti assume quando riserva delle « sorprese » ai suoi personaggi.

[54] Un ragazzo nervoso, nella Monaca di Sciangai e altri racconti, cit., p. 111.

[55] RENATO BARILLI, La barriera del naturalismo, Milano, Mursia, 1970².

[56] Sole d'argento, in « L'Approdo letterario », cit., p. 26. (A conti fatti, in Da un paese vicino, cit., p. 185).

[57] G. BÀRBERI SQUAROTTI, Poesia e narrativa del secondo Novecento, cit., p. 223.

[58] Cfr. Lavinia fuggita e Arabella e affini.

[59] G. BÀRBERI SQUAROTTI, Poesia e narrativa del secondo Novecento, cit., pp. 223-24.

[60] In La monaca di Sciangai e altri racconti, cit., p. 215.

[61] In pratica, appena cessa la « fissazione della casa », finisce contemporaneamente la possibilità del personaggio di sopravvivere al racconto (cfr. l'allontanamento brusco della fine: « Era ridotta pelle e ossa, aggiungeva la lavandaia: chissà dove è andata a abitare? A ottobre la casa fu messa in vendita. Il compratore trattò l'acquisto con un legale americano che agiva per conto di Mr. Osvaldo Mazzanti, Cincinnati, USA », p. 215).

[62] In La monaca di Sciangai e altri racconti, cit., p. 192.

[63] E il gioco del double non ha soltanto una funzione antitetica e fantasmatica ma offre anche (e soprattutto) l'occasione per altri racconti possibili: in sostanza, ogni personaggio deve, e può, determinarsi come incrocio di racconti.

[64] Che è stato, ricordiamo, ripubblicato nel 1963.

[65] Si confronti con l'inizio del racconto della vita di Donna Elisa a p. 14: « Da dieci anni sospira Donna Elisa, che da undici è maritata. A via Chiaia, un profumiere e un fiorista ricordarono a lungo la signorina Infantado » (da La casa piccola, cit.).

123

[66] *La monaca di Sciangai* (1957), cit., p. 218.

[67] Solo ad un certo punto del racconto, quando Paolo, ormai vedovo, si reca a Genova per accogliere proprio Angelica « smonacata », vi è un certo smarrimento, una specie di sortilegio (non infrequente nella Banti): « Paolo allibí: c'era Angelica fra loro? Era cosí vecchia? O era cosí grassa? Fece un passo indietro e balbettò: "Voglia scusare, reverenda madre [...]". Qui si fermò perché ai suoi occhi si drizzava la figura di una quarta monaca, lontana un dieci passi dalle compagne e che adesso stava raggiungendo il gruppo. Era alta e sottile e teneva il viso eretto sul collo invisibile: un viso esangue e bellissimo, niente affatto timoroso, anzi impavido e appunto per questo inavvicinabile, sconcertante. Le reazioni di Paolo erano sempre state lente e lentissime divennero in quel momento [...] da bambino le monache gli facevano una strana paura. E una strana paura gli faceva adesso quel viso incantevole fra le bende » (p. 246); si confronti con il racconto di quell'incontro che Paolo farà ad Antonio: « Tu lo sai cosa voglia dire prendere una sbornia? Io non lo sapevo, ma la presi senza bere vedendo una monaca che sbarcava da un bastimento [...]. Non avevo mai visto una donna cosí: che dico una donna? Una creatura che a guardarla mi sentivo struggere. Mi pareva fatta per qualcosa che non era l'amore, ma che mi era indispensabile » (p. 259).

[68] Cfr. nell'*Allarme sul lago*, cit., da p. 80 a p. 93, il racconto del « risveglio » occultato di Katrina.

[69] *La monaca di Sciangai*, cit., pp. 221-22 (sempre dell'ed. 1957).

[70] *Ibidem*, p. 277.

[71] *Ibidem*, p. 285.

[72] « [...] l'objectivité du récit se définit par l'absence de toute référence au narrateur: "A vrai dire, il n'y a même plus de narrateur. Les événements sont posés comme ils se sont produits à mesure qu'ils apparaissent à l'horizon de l'histoire. Personne ne parle ici; les événements semblent se raconter eux-mêmes » (G. GENETTE da *Figures II*, cit., p. 63; Genette cita BENVENISTE, *Problèmes de linguistique générale*, Gallimard, 1966, p. 262; trad. it. *cit.*).

124

VI.

GLI ANNI SESSANTA

> « Ed ecco che nelle opere degli scrittori neorealisti ritroviamo una negazione fattiva e attiva della vita in nome di una vita migliore ».
>
> E.I. ZAMJATIN

1. Il decennio appena concluso è di quelli che contano particolarmente, nella storia bantiana, non solo dal punto di vista delle opere prodotte (oltre ai romanzi e ai racconti, in questi anni la Banti pubblicava quasi tutte le monografie d'arte, *Lorenzo Lotto*, *Velásquez*, *Monet* e le traduzioni di Virginia Woolf, Thackeray, Francis Carco),[1] ma anche per il definitivo coagulo dei temi piú incisivi della sua « visione del mondo ». *Corte Savella*, da noi letta contemporaneamente ad *Artemisia*, è stata scritta, non dimentichiamolo, nel '60, proprio in apertura del decennio delle « grandi opere » bantiane; escono, infatti, in questo periodo, i romanzi *Le mosche d'oro* (1962) e *Noi credevamo* (1967), la raccolta di racconti *Campi Elisi* (1963), la mirabile biografia di Matilde Serao (1965) e il volume degli interventi critici dispersi *Opinioni* (1961), « sfogo » di « ribollire di pensieri e di dubbi che ogni scrittore cosciente è avvezzo a sopportare ogni giorno ».[2]

Opinioni, un libro non molto ricordato (forse anche perché è l'unica opera della Banti di questo genere), è una raccolta di contributi critici (e quindi di poetica) che raggruppa *Europa 1606*,[3] i saggi su Manzoni, Goldoni, Woolf e Mansfield, insieme alle schede sui « nuovi », Fenoglio, Testori, Calvino, Pasolini e altri; la maggior parte degli interventi proviene dagli scritti su « Paragone ».

L'opera, oltre che per la natura degli scritti e le insostituibili dichiarazioni teoriche, di cui abbiamo fatto ampio uso e che la Banti inevitabilmente (forse come ogni scrittore) torna a formulare, interessa per l'angolazione, tutto sommato in questione ancora oggi, che viene data alla critica e alla letteratura: la Banti, e non a caso riaffiora la parola d'ordine dell'*engagement*,[4] dichiara qui la sua adesione alla « buona letteratura », da cui implicitamente viene esclusa sia la prospettiva dell'avanguardia che l'esplicazione di una critica non militante e senza « giudizio ». In sostanza, legata alla scelta di una definizione classica della letteratura e della critica, c'è l'opinione personale del rifiuto ad ogni tendenza sperimentalistica: sia il *nouveau-roman* che la nuova critica non la convincono troppo, anche se l'eclettismo della rivista « Paragone » attenua molto il tenore drastico delle dichiarazioni bantiane. La tinta fortemente ideologica — non intendiamo solo quella politica —, che traspare dietro tale angolatura, affonda le radici nel sostrato culturale stesso della Banti e ha sfumature curiosissime, dove si scindono a mala pena i colori di un pessimismo *pourfendant*, di natura psico-filosofica, da quelli di un ottimismo latente e tenace verso l'uomo, moralistico e illuminista, che la induce, ad esempio, a credere nell'azione della buona letteratura. Insomma, la Banti preferisce situarsi, forse illusoriamente, non fra coloro che ritengono la pratica della letteratura un *jeu insensé*, bensí fra tutti quelli per cui il *sens est encore en jeu*.[5]

Questo itinerario del « senso » (l'intento moralistico nell'arte, dichiarato o no, è inevitabile e, paradossalmente, altrettanto inutile) potremmo individuarlo nettamente in queste opere degli anni Sessanta: *Le mosche d'oro*, *Noi credevamo* e, in un campo tangente, *Matilde Serao*.[6]

2. *Le mosche d'oro* è il romanzo che abbiamo considerato, per certi suoi risvolti polemici, come l'ultimo *volet* del periodo del « realismo femminile » e, proprio alla luce dei contenuti di quest'opera, risulterà evidente la varia coloritura dei filtri della vocazione femminile della Banti.

È facile osservare che, rispetto alle opere trascorse, questo libro appare come il piú inconsueto, sia per il numero delle pagine (556, cioè piú del successivo *Noi credevamo*) sia per la materia narrativa, cosí singolarmente ritagliata che persino la sostanza delle riproposte tematiche viene mascherata. Comunque sia, questa opera-fiume deve essere stata per anni nella mente della Banti; la scrittrice medesima ebbe a confessare la volontà della « lezione morale », rivelandoci il titolo-ispirazione, *Les années Cinquante*, che l'aveva accompagnata nel corso della stesura (la variazione in *Le mosche d'oro* ritrae in maniera forse meno incisiva l'intento moralistico di questo *roman de moeurs*).

Il libro si apre con una *exergue* sartriana (« Non si ritrova la libertà perduta a meno di inventarla »), una frase che serve a condannare in partenza l'inutile tentativo dei due protagonisti di inseguire parvenze di libertà portando a vessillo paraventi esistenzialisti; è questa la prima lezione del romanzo: le altre, fittamente disperse nella sostanza del racconto, appariranno, episodio per episodio, dall'esempio, dall'azione dei personaggi, nascendo, come è giusto (così si evita il trabocchetto della tesi) dai loro atti.

La trama del romanzo si costruisce sull'intrecciarsi molto denso degli avvenimenti, e l'impalcatura di essi è chiaramente sostenuta da due assi paralleli, corrispondenti alle apparizioni sceniche dei protagonisti principali nei capitoli stessi, suddivisi alternativamente: tutti quelli dispari appartengono a Libero, quelli pari a Denise.[7] La Banti utilizza questa volta una vera e propria tecnica dei *découpages* ed esattamente Baldacci ha parlato di montaggio incrociato, ponendo la giusta differenza « che, dove nel linguaggio filmico una tecnica del genere tende ad effetti espressamente drammatici, fino a portare le azioni parallele alla confluenza e allo scontro, nel romanzo della Banti si tratta piuttosto di una contrapposizione di piani sociali, destinati a restare incomunicabili e bloccati dalla meccanica delle loro leggi. L'impianto potrebbe apparire ottocentesco (Balzac e Bourget), solo che i romanzi ottocenteschi erano a tesi e sposavano una causa riprovando a tastoni, o appena col cuore, che fosse giusta, mentre i romanzi settecenteschi procedono per dimostrazioni, prove, verifiche tra pro e contro, fino al trionfo della ragione ».[8]

3. Ma veniamo ad esemplificare, sommariamente, i moventi narrativi. Si tratta della storia di una rottura sentimentale che è già in atto all'inizio del racconto e che è avvenuta per iniziativa della donna (il romanzo è pieno di iniziative femminili a sproposito, e di reazioni maschili altrettanto fuori posto, per cui i ruoli fra uomo e donna risultano singolarmente invertiti). Libero e Denise, i due

127

protagonisti in vesti da *montmartriens* — lui è italiano, intellettuale, di origine contadina; francese, lei, di un ceto piú che borghese — sono alla fine di una relazione. Denise, un altro caso freudiano e piú, decide di lasciare Libero e il figlio lattante per tornarsene nella sua ricca casa parigina, mentre Libero rientra in Italia con il figlio Dantino.

Nel primo capitolo viene descritto, appunto, il viaggio di ritorno di Libero, « sedotto e abbandonato », fino al rientro nella sua famiglia, in Toscana (Peritore rileva giustamente, nella descrizione della campagna nativa, rapide ombreggiature fra Cinelli e Pratesi; è un indizio che il tono vuole rimanere « basso » e che gli interessi di chi scrive sono ancora mantenuti a distanza).

Si percepisce subito l'importanza della tecnica dei *découpages*, di cui abbiamo parlato prima, che ha per risultato di instaurare due piani narrativi nel racconto. Il primo piano, reale, permette di seguire le vicende di Libero e Denise, tagliate fra loro da dissolvenze in chiusura e senza idea di transitività (non deve sorprendere l'accostamento con usi propriamente filmici nella Banti, che, per « mestiere », non può non avere l'occhio filmico; il rapporto, tuttavia, pensiamo non debba estendersi oltre; all'interno delle sequenze, ad esempio, il linguaggio è totalmente narrativo).[9] È possibile, quindi, vedere sfilare sotto i nostri occhi tutti i volti dei *partners* degli interpreti principali, raggruppati nei due campi; quelli di Denise hanno piú o meno un'etichetta comune, quella della mania sessuale (tutto il clan dei Babicek e Michel, l'omosessuale, per primo; poi il dottor Fochette, col quale Denise avrà una relazione, e il gruppo degli americani in Svizzera). Anche Libero incontra donne, dopo Denise; tutti animaletti docili, che lo servono, come Suzy, la figlia dei padroni della villa, o che si servono di lui, come Mabel. L'episodio con Mabel, sorella di Suzy, è fra tutti il piú carico dell'accentazione corrosiva posta sulla falsa libertà sessuale: mentre Libero, praticamente invitato dalla donna, ha con lei, in macchina, due amplessi perfetti « attraverso il solo accordo dei sensi »,[10] nella villa, Mirella, la dolce cognata di cui Libero si era « poeticamente » innamorato, viene portata all'ospedale per morirvi.[11]

Il secondo piano, meno concreto, si basa sul ricordo

della relazione fra Libero e Denise, già scontata al momento del romanzo, ma presente nella filigrana di ogni vicenda (mediante l'uso del *flash-back* e della sovrapposizione, molto efficace, delle immagini, per cui dietro all'episodio presente traspare molto spesso l'omologo della situazione trascorsa); è questo il livello narrativo essenziale, che rende possibile l'incontro finale di Libero e Denise a Venezia. Senza di esso, l'epilogo del romanzo sarebbe stato quasi immotivato, essendo il nucleo centrale del romanzo, infatti, un evento propriamente mancante della trama narrativa, che si genera appunto come conseguenza di esso.

S'intende che l'artificio della soppressione dell'avvenimento principale non è una eccezione nella narrativa bantiana: *Le mosche d'oro*, pur nella sostanziale eccentricità rispetto ai modi degli intrecci usuali, presenta delle costanti facilmente individuabili proprio nell'impianto strutturale, come, ad esempio, la repentina deviazione iniziale, tendente a spostare la linea narrativa dal piano della certezza (dell'avvio *in media res*) sul tracciato dei racconti possibili: nei due primi capitoli, infatti, nel momento in cui nell'economia del racconto cominciano ad innestarsi gli elementi narrativi piú stabili, prima Libero e poi Denise, a turno, aprono parentesi provvisorie per nuove occasioni romanzesche. Questo succede per Libero quando, sul treno, incontra la bambinaia meridionale che si offre spontaneamente di badare al bambino (ed egli tutto il tragitto non fa che armarsi contro la gentilezza della « terrona », proprio per evitarle ogni illusione) e, in maniera piú incidente, per Denise, nel momento in cui decide di tornare a cercare Libero nella pensione (e non ce lo ritrova; ovviamente, se Libero non avesse deciso di partire subito, sarebbe venuto fuori tutt'altro romanzo). Per Denise, Libero era un « diversivo » troppo importante, perché, ritrovatolo, se ne potesse liberare di nuovo; lo confermano le parole che la ragazza mormora fra sé, riflettendo sulla propria inutile libertà:

« Una vita impossibile stava facendo, bisognava prendere una decisione, informarsi, prepararsi un piano, partire [...]. Bella prospettiva! Non che si pentisse di aver piantato Libero e il bambino, quando un'esperienza è finita non c'è che da tagliare la corda: ma almeno c'era il diversivo delle litigate, delle baruffe sul letto che finivano sempre allo stesso modo. Senza contare il bambino e i problemi che lo riguardavano. Era stato facilissimo staccarsene, lei non lo aveva voluto, anzi aveva insistito per liberarsene, sapeva già di non avere la corda materna, se lo godesse dunque il Marcocci, il suo rampollo. Comunque accudirlo era un'occupazione, se non altro perché dava sapore e forza al suo desiderio di fuga. Proprio quello che da quindici giorni, e ora piú che mai, le mancava ».[12]

Al solito, l'artificio non comporta pericoli di squilibrio sostanziale nell'intreccio, ma serve ad incanalare in maniera indiretta la linea psicologica della definizione dei caratteri nell'azione romanzesca: il trucco riesce per Libero, e riesce ancora meglio per Denise, che sin dal primo capitolo è completamente definita: dal suo bisogno di libertà fine a se stessa, derivatole proprio dalla mancanza di ostacoli ad essa, da tutta una educazione sbagliata di *enfant gâtée*, da una madre fin troppo accondiscendente (per una volta la Banti si è addentrata fino in fondo nella impostazione compiuta di un rapporto, seppure limite, fra madre e figlia. La matrice di esso risale ad *Artemisia*, se non addirittura all'*Allarme sul lago* o a *Sette lune*).[13]

4. Quello di Simone Ravier e Denise, proprio per il valore emblematico che vi si trova siglato, è, oltre che lo smascheramento dell'impietoso rapporto fra madre e figlia, l'inevitabile e altrettanto tagliente rapporto fra donne; cosí molte delle scene che Denise escogita spesso, per impietosire la madre e indurla a rimanerle a fianco, cadono sotto l'occhio di Simone che, come donna, si riconosce nell'esercizio dei propri mezzi:

« Là dove un uomo, un estraneo, si sarebbe commosso e allarmato, lei [Simone] ravvisava una perentoria necessità di tener duro, di non cedere. La sua esperienza di donna la rendeva crudele. Riconosceva quel tremore, quei leggeri insulti convulsivi, anche lei se n'era servita e tuttora se ne serviva, all'occorrenza, per ottenere quel che voleva; ma non di fronte a un'altra donna, oh no; sicché, proprio constatando che sua figlia le somigliava [...] la giudicava pusillanime e sciocca. Come non capiva che quei mezzucci, buoni, tutt'al piú con un amante molto innamorato, non attaccavano con una donna, sia pure una madre, intelligente? ».[14]

È impossibile non riconoscere in queste parole la ma-

130

trice del piú ampio rapporto, tra la Banti e le proprie eroine (e se stessa), sotteso paradigmaticamente, dietro ad ogni situazione narrativa; « da donna a donna l'ho trattata » è la confessione, tuttora valida, di chi, allora, si era impegnata a far risorgere Artemisia (e tutte le altre); con Denise, il trattamento, però, avviene su un piano costantemente ironico, poiché Denise sbaglia sempre tutto, piú malignamente di tutte le altre; lo scherzo, che l'intreccio narrativo le prepara, non è dei soliti, ma è una misura esemplare del discredito che il personaggio di Denise è riuscito a guadagnarsi.[15] E pensiamo ai preliminari della scena del ballo dei « travestiti », che Denise disegna fantasticamente, mediante sogni di confessioni totali con Michel, che crede, appunto, definitivamente conquistato:

« "Gli dirò tutto di me" si proponeva, "i ragazzi del weekend, Libero, il bambino, forse anche lui avrà qualche cattivo ricordo, ci perdoneremo a vicenda". La giovane donna che la guardava dallo specchio evocava immagini di vita dignitosa, senza finzione, responsabile, dove un bambino può essere desiderato, amato; un bambino di Michel, biondo con gli occhi celesti... Il ricordo del povero biondino che aveva partorito, la rattristò senza commuoverla »;[16]

e solo alla resa dei conti, quando, negli occhi pieni di sogni e di sentimenti alla Alain-Fournier, passa il sospetto (la realtà dei fatti) che l'unica donna della riunione sia soltanto lei, Denise si accorge della « vera » natura di Michel e della infondatezza di tutti i suoi progetti. L'episodio non è che la prova generale della graduale discesa nel « brago » dell'unica « mosca », veramente d'« oro », quale è Denise.[17]

Dal canto suo, l'*apprentissage* narrativo di Libero non è dei piú indolori: rammentiamo la straordinaria prova dell'arrivo nella fattoria dei suoi, in un giorno di trebbiatura, dove si può constatare come non il quadretto rurale e bozzettistico interessi la Banti, bensí l'attrito ironico che, dalla giunzione tra l'evento normale della vita quotidiana dei contadini Marcocci e l'evento inatteso dell'arrivo del figlio emigrante, si sprigiona tanto piú incisivamente quanto, appunto, l'eroe stesso lavora a sminuire l'importanza dell'avvenimento, affinché nessuno si faccia illusioni su una presunta fortuna all'estero (per questo rientra a piedi e senza bagagli, depositati insieme a Dantino dagli amici Badilanti).

La scena tra Libero e sua madre, nell'affarío della mattina, sfiora il grottesco; tutt'e due, madre e figlio, hanno il medesimo segreto, da cui si vogliono immediatamente scaricare: Margherita pensa subito « a spiattellarglielo il guaio della Sandra, cosí lui Libero si sarebbe reso conto della situazione, e se era ben intenzionato ad aiutarli... »; Libero, com'è ovvio, non può scandalizzarsi di una situazione che, se pure anormale, non è delle piú stravaganti come la sua, e subito, con la stessa intenzione di sua madre di mettere le mani avanti (« Cosí non si faranno piú illusioni »), confessa: « "Volevo dirvelo ieri ma con tutta quella gente non era possibile. Insomma: mi trovo anch'io nei pasticci tal quale la Sandra, per questo sono tornato. Mi dispiace" ».[18]

Il seguito del quadro costituisce un esempio dei piú rivelatori per l'individuazione di quei luoghi dichiaratamente produttori dell'interesse romanzesco e generalmente mimetizzati dallo sviluppo della narrazione: nell'atto in cui Margherita corre al podere per scaricare, a sua volta, sul marito il peso della novità (« Ha un figliolo »), si mettono allo scoperto tutte le gamme analitiche della *mise en mots* dell'intreccio. Le reazioni dei tre (Margherita, Giovanni, Mirella), al podere, servono infatti, da una parte, a far rilevare definitivamente, se bisogno ce n'era, la stravaganza della situazione di Libero (e la sua carica stilizzatrice)[19] e, dall'altra, a inserire l'elemento di nuovo interesse (Mirella e la sua passione per i bambini) che potrebbe far deviare la narrazione in senso affatto diverso, anche se, in ogni caso, piú favorevole a Libero che, effettivamente, sente di potersi innamorare della cognata, ma non fa nulla a proprio vantaggio; anzi, egli sembra seguire una traiettoria indirizzata verso la progressiva smontatura di ogni possibile illusione, da quelle spicciole, esistenziali, a quelle ideologiche.

La liquidazione di queste ultime, soprattutto, dà una misura dell'ampliamento della problematica verificatasi nelle *Mosche d'oro* (l'affresco degli anni Cinquanta); Libero non è piú l'intellettuale che può fare affidamento sui modelli sociali « d'oltre cortina » e l'episodio della visita alla Casa del popolo, con i coniugi Badilanti — gli expartigiani comunisti —, traccia intera la definizione della chiaroveggenza di Libero, che si trova per la prima volta davanti alle prove delle aspirazioni piccolo-borghesi della classe operaia ed al suo distacco definitivo da quella contadina.

Tutto il dialogo con Mario, suo fratello, segna il culmine di uno degli aspetti piú importanti di questo continuo *aveu* praticato a proprie spese, e senza profitto:

« La sua voce era ritornata fredda e calma, una voce dove l'ironia quasi non si avvertiva. "Tu, almeno, il tuo mestiere lo hai imparato bene e anche il babbo sa il suo. Mettiti bene in mente che io sono un dilettante, la laurea la presi in tempo di guerra, di straforo, che passavano tutti: ho dimenticato ogni cosa. Se sono tornato in Italia è per rimettermi a posto, il posto da cui sono partito. Il mio disgraziato figliolo, se campa, di scalini non ne salirà, te lo garantisco, e non sarà come me un fallito".

Si vendicava, insomma. Dei Badilanti, comunisti fanatici; di suo padre, chiuso al progresso, testardo, incredulo. Ma soprattutto di Mario, piccolo borghese in erba, che svelava cosí cinicamente i suoi calcoli di meschino arrampicatore sociale. Gli tornavano in mente, lucidissime, le sentenze degli intransigenti marxisti, quelle teorie di riscatto del popolo attraverso il proletariato ad alto livello. Figuriamoci! Suo fratello, dal suo banco di tipografo, se ne infischiava dei braccianti, anzi li disprezzava [...]. "Cosa ne so, in fondo, del sentimento degli operai specializzati, dei consigli di fabbrica, tutte le storie che raccontano i fogli di sinistra? Eccoli, gli operai: un Badilanti cieco proselite che beve grosso e vede la luna nel pozzo; e Mario Marcocci con il suo sogno di un signor figliolo avvocato. Bella coscienza di classe. E dove trovare la verità?" ».[20]

Sono tali dichiarazioni e riflessioni che possono ricondurre Libero nell'area della « inettitudine » novecentesca, per lo stesso processo di divario dalla visione del mondo degli altri, per la medesima impossibilità di superare la barriera della inazione; come per Alfonso Nitti, la parabola seguita da Libero non comporta appigli volontari per sé; tutte le occasioni vengono ricevute casualmente, con un interesse appena diverso. La sfasatura rispetto al modello dell'« inetto » riaffiora chiaramente, però, nella scena finale tra Libero e Denise, nel momento in cui la donna, dopo il loro ultimo incontro a Venezia, togliendogli ogni illusione:

(« [...] "io non ti ho mai amato, eppure tu solo hai risvegliato i miei sensi" [...]. "Stai attento" [...] "ti prenderei come una medicina e finirei per odiarti, ti pianterei un'altra volta. Sono onesta, vedi, io amavo Michel, lui non amava le donne. T'invidio, per te qualunque donna va bene e magari mi hai davvero guarito, proverò con altri, io pago" [...]. "Io pago sempre, e ho pagato anche te, volevi un figlio no? E io te l'ho regalato »),[21]

gli fornisce l'esatta dimensione del proprio sentimento per lei:

« Adesso era sicuro di aver amato, di amare Denise: e che questo amore era l'unica cosa importante della sua vita di povero diavolo innamorato senza speranza delle cose che non potrà mai avere, non saprà mai usare, se mai gli toccassero, per l'oscura maledizione di una fame ambiziosa ».[22]

A differenza del « vero » modello dell'uomo « senza qualità » (valido da Svevo a Tozzi, da Borgese a Sartre, a Camus, a Moravia), l'inettitudine di Libero ha una origine spiegabile, ben dichiarata, nell'abbandono di Denise, anche se l'evidenza non si manifesta che nelle ultime frasi di Libero (fino ad allora la natura del sentimento di Libero per Denise non era stata mai chiarita; anzi, specie negli episodi con Mirella o con Suzy si poteva credere a un totale oblio dell'avventura). Libero, dunque, è più vicino ai moduli di personaggi che hanno perso ogni possibilità di una presa sul reale, perché profondamente « offesi » dalla esperienza della realtà, che a quelli cui la realtà sfugge, come per una malattia trascendentale inspiegabilmente contratta (il modello kafkiano, dosato con una certa *clairvoyance*, quasi di marca stendhaliana; l'immutabile presenza a sé dei personaggi bantiani).

Sempre rispetto alla dose di *clairvoyance*, anche Denise, sebbene impegnata a scadere nel futile e amorale gioco dell'esistenza per l'esistenza (*vivre pour vivre*), non ne è del tutto priva: « È tutto un pasticcio », dice a Libero, « far l'amore, non farlo, il corpo, l'anima [...] due cose distinte, una nemica dell'altra: è terribile ma non c'è rimedio ».

Queste frasi sarebbero valide per siglare la lezione morale secondo cui la scelta della libertà non responsabile non può avere come contropartita che la confusione, il declino delle possibilità volontarie, se non fosse che i dubbi di Denise hanno radici persino nei personaggi più chiaroveggenti o che piú tendono alla spiegazione, come le tre donne dell'*Allarme* o, ancora prima, Paolina.

5. Sotto questo aspetto, *Le mosche d'oro*, malgrado il voluto ampliamento verso l'indagine sui fatti sociali e di costume, è un'opera dall'atmosfera a tratti soffocante, proprio per il carattere irrimediabilmente compiuto che ogni atto assume sul nascere (la « libertà perduta » ormai irrecuperabile); un piú attento vaglio di tale impianto ideologico non mancherebbe di far risaltare la contraddizione flagrante fra il dichiarato intento « morale », che in teoria si fonda su un certo margine di « libertà », su una possibile scalfittura della « divina indifferenza », e il sospetto, continuamente riaffiorante nel romanzo, della « inutilità » di ogni gesto che storni volontariamente la traiettoria dei fenomeni.

Non a caso Libero, che nella sua pratica autolesiva è l'*aboutissement* di tutti i personaggi bantiani piú portanti, prefigura la sconfessione piú estrema di Domenico Lopresti in *Noi credevamo*, mentre Denise, che in ultima ipotesi è la copia al negativo di Libero (e di Mirella), riapparirà nell'ultimo libro della scrittrice, *La camicia bruciata*, nelle vesti di Marguerite Louise.

Questo romanzo rappresenta dunque un ulteriore anello fra i testi e se piú volte è stato da noi collocato nella tematica del realismo sulla donna è senz'altro perché Denise, che si salva meno di Libero, è un caso-limite della realtà femminile.

6. Nel '63, appena un anno dopo *Le mosche d'oro*, esce il volume *Campi Elisi*, in cui sono raccolte quasi tutte le storie pubblicate dal '40 in poi,[23] con l'aggiunta di quattro racconti scritti fra il '56 ed il '62, vale a dire *L'ammiraglio*, *Il paese delle serve*, *La rana* e, in ultimo, quello da cui la raccolta prende il titolo.

Si tratta di un vero e proprio *corpus* di storie intorno a cui ruota la somma dei motivi vecchi e nuovi, abbreviati, stravolti quasi, nella misura breve degli ultimi racconti che, appunto, si raccolgono per la prima volta e le cui tonalità non raggiungono mai le punte livide di certe « biografie minime » come nei trascorsi *Un cuore avvelenato* o

135

Affetti difficili, ma si mantengono sul filo delle oscillazioni misurate dagli effetti della narrazione.

Stranamente, tutte e quattro le storie hanno come *aboutissement,* o come riflessione, la morte. Già nell'*Ammiraglio,* dove si narra la storia di un matrimonio senile tra una principessa russa ed un anziano ammiraglio (le nozze avvengono in un « asilo » pieno di vecchi rifugiati russi, proprio per evitare di dover lasciare i padiglioni del castello che li ospita per una nuova corsia, preparata a ricevere le persone sole), appare, intrecciato ai ricordi degli splendori passati e alle immutabili minuzie giornaliere, il tema della *mort heureuse,* del morire dormendo.

Anche nella *Rana,* una suggestiva favola moderna di una ex-vendeuse, sposata ad un ricco industriale sempre assente, il suicidio arriva meditato come una scelta improrogabile, dal momento in cui Varvara si accorge della insensatezza della propria esistenza solitaria, che non pesa piú dei salti di una rana sullo stagno; e si uccide, Varvara, in un'atmosfera tenue e rosata di un qualunque atto quotidiano.[24]

Ancora un *fait divers* che ha per oggetto la morte di una ragazza è la materia del *Paese delle serve,* una *prise de vue* alla René Clair su un paese dove le ragazze sono destinate a fare le serve, e l'indugio su Bona, il personaggio euristico di turno che prende rilievo nella casualità corale del racconto, serve a giustificare la scoperta dell'« uovo di Colombo » che contraddica il giro delle testimonianze sul *topos* della « serva che non si sposa »; Bona ha infatti trovato la maniera per tenersi l'innamorato e tutte le altre ragazze contraggono il suo « vizio » di regalare « cravatte e pullovers » nella speranza di far entrare, anche nel paese delle serve, la felicità. Bona muore per « uno sbocco di sangue, in tutta regola », ché, per comperare i regali al suo uomo, era andata a lavorare in un sanatorio; nessuna elegia, né prima né dopo, trova posto nella narrazione del fatto; tutto avviene senza troppe accentuazioni, con una identità tonale dall'inizio alla fine, come se, appunto, l'unico interesse consistesse nella redazione di un fatto di cronaca tra quelli possibili.

Per l'ultimo dei racconti, *Campi Elisi,* la Banti ritrova il bilico della ispirazione storica, della « storia come presente », dei *Porci,* di *Lavinia.* Nel sole degli Aliscamps,

Marco Gellio, evocato dai secoli della Provenza di Teodorico, ritrova, in occasione di una cerimonia funebre, fra le tombe, il ricordo di un suo antico amore giovanile per Mustiola, la « straniera ignota [...] e cristiana fervidissima » (mentre egli era rimasto pagano). Progressivamente, la rievocazione del proprio passato coinvolge i confini dell'esistenza intera, dove, nella propria decadenza fisica, si riflette puntualmente l'immagine dei ruderi dell'antica potenza romana, che Marco Gellio continua a venerare. E, imprevedibilmente, nel dipanarsi del racconto, sospeso tra realtà e meditazione, riaffiorano i noti pensieri di Paolina sulla « venerazione del passato »:

« Il passato era irrimediabilmente perduto, restava il futuro, ma quale? Marco Gellio non se n'era mai curato, e ora lo vedeva come un passato alla rovescia, dove fosse nascosto il significato della propria vita ».[25]

L'equivalenza, appena trasposta, è tuttora quella che Paolina poneva non accorgendosi di considerare come futuro nient'altro che il passato;[26] del resto, il raccordo non vale solo per il lontano *Itinerario di Paolina*, ma anche per i due romanzi, *Le mosche d'oro* e *Noi credevamo*; gli elementi del rapporto, poi, non sono totalmente separabili: se in una vicenda, come quella rappresentata nel *Paese delle serve*, può ravvisarsi una sicura somiglianza di ispirazione con certi motivi ritagliati nell'ambito sociale (come *Le disgrazie di Miccioli* e, al limite, come certa parte delle *Mosche d'oro*), gli altri tre racconti sembrano seguire una catena di raccordo piú sicura; sia *La rana*, ad esempio, sia *Campi Elisi* o *L'ammiraglio* sono tre storie « francesi » (come quella di Libero e Denise) e, soprattutto, in questi ultimi appare in maniera continuata un'atmosfera particolarmente meditativa, fervida di immagini ossessive scavate in vista di quella spiegazione totale che Domenico Lopresti in *Noi credevamo* riprenderà globalmente.

7. Il secondo « grande » libro degli anni Sessanta è *Noi credevamo* (1967), un romanzo lungo, di respiro e di tono singolarmente regolari, che trovano una motivazione probabile nel fatto che, una volta tanto, il racconto avviene in prima persona; apparentemente, quindi, non vi è alcun

bisogno di alibi e inoltre, trattandosi di una biografia, la parte della «ricostruzione» appare assai ridotta.

Noi credevamo è innanzi tutto la storia di un antenato della Banti (Domenico Lopresti è il padre di Teresa, la protagonista degli *Inganni del tempo*, la stessa che, sotto il nome di Eugenia, appariva nell'*Itinerario di Paolina*)[27] e l'arco della sua vita (1809-1883 circa) corrisponde al periodo storico piú importante per l'Italia. Il Lopresti, infatti, scrive le proprie memorie risorgimentali dopo che, da ex-garibaldino e quasi eroe nella lotta per l'unità nazionale e repubblicana, ha dovuto barattare l'uniforme gloriosa con quella dell'impiegato statale al servizio del regno italico. La narrazione inizia dunque in una delle forme canoniche della scrittura di memorie, partendo dalla fine e procedendo a ritroso negli anni dell'infanzia (procedimento contrario rispetto alle *Confessioni di un ottuagenario* di Nievo).

La critica non ha mancato di far rilevare, a proposito di questa opera, la patina volutamente ottocentesca che recupera certi stilemi propriamente memorialistici e risorgimentali (Settembrini e De Sanctis sono i nomi che ritornano, oltre a Verga, De Roberto e Pirandello per la delusione sull'Italia della monarchia parlamentare).[28] L'incidenza reale di tutto il filone risorgimentale e post-risorgimentale, da C. Abba allo stesso Lampedusa, non manca di far risaltare, dall'interno, gli esiti affatto divergenti cui la Banti mira. Non sfugge, infatti, l'opposta amministrazione delle funzioni narrative nel romanzo: dietro allo schema tradizionale delle memorie risorgimentali, in pratica, esistono piani diversi che si ripartiscono ugualmente l'interesse narrativo. Segnaliamo, per ora, che il recupero piú evidente, della scrittura canonica delle memorie risorgimentali, si può ravvisare nell'identità della fase storica in cui l'azione è collocata e che il rapporto di similitudine può estendersi in un certo qual modo anche al comportamento antieroico del protagonista che sta scrivendo le proprie memorie e al senso di negatività e di pessimismo ideologico che Lopresti ha derivato dalle azioni compiute per la liberazione italiana (i dodici anni di galera nei penitenziari di Montefusco e Montesarchio, con Poerio e Castromediano, l'impresa garibaldina, il fortunoso salvataggio a bordo della nave francese *Durance*); sostanzialmente, dunque, tutti i passaggi obbligati della delusione risorgimentale riaffiorano nella continua carica erosiva cui vengono sottoposti sia gli atti di eroismo che l'ideologia ottimistica circa le risultanze della rivoluzione italiana.

8. Questo, il rilevato rapporto di continuità che *Noi credevamo* stabilisce con tutto l'apparato ottocentesco del genere; tuttavia, si ha subito la certezza che Domenico Lopresti è privo di qualsiasi nostalgia eroica (a differenza del vecchio garibaldino Mauro Mortara o di Giulente [29] egli preferirebbe non ricordare a nessuno, nemmeno ai due figli e alla moglie, il proprio contributo alla « epopea del Risorgimento »). Il punto di divergenza piú determinante, rispetto al filone tradizionale, deriva dalla incidenza fondamentale che gli esiti ricordati vengono ad acquistare nel contesto delle memorie; il ripensamento di Domenico Lopresti non rimane confinato nell'ambito di un'autocritica (seppure rivolta a cogliere un'identica verità) praticata al fine di dare una misura della delusione dei democratici dell'Ottocento, ma travalica il contesto storico del romanzo per centrare, con lo stesso obiettivo, la delusione degli anni che seguirono la Resistenza (il « passo indietro di fronte alla cronaca »); inoltre, fra i rilievi di immediata considerazione, figura il diverso modo di condurre il racconto, intrecciato di presente e passato in una sorta di *continuum* onirico, mediante il quale si registrano i *flashes* delle azioni trascorse (le immagini del soggiorno nel penitenziario, il fortunoso viaggio sulle montagne calabre insieme ad un gruppo di volontari, la visita al proprio paese e alla vecchia madre, il colloquio con Benedetto Musolino, ex compagno di fede e ormai parlamentare a Roma e, da ultimo, le visioni dell'infanzia con Cleo, la zia francese che l'aveva allevato nel culto di Murat) e gli intermezzi semicoscienti della vita attuale di Domenico Lopresti, nella sua casa di Torino, dove, nell'isolamento della malattia senile, avviene la stesura dello « scartafaccio » delle memorie.

Molto della compattezza straordinaria di questo libro dipende dal personaggio-scrittore, Domenico Lopresti, quest'uomo anziano (ha settant'anni, pressappoco l'età della Banti quando scrive il libro) interamente rivolto a stabilire un bilancio ferocemente obiettivo della propria esistenza e di quella della sua generazione, e a sminuire fino all'estremo tutta l'illusorietà dei contenuti e degli ideali della vita.

Attraverso il protagonista di *Noi credevamo* è possibile misurare il grado di capitolazione, nei confronti della storia, cui la Banti è approdata (il gusto della « cattiva sorte » di Paolina ha trovato una estrema verifica nell'impatto con la realtà storica); l'eroismo, come qualsiasi atto umano, è destinato a mancare il bersaglio, perché il segno è da sempre impossibile a cogliersi; ne consegue che il destino degli uomini non è piú guidato dalla « divina provvidenza »,[30] bensí da un finalismo insensato.

Si comprende allora come il timbro narrativo di questo romanzo ricalchi, perfino troppo angosciosamente, il lento *apprentissage* della morte, il punto finale attraverso il quale è possibile vagliare il bene e il male senza speranze di sorta e dove, nelle immagini affilate dal tempo, la vita stessa diventa simile ad un romanzo, inconsistente quanto la dimensione romanzesca, irrimediabile ad ogni recupero, visione colorata ancora, ma appunto come un sogno destinato all'interruzione incessante. Non casualmente Lopresti occupa l'anno di scrittura delle sue memorie nell'alternanza fra veglia e sonno, aspettando il definitivo momento della morte, attesa come sogno fra i sogni, leggera, indolore; la stessa che desideravano Varvara e Marco Gellio; quella che ha avuto Orazio Gentileschi:

« Fra poco il cuore cesserà di battere ed è curioso che adesso non m'importi piú di lasciare i miei eterni problemi insoluti: il mondo è uguale a come l'ho trovato nascendo, sordo e falso. Tanto dire che ho vissuto e sofferto invano. Non saprò mai se agendo diversamente, con piú accortezza e minore orgoglio, non avrei meglio giovato alla realizzazione delle idee che ancora credo giuste: questa è la mia sola salvezza. In vecchiaia ho scoperto che scrivere aiuta a pensare, finché scrivo penso, non rinuncerò, checché dica il medico. Non è stato troppo tardi se ne ho ottenuto di avere tutta la mia vita davanti agli occhi, un campo di battaglia in azione, e gli onori della giornata sono ancora incerti. Non ho taciuto né risparmiato nulla, infanzia, gioventú, famiglia, amicizie, le mie responsabilità e quelle degli altri. Le ho passate al setaccio e non ho rintracciato l'errore in cui siamo caduti, l'inganno che abbiamo tessuto senza volerlo [...]. Ma io non conto, eravamo tanti, eravamo insieme, il carcere non bastava; la lotta dovevamo cominciarla quando ne uscimmo. Noi, dolce parola. Noi credevamo... ».[31]

La dichiarazione finale di Domenico Lopresti è troppo complementare e aderente alla voce che segnala le apparizioni allo scoperto dell'autore, per cui è quasi impossibile non tentare di cogliere, dietro allo spessore della narrazione e all'oggettività del personaggio vissuto, il ritratto piú verosimile di chi la storia di Domenico Lopresti l'ha udita e ricreata.

9. Nuovamente, l'autobiografia che si innesta nella biografia raddoppia tutte le considerazioni e tutti i significati, ed è questo il motivo per cui un personaggio vero come quello del vecchio antenato cospiratore riesce ad assomigliare cosí bene a tutte le copie inventate: Libero, Marco Gellio, il vecchio ammiraglio russo. E che dire della caratteristica di Domenico di sognare in continuazione persino il momento della propria morte, come Artemisia e tutti gli altri? Lo stesso torpore intermittente dello stato di veglia non ha nessuna motivazione ancestrale, ma prefigura, invece, lo stato esistenziale di chi guarda da lontano la propria vita come un romanzo,[32] mediante il quale Domenico Lopresti tenta di sconfessare gli eventi del proprio passato e che contiene il *désaveu* di chi si è talmente trasportato nel personaggio da confondere con esso la propria prerogativa di romanziere.

Noi credevamo non potrà mai situarsi superficialmente fra gli epigoni del filone risorgimentale, senza perdere le implicazioni piú fondamentali che il romanzo contiene e che, sole, consentono di ritracciare la sorprendente rispondenza di certi interrogativi dei testi bantiani, come quel veridico: « Non vorrei scoprire di essermi amato troppo », che Domenico Lopresti confessa in apertura del romanzo.

NOTE

[1] Vedere nella Nota bibliografica.
[2] *Opinioni*, cit., p. 9.
[3] La nota introduzione al *Diario di viaggio...* di Bernardo Bizoni, *cit.*
[4] Cfr. *Opinioni*, cit., p. 10: « Ma non mi parrebbe il caso di decretare "scontata" la parola "engagement", "impegno". Essa rimonta a un tempo che ci pare lontano, ma, in realtà, non se n'è mai applicato il senso mentre non se n'è mai avuto tanto bisogno. Questa necessità credo di non averla tra-

scurata e volentieri me ne valgo come di passaporto per queste mie *Opinioni* ».

[5] Si legga, ad esempio, una chiara dichiarazione in tal senso su *Opinioni*, a p. 9: « Non è senza esitazione che mi sono lasciata indurre a raccogliere taluni dei miei scritti non narrativi che, nel mio intimo, non ho però mai considerato "critici", almeno nel senso che ordinariamente si attribuisce alla parola [...]. Mi valga di scusa, semmai, l'occasione di redigere una rivista di cultura e, in un ordine diverso, di credere appassionatamente nell'azione del buon lavoro letterario. Sentirsi a contatto con un pubblico che ancora si affida alle pagine stampate e non avvertirlo, per quel che vale il proprio giudizio, se un'opera è seria o truccata, se la sua lettura sarà un'acquisizione o una perdita di tempo, mi è sempre parsa un'azione scorretta: come, nella formulazione di questo giudizio, il timore di contraddire ai diversi clans indigeni o stranieri che in campo intellettuale confezionano gli ultimi modelli. Noi viviamo fra una moltitudine di conformismi e il piú pericoloso è il conformismo del "non conformismo", la paura di non essere all'avanguardia. Eppure mai l'uomo è stato, come oggi, sicuro di morire. Ho detto di credere "appassionatamente" nell'azione della buona letteratura: l'avverbio, divenuto aggettivo, lo userei volentieri per definire e spiegare quasi tutti i miei interventi, diciamo pure, "critici" ».

[6] Piú esattamente *Matilde Serao* (Torino, Utet, 1965) — come *Lorenzo Lotto* — può utilizzarsi in quanto fulcro dell'esperimento intorno alla struttura di quei racconti bantiani impiantati su una biografia (avremo l'occasione di ritornare sull'appunto a proposito della *Camicia bruciata*).

[7] Rinviamo, a questo proposito, al nostro quadro di analisi sintagmatica dei nuclei narrativi (cfr. *Analisi della tecnica narrativa di Anna Banti*, in « Forum italicum », vol. IV, n. 2/ 1970, p. 162).

[8] L. BALDACCI, *Montaggio incrociato di Anna Banti*, in « Il Popolo », 9-6-1962.

[9] La tecnica del racconto « per scene » non può non introdurre nel discorso sulla narrativa bantiana un luogo di tangenza dove vengono ad incontrarsi codici piú « visivi » (piú visibili) della parola: la pittura, il linguaggio filmico e quello teatrale (tutto ciò che può « rappresentare per immagini », quindi). Senza voler entrare nel merito del rapporto fra questi codici e la letteratura — ci limitiamo a rinviare, per quanto riguarda il linguaggio filmico, a Metz, Bettetini, ecc. — vogliamo solo puntualizzare il fatto che nella Banti delle *Mosche*, proprio all'interno di una strutturazione cosí filmica, riaffiora in maniera incisiva il modulo propriamente narrativo del raccordo (del tipo: « Pressappoco a quell'ora, le sei di mattina, Denise Ravier si svegliò » p. 32).

[10] *Le mosche d'oro*, cit., p. 357 e segg.

[11] In realtà, il sentimento di Libero per Mirella era cambiato dal momento in cui egli aveva avuto il sospetto che la donna fosse incinta, ed è per questo che le reazioni di Libero sono

ancora piú cariche di auto-condanna (cfr.: « "Se non l'avessi sfuggita, se almeno le avessi detto che le volevo bene..." Le parole, formulate nel silenzio della mente, gli parvero un sacrilegio. "Cosa so io di bene? Cos'era il mio preteso sentimento se non una montatura, peggio, un alibi? Cos'è l'amore per me che solo il caso di un congiungimento bestiale [con Mabel] ha portato in questa stanza?" », p. 362).

[12] *Le mosche d'oro*, cit., pp. 35-36.

[13] Si leggano le pagine piú cruciali in *Sette lune* (cfr. p. 211, ad esempio), *Allarme sul lago* (cfr. a p. 152, la riflessione di Ottorina: « Delle figliole, la minore è sposa da un mese e ha saputo vincere l'autorità del padre con accorgimenti vezzosi, languidezze e capricci che mi hanno lasciata piú assorta che stupita: ecco una vera donna, di quelle che sanno imporsi colla debolezza che non è obbedienza, tutt'altro: e ridersi sottobanco del proprio padrone ») o *Artemisia* (si veda a p. 145, oppure a p. 119, quando Artemisia mormora: « ... figlia mia che sei una donna e non capisci tua madre »).

[14] *Le mosche d'oro*, cit., p. 129.

[15] E questo, crediamo, non tanto per una presunta vena di « crudeltà » della Banti verso i propri personaggi ma quasi per una intenzione « terapeutica ».

[16] *Le mosche d'oro*, cit., pp. 227-28.

[17] Cfr. l'esordio dell'articolo di P. CIMATTI su « La Fiera letteraria » del 6-5-1962 (« "Perché questo titolo: *Le mosche d'oro*?" chiedo ad Anna Banti. Siamo seduti in una saletta d'incisione le cui finestre danno su un vicolo di Firenze... "C'è un proverbio toscano", mi risponde la Banti, "che non si può ripeter tutto, ma insomma vuol dire che, ronza e ronza, il moscon d'oro alla fine cade e s'impegola nel brago" »).

[18] *Le mosche d'oro*, cit., p. 89.

[19] *Ibidem*, p. 93 e segg.

[20] *Ibidem*, pp. 185-86.

[21] *Ibidem*, p. 554.

[22] *Ibidem*, p. 555.

[23] *Campi Elisi* (Milano, Mondadori, 1963) raccoglie quasi tutti i racconti de *Il coraggio delle donne* (eccetto *Sofia o la donna indipendente*) tutti quelli de *Le donne muoiono* e alcuni della *Monaca di Sciangai e altri racconti* (*Arabella e affini, Un cuore avvelenato, Le disgrazie di Miccioli, Affetti difficili, La libertà di Giacinta, La casa*).

[24] Cfr.: « Intanto Varvara si toglieva le pantofoline, si sfilava dal braccio sinistro le cinque catenelle di platino. Ivan dai piedi puliti [il ricordo del vecchio contadino impiccato] le suggeriva come un corpo caduto dall'alto deve essere trovato, giusto con quel tanto addosso che non disturba chi deve seppellirlo. Fu lui a insegnarle il nodo piú solido e a darle la forza di assicurare la corda alla balaustra » (p. 591).

[25] *Campi Elisi*, cit., p. 605.

[26] Questo « procedere con le spalle voltate » costituisce, del resto, uno dei « macro-segni » piú rilevanti dell'universo bantiano: il suo non è, infatti, un itinerario costruito *au rebours*,

dal futuro (o dal presente) verso il passato; cioè, non è il passato (o il presente) che ridiventa futuro (come in Proust, ad es.) bensí è il futuro che, continuamente « guardato di spalle », è costretto ad assomigliare al passato.

[27] La scrittrice medesima ha confermato la veridicità di tali « relazioni ».

[28] G.A. PERITORE, ad esempio, nel suo « profilo », *cit.*, a p. 231.

[29] Cfr. rispettivamente ne *I vecchi e i giovani* (PIRANDELLO) e ne *I viceré* (DE ROBERTO).

[30] Né l'àncora manzoniana dunque, né il *désencrage* dell'insensatezza (e del modello dell'inettitudine) novecentesca, né tantomeno la preminenza dell'oggettualità nei confronti dell'io; ci sembra che, malgrado la convinzione sempre piú fondata e verificata del non-senso (o del senso) prestabilito, l'eroe bantiano si modelli piuttosto sulla « possibilità », o, meglio, sul racconto persino lucido di tale possibilità.

[31] *Noi credevamo*, cit., pp. 512-13.

[32] Si veda a p. 418: « Fu appunto durante quel viaggio che i casi della mia povera vita mi apparvero nelle forme di uno di quei romanzi d'avventure che in gioventú avevo sdegnato. A ben riflettere, che altro motivo aveva avuto la mia carriera di agente settario se non una scelta romanzesca, il gusto dell'ígnoto? [...] e anche il mio amore per la natura selvaggia, per gli esseri primitivi, erano romanzo, non letto, ma vissuto. Cosí i miei contatti coi pescatori, cosí la folle corsa notturna verso Melito. Romanzo, romanzo ».

VII.

L'ORDINE DEL TEMPO E DELLA FINZIONE

> « *L'art ne recourt au réel que pour l'abolir, et lui substituer une nouvelle réalité* ».
>
> J. ROUSSET

1. « E io come mi chiamo? chiese il ragazzo sollevando il capo dall'esercizio di lettura. Il vecchio socchiuse gli occhi come se guardasse un punto molto lontano, poi disse lentamente: Caio Giulio Cesare.

Fino allora di un nome non ce n'era stato bisogno, il vecchio lo chiamava con un fischio e il servo era muto, appena mugolava. La domanda era stata un capriccio, la risposta fu una condanna, quel nome celebre sbigottí il ragazzo; gli parve di esserne schiacciato e non riusciva a continuare la lettura ».[1]

Sono, queste righe, le linee iniziali dell'*Altipiano*, il primo dei quattro romanzi brevi contenuti in *Je vous écris d'un pays lointain*, uscito nel dicembre del '71 e scritto nell'arco breve degli anni '68-'70.[2]

Je vous écris è una densa e continuata meditazione sul tempo e sulle distruzioni degli uomini nel tempo; una dimostrazione che popoli e imperi non si sono succeduti se non in modo cruento. Il silenzio della morte occupa ogni pagina che gli uomini hanno preteso di scrivere, mentre chi si mette a scavare negli strati sommersi dalla polvere fa rinascere nei morti l'angoscia di dover vivere nuovamente il proprio destino. Questo è il prezzo richiesto in cambio della garanzia unica di potersi situare direttamente dalla parte della parola « fine », specie da quando è diventato persino improbabile il baratto del *destin sur mesure* (Camus) che l'arte, anzi il romanzo, aspirava a fabbricare per gli « uomini provvisori ». Anna Banti, la tentazione del luogo demiurgico l'ha avuta subito o, per lo meno, dal momento in cui si è accorta che gli ultimi conti

145

restati da saldare erano quelli, oltre che con il proprio Io, con il tempo, che è fin troppo concreto, se accettato quale misura sociale dell'esistenza umana, ma che proprio mentre attesta il nostro essere storico ci vanifica, ci rende simili a chi non è mai esistito: nessuno saprà mai del destino dei singoli, di ciascuno di noi assommato nella frase che riassumerà per l'umanità futura il vivere individuale.[3]

Nella tecnica dei racconti a struttura storica, infatti, oltre ai normali piani di lettura (la vicenda delle invasioni della Roma degli Antonini nell'*Altipiano*; la *chevauchée fantastique* dei secoli intorno alla villa romana della Padania nella *Villa romana*; un convento e una badessa nell'Antiochia del secolo XI in *Joveta di Betania*; la riscoperta della terra in era post-atomica da parte di un individuo planetario in *Je vous écris d'un pays lointain*) bisogna tener conto del divario che separa il livello statico della storia dal piano dinamico dell'azione dei personaggi, mai ridotti alla funzione di semplici attanti (Greimas), bensí di copia di quelle vite per cui vale il *sursis* e il cui destino risorge in una sorta di terzo spazio, che risulta dei piú determinanti. Questo spazio di contestazione del racconto, *mis en abyme* negli altri due, rompendo i punti deboli della narrazione, genera uno strano reticolo di sequenze narrative a soluzione anticipata, sul quale lo scrittore conta.

Fin dall'inizio, infatti, non è possibile ignorare che Giulio Cesare dovrà morire. Egli fa parte della Storia, che è per l'uomo una prerogativa di morte. La sua fine è del resto visionata nella mimica del gesto di investitura della toga senatoriale (il « manto amplissimo, bordato di strisce purpuree » che il ragazzo riscopre nelle casse di « oggetti inutili e di panni » serbate dal vecchio).[4]

È anche per questo che la morte dei personaggi non è che una sequenza elusa: essendo dei « morti in permesso », questi hanno solo il diritto di rivivere e devono poi scomparire ellitticamente, ricomponendosi in quella linea diacronica che, nell'espandersi, aveva assunto la consistenza del racconto stratificato, proprio intorno alla parola fine dell'ordine storico. La strategia romanzesca cosí determinata sembra doversi tradurre in situazioni scontate, che non lasciano alcun margine di azione all'autore. Eppure, non è cosí: innanzi tutto i quattro racconti non hanno una struttura tematica identica. Ci sono due gruppi: i tre primi racconti (*L'altipiano*, *La villa romana* e *Joveta di Betania*) si ricollegano senz'altro alla matrice dei *Porci* e dei *Campi Elisi* e, mediatamente, ad *Artemisia* e *Lavinia*; l'ultimo di essi (*Je vous écris d'un pays lointain*) risale invece all'ispirazione delle *Donne muoiono* (la Storia e la fantastoria). Benché si tratti di periodi e di ipotesi diversi, vi è come un arco di progressione che prende l'avvio dalla Roma invasa dai Goti e tocca le rive dell'Oriente ancora scosso dai torbidi imperiali e religiosi, fino all'Italia, dopo una ipotetica esplosione nucleare. Il punto di partenza di questa linea spaziale è quell'altipiano rifugio, da cui Giulio Cesare comincia la sua corsa verso Roma e, nella fuga dal luogo edenico verso quello mitico, non ha che il tempo di accorgersi della putrefazione e della morte che devastano la Roma che fu imperiale:

« Una terra sconvolta, sassi, fango, pozzi, rovi, chiazze di grano gialliccio strapazzato, schiacciato; e un fiato caldo e denso che saliva dalla zolla. All'orizzonte una pallida linea ondulata, monti o nuvole? Il fuggiasco camminava di furia verso quella linea, morso dalla fame, bevendo ogni tanto acqua putrida raccolta nel cavo delle mani ».[5]

La città, messa a sacco, è diventata ormai un cimitero, e Giulio Cesare, chiamato a ripetere il destino dell'uomo che gli ha dato in eredità il nome, sarà ucciso da una mano fratricida:

« Ma non era solo, aveva alle spalle un guerriero goto che gli somigliava come un fratello e sorrideva ferocemente brandendo un'accetta dalla doppia lama. Non fece in tempo a voltarsi ».[6]

Dall'« altipiano » alla « villa romana », la sostituzione avviene, all'inizio, quasi insensibilmente. Anche quella dei Godoari è una storia di post-invasione, anzi di iterate invasioni, durante le quali tutto sembra essere stato completamente distrutto; e invece il germe di Bassula, la vedova che per prima ha rotto il veto tribale, risorgerà dopo ogni invasione come quei granelli di frumento che lei e la sua tribú di donne avevano imparato a coltivare. Per oltre mille anni (passano Desiderio, Carlo Magno, le Crociate, la Rivoluzione Francese) la villa-tabú, sottrattasi all'interdetto dell'antico clan, si sottrae anche alla falciatura dei secoli, crol-

147

lando alla fine improvvisamente, in una scena che non sarebbe dispiaciuta a Poe:

« Nella polvere sempre piú densa i loro contorni annegarono senza che nessuno si muovesse e uno scricchiolío sinistro sopraffece il brulichio, il fruscio: il tetto si abbassava, le travi cedevano, in un lento sgretolarsi le mura del portico si afflosciavano come vele senza vento, le colonne oscillarono sbandando quasi a ritmo di danza, l'architrave che esse reggevano ondeggiò »;[7]

una distruzione maligna, come l'improvviso rovinare della casa Usher (o la tela del dipinto di Caravaggio in *Tela e cenere*).[8]

2. Da Roma e dalla valle del Po ad Antiochia, Costanza e Betania, per Joveta il salto spaziale è considerevole. Lavinia è tornata alla supposta sua patria e si traveste da secondogenita senza dote (come Marguerite Louise, cui somiglierà anche fisicamente: anche lei, come Artemisia e Denise, del resto, bionda e fragile), obbligata al convento; ma la problematica del racconto, oltre che sulle speranze deluse di Joveta, giovane principessa innamorata dell'amante della sorella (anche Joveta ha due sorelle potenti, come Fernanda di *Sette lune*), che vede replicare il proprio destino e le proprie delusioni nel sacrificio della nipotina Melisenda (è la prima volta, dopo Artemisia bambina e Cecilia Nari, che la Banti si concede di amare una bambina e non c'è da sbagliare, sull'identità di questa madre, che non vuole riconoscersi se non nel ruolo di « dare imperiosamente e senza ricambio »)[9] si situa nell'ibridismo che caratterizza le civiltà di transizione.

Joveta, malgrado il suo ruolo di badessa, vive nel convento di Sant'Anna, in un apparato degno degli harem musulmani. E verso la fine, cullandosi nella dolce follia dei sogni (vede Melisenda guarita sul trono di una specie d'Impero d'Oriente ricostituito, senza piú conflitti politici e di religione: « A questo fine Joveta conta di valersi di una specie di senato femminile, convinta che le donne tendano piú alla concretezza della vita che all'astrazione omicida delle idee »)[10] la vecchia badessa viene sempre piú risucchiata verso la propria origine, che confonde Dio con Saladino.

Je vous écris, invece, è il dopo-apocalisse, coronamento logico del crepuscolo degli dei, delle epoche di incertezza morale e religiosa, delle troppe idee degli uomini.

Gli scenari delle rovine cambiano appena, se non fosse per il giorno siderale che occupa la terra senza uomini. L'« uomo mollusco » (calvo, dalle membra molli) è l'Enea che, sulla terra disertata dagli uomini, è alla ricerca di quei « loro » che fanno ormai parte del repertorio di una lingua disimparata e proibita nel mondo da cui egli proviene e dove gli uomini non sono che specie archeologiche, da museo. Solo lui, che è stato generato non da una provetta, bensí nella maniera desueta e condannata, ha conservato l'istinto dell'Ulisside. L'avventura di questo individuo planetario, priva di ogni epicità, è piú che altro di ordine « metalinguistico » e consiste non solo nel far uscire le parole dalla loro ganga d'oblio ma nel verificarne la logica combinatoria. Da quei raccordi, da quei balbettamenti solitari, usciranno di nuovo le immagini e la loro materialità. Questo potere di manipolazione di una lingua dai significati assenti è il solo strumento di quest'uomo, proveniente da un'altra serie esistenziale, dove, nei paradigmi sconvolti, cammino rinvia a volo, mentre silenzio/solitudine, sesso/gusto non rinviano piú ad alcuno dei nostri significati. Anche la facoltà di poter combinare le parole a proprio piacimento è una riprova di barriere rovesciate per qualcuno che, in un universo assolutamente tecnologico, doveva ricorrere ad astuzie di ordine idioelettico per sfuggire alla capacità di lettura diretta dei propri simili. Ma egli potrà, dal nulla, quale è il linguaggio privo delle cose cui i concetti corrispondono, ripopolare la terra di fantasmi.

È la prima volta che Anna Banti si lascia sorprendere cosí allo scoperto, sia dal punto di vista ideologico e morale che da quello letterario: i fatti della storia passata o ipotetica risultano perfettamente ammagliati, fra di loro, da una sorta di racconto assente, non simbolico, bensí concreto, situato fra spazio e spazio di quella lettura verticale che, trascurata, ci accantonerebbe al di qua del senso. È evidente che bisogna riferirsi a quell'unico racconto, eclissato dal continuo spostamento che deve subire, ma che si ricompone alla fine quando Giulio Cesare, i Godoari e Joveta vengono a saldarsi con questo personaggio da noi chiamato uomo-mollusco.

Comunque, smantellando gli elementi costitutivi apparenti, viene fuori, dalla dimensione palinsesto dei racconti, quel tempo mai bloccato della catastrofe futura. Dimenticare sembra essere stato l'assurdo assioma degli uomini, che pure pensano, creano, ed a cui, però, il passato non insegna che una continuità al di fuori di ogni saggezza. Dietro all'irrigidirsi delle conclusioni di *Noi credevamo*, affiora, velato, ancora l'invito a non dimenticare, perché la responsabilità delle idee non è casuale, ma appartiene a tutti gli uomini.

3. Non è sorprendente che la dimensione ideologica e morale faccia da supporto e risulti intimamente coinvolta con quella poetica e metanarrativa, contenuta proprio nell'ultimo racconto, *Je vous écris d'un pays lointain*: l'uomo mollusco, infatti, non è soltanto il mezzo diretto dell'intrusione del discorso a livello della narrazione, ma anche colui che può ridistribuire i significati dal nulla. Le parole che egli possiede sono il materiale essenziale per replicare il miracolo di Lazzaro: ed è per questo che appena la parola « tigre » viene pronunciata, la tigre appare (« Intuisco confusamente che da me dipende uno scatto, un ordine, ho il presentimento che se dirò "voglio" le cose mi ubbidiranno »). Fare risalire le parole a fior di labbra, esercitarsi a ristabilire i paradigmi: leone/tigre/uccello/farfalla; terra/ acqua; uomo/donna; vuol dire inventare di nuovo le sensazioni e i sentimenti.

L'uomo-mollusco ripopola la solitudine con il linguaggio che è il suo solo potere magico. La sua è un'attività paradigmatica, metaforica; egli, in pratica, inventa mondi, inventa storie: la sua esistenza sulla terra è sospesa alla linea delle parole in tutti i sensi possibili (quando cade nella « caverna », un tunnel di metropolitana, egli si nutrirà di granelli di cui ricorderà l'uso commestibile, insieme al nome, « il grano »; anaforicamente, la sua esperienza (far vivere ciò che in realtà non esiste) ha una sola correlazione immanente, la creazione artistica. Non a caso, il racconto è interamente scritto in prima persona. L'uomo e la mano che scrive dicono « Io » e ogni volta il gioco è duplice: in questa specie di partita si segue ciò che nasconde, non ciò che rivela.

Il « paese lontano » non è in definitiva che quello spazio

interiore, dove la parola può tornare ad essere mezzo di ricostruzione e di distruzione:

« È male aver richiamato da età remote per il mio piacere una creatura vivente. Rimorso, pentimento, punizione, non sono più vocaboli privi di senso, se io li ho risuscitati insieme alla tigre nel mio petto oppresso ».[11]

Questa frase da sé sola (quanto simile a tutti i pentimenti bantiani da *Inganni del tempo* in poi)[12] fa risonare la pluralità dei livelli connotativi; è un trasalimento di rimorso, un gesto di auto-accusa della mano che scrive, ma è anche la replica del movimento iniziale dell'espansione della lettera intorno alla parola « fine », sigla della Storia, illusoriamente circondata da quegli specchi concentrici che sempre segnalano gli effetti della creazione: il luogo del « sospetto », l'origine del romanzo.

E se, a fianco dei racconti del '68-'71, rileggessimo i capi d'accusa contro il romanzo, elencati da Domenico Lopresti (« Dai romanzi mi son sempre tenuto lontano, non mi piacciono le favole e diffido dei romanzieri. Perché scrivono costoro? Come possono giocare la loro vita componendo storie inventate? Le donne le leggono avidamente ma come possono gli autori contentarsene? »)[13] ci accorgeremmo come già in *Noi credevamo* si era riaperta non soltanto la *béance* del tempo, sommersa durante il periodo di « realismo femminile » dall'illusione di una sorta di *engagement*, ma anche il dilemma di dover tradire il « vero », proprio per « essere nel vero »: insomma, il ripensamento degli anni Cinquanta ritorna ancora più urgente e lo ritroveremo persino nelle pieghe ironiche del racconto-saggio *Sole d'argento*, di cui ci siamo già serviti altrove[14] e che torniamo a considerare per il suo aspetto polemico nei confronti delle nuove tecniche di struttura romanzesca.

4. Il movente narrativo è di per sé già tutto un programma provocatorio: un ragazzo dei nostri giorni, Rodolfo Tirabassi, figlio di un « ex-fattore inurbato, di mestiere mediatore di bestiame », annuncia al padre, che non se ne mostra troppo sorpreso, di voler abbandonare l'Università per mettersi a fare lo scrittore:

« Il piano meticoloso ora per ora era stilato in doppia copia

151

come un contratto notarile e regolarmente firmato [...]. Ore 8 e mezzo: sveglia, caffè (ci penso io, trafficare in cucina mi piace, mamma non se ne dia pensiero). Ore 9: colazione (sostanziosa, all'uso inglese, quella è gente che se ne intende). Ore 9 e mezzo: tavolino ("sí, come dire applicazione concentrata, senza distrazioni"). Ore 13: seconda colazione (leggera, mi raccomando, la digestione blocca il cervello). Dalle 15 alle 19: lavoro vero e proprio, d'invenzione».[15]

Il neo-scrittore si installa dunque al tavolino, fra le immancabili premure materne e cerca le idee; vola una mosca, doverosamente schiacciata con una rivista d'avanguardia; un colpo di martello a un chiodo mal fissato e Mc-Luhan e Barthes cadono sul pavimento, nell'affollarsi delle riflessioni formali: «Il romanzo naturalista ottocentesco è oggi tautologicamente impossibile per la scomparsa della società borghese che lo condizionava».[16] Lo scetticismo del Rodolfo-Banti si impone poi in evidenze, quali: «Altrove sarà diverso, ma è difficile provare che il televisore, il cinema e la seicento abbiano davvero cambiato gli istinti e le reazioni dell'uomo ottocentesco». Il proletariato, la classe operaia: tutto è immutato, dunque; ma è lí che Rodolfo ha scelto l'eroe della sua storia, «un operaio specializzato [...] secco, beffardo, salvo a commuoversi per un nulla [...]. Un giovane dell'era elettrica, il piú sveglio esponente della classe operaia che Rodolfo abbia mai incontrato. Il problema è: se il suo comportamento sia il frutto di una società in evoluzione o non rappresenti piuttosto una filiazione del vecchio individualismo anarchico».[17]

Tutte affermazioni, queste, che assumono regolarmente il valore di *boutade*, di provocazione; e non tanto quando la Banti, smentendo la morte della parola, ironizza sul precetto psicanalitico di lasciar parlare l'inconscio,[18] oppure quando ha l'aria di farci intendere di credere che nulla negli uomini sia cambiato, ma piú che altro quando affiora, in forma di discorso autolesivo (tutti pensano che il romanzo tradizionale sia diventato impossibile, anzi ideologicamente compromesso per la sua copertura borghese) e in tutta la sua contraddittorietà, l'aporía bantiana della fiducia diffidente nel romanzo, nella invenzione narrativa: «In fondo Nanni non esiste [conclude Rodolfo Tirabassi, dopo essersi posto il problema dell'arbitrio di inventare l'inesistente] l'ho inventato io e devo renderne conto con le sole mie forze. Nessuno mi dirà se sbaglio».[19] E, in chiusura, diventa piú che legittimo il sospetto che il racconto sia una rappresentazione ironica del proprio bisogno di parlare: è la verità che Marguerite Louise le scaglia subito contro: « Voi di *raccontare* avete bisogno... ».[20]

5. Cos'altro può significare, se non una iterata *boutade* diretta contro se stessa, tutto il rapporto di resistenza narratore/personaggio che apre l'ultimo romanzo della Banti, *La camicia bruciata* (1973)?

Dal « perché no? »,[21] sfuggitole come risposta all'invito di Cecchi di raccontare la storia di una principessa, la « sposa bislacca di Cosimo III », fino alle ultime battute del racconto (la divisione in cinque capitoli — le nozze toscane e il ritorno in Francia di Marguerite Louise, capitoli I e II; storia dei figli e della nuora Violante, capitoli III, IV e V — fa disperdere la linea che salda i movimenti profondi del testo, legati alle trasformazioni che il personaggio di Marguerite Louise imprime alla narrazione) la Banti non finirà di dibattersi per allentare la presa della propria materia narrativa.[22] Il sospetto della *mise en abyme* nasce proprio dal momento dell'accettazione, da parte dell'autore, del sogno megalomane di Marguerite (il suo voler essere « la prima inter pares »), questa mitomane dichiarata che « si ritiene un caso esemplare e pretende di raccontarsi e di essere raccontata ». Come tutte le « eroine » bantiane, Marguerite dovrà conquistarsi il proprio diritto al racconto e, nel conflitto, non farà che porre in luce il contrasto interiore dell'autore fra voglia di raccontare e autocensura. Ecco perché, all'invito di rassegnarsi alla polvere, Marguerite Louise avrà facile gioco nell'elencare all'autore tutta una serie di racconti impossibili:

« E che altro, domanda, raccontereste? Le mediocri angosce dei borghesi assetati di potere e di denaro, i deliri degli impotenti, padri e figli che gareggiano in stoltezza, gli amanti che s'annoiano? Voi di raccontare avete bisogno e la terra vi manca sotto i piedi. Crede di aver vinto e in un baleno si addobba: capelli biondi, occhi celesti, seno rotondo e un infrascato ciarpame di rasi merletti gale ».[23]

E in effetti ha vinto, perché il racconto del suo teatro comincia qui: come Paolina nei sogni di monacazione allo specchio, Marguerite è pronta a recitare:

« È un'attrice impaziente di prodursi, pronta alla prova della scena. Una voce recitante — la sua? — descrive l'apparato, le quinte, i trasparenti, le luci, la successione degli atti. Un teatrino di corte come a Blois, a Fontainebleau, al Poggio, cielo e terra al servizio di una principessa ».[24]

Tuttavia il rapporto di intesa fra il narratore ed il suo personaggio non è, malgrado tutto, definitivo: Marguerite Louise non possiede lo *status* ordinario del « personaggio di carta », perché ha già avuto un'esistenza che vuole riscattare e pretenderebbe ora almeno una biografia a favore (« Ma questo non è esatto, fischia la maledetta zanzara [...]. Come tutte le attrici di ieri e di oggi, Marguerite Louise protesta, mugugna »).[25]

Anche Artemisia Gentileschi, ricordiamo, si era dovuta conquistare uno spazio nella narrazione (« Riconosco il modo tenero e violento con cui Artemisia interviene a forzare la mia interpretazione, la mia memoria ») e il parallelismo non è forzato, se si considera che nei due casi si tratta visibilmente, oltre che della pressione del personaggio sulla ispirazione, anche dell'incitazione del sé all'« altro » che scrive, della Banti alla Banti. Se da una parte, però, la modalità e la natura dei due movimenti di intrusione nel presente sembrano ricalcarsi, dall'altra è impossibile non accorgersi che il dissidio tra Artemisia e Anna Banti non è un gioco che minaccia la credibilità del discorso dell'autore, ma anzi mira a renderlo talvolta piú autentico:

> « Ora è per me sola che Artemisia recita la lezione, vuol provarmi di credere tutto quello che inventai e si fa tanto docile che persino i suoi capelli cambiano di colore, divengono quasi neri, e olivastro l'incarnato, tale io l'immaginavo quando cominciai a leggere i verbali del suo processo ».[26]

Artemisia, rispetto a Marguerite Louise, ha il vantaggio di essere stata scelta e poi risorta dalla duplice morte: a lei si affidava il proprio riscatto. Marguerite Louise, invece, vuole il riscatto per sé, vuole in definitiva sostituirsi allo scrittore, liquidarlo, proprio per evitare di essere liquidata come una mitomane qualsiasi, che tutt'al piú ci si può divertire ad analizzare (« [...] a spogliar[e] come una bambola fino a giungere al chiodo confitto fra i capelli », scriveva la Banti in *Artemisia*); è per questo che Marguerite Louise intende il proprio romanzo di « eroina infelice per amore » (con tutte le varianti del caso, previste dalla *Carte du Tendre*), la propria parola romanzesca (la stessa di Paolina, appena velata nelle continue rappresentazioni verbali dei fantasiosi progetti di fuga: una somma di tutti i romanzi possibili dei personaggi bantiani). L'accordo, inevitabile, avviene a metà cammino, quando Marguerite Louise si lascerà controllare e la Banti potrà smascherare la sua mitomane dal sogno grandioso non realizzato (Marguerite Louise pensava di diventare regina di Francia), che rende impossibile ogni situazione di adattamento alla mediocrità, fino alla deliberata scelta dell'itinerario nel senso opposto della gloria, nella direzione, cioè, dello scandalo: l'essenziale è salvare « l'esser protagonista » (mai il sogno di vita straordinaria di Paolina era giunto a tanto). Al « Sire, sono contenta » strappato dalla logica del ragionamento (« o le nozze toscane o il convento »), non poteva che fare eco quel « voi fate la mia infelicità ed io la vostra », che Marguerite Louise scaglia contro il marito. Del resto, Cosimo, entrato per calcolo a far parte del romanzo della vita di Marguerite Louise, tra santi e demoni da tenere a bada (e riaffiora l'ironia a fior di labbra e a volte la franca risata di chi, dal *Coraggio delle donne* in poi, non ha mai mancato di segnalare l'intrinseca comicità di certe situazioni e caratteri umani), non ha la possibilità di variare alcunché. I suoi non-requisiti, un intricato miscuglio di misoginia e bigottismo (un'altra analisi: « teme le insidie del Maligno. La sua certezza terrestre è la Romana Chiesa »), non deludono affatto Marguerite nella composizione falsata del proprio universo; un marito da odiare, incasellato nel ruolo, anche se reale, di « colui che perseguita », non poteva che completare l'insieme. In un certo senso, però, l'infelicità che li accomuna serve ad entrambi: se, per Marguerite Louise, Cosimo è l'alimento dei suoi deliri paranoici, Cosimo, a sua volta, trova nella moglie il soggetto adatto al suo masochismo latente. In questa prospettiva di *voyeurisme*, non gli rimane che passare dalla parte di chi sta a guardare: piú che praticarla, sua moglie, Cosimo se la fa raccontare, se la guarda da dietro le quinte (non passivamente, però, anzi provocando lo spettacolo della vista e della parola per saziarsene in ogni senso). È che, paradossalmente, Marguerite Louise appartiene, già dall'inizio, allo *status* della « persona che si racconta »: in sostanza, non farà che essere ricoperta dalla parola dello scandalo nel tempo; salvo che nella fuga notturna con il cugino Carlo di Lorena e nelle avventure con Alexandre Gentilly al convento, Marguerite Louise non si vede mai « fare » lo scandalo; bisogna prestare fede al « dire che si fa di lei », alle iterate asserzioni sulla sua vita libera; ed è questo scivolare sul fatto scandaloso che la convince a ridursi alla dimensione scritta del personaggio e ad accettare la favola allusiva ripropostale dalla Banti:

« Da quanto tempo la zanzara attrice ha rinunciato ai suoi interventi protestatari? Forse ha capito che non le conviene rimestare nel calderone della sua vita sfasata, piena di contraddizioni e di livori impotenti che la gente di oggi liquiderebbe con un'alzata di spalle [...]. È stanca di essere stata viva, Marguerite Louise e non apre piú bocca. In fondo, la favola che ascolta le pare piú verosimile delle astuzie con cui si illudeva di coprire i suoi peccati; tutti veniali, per noi del secolo XX ».[27]

E questa frase, che si presenta chiusa nel calco dell'eco di Artemisia (« Da quando m'ha lasciata? Risalgo per le vicende di questo disperato incontro e non so fissare il punto [...]. Non la sentirò piú protestare e ricusare [...] non mi aiuterà piú [...]. È rientrata nella luce remota di tre secoli fa, e me la sbatte in faccia »),[28] serve a mettere allo scoperto la distanza che separa le due « protagoniste ». Il rimpianto dello spengersi della voce di Artemisia impedisce irrimediabilmente la confusione tra le due immagini: la storia di Artemisia può continuarsi « in segreta espiazione »; per Marguerite Louise, al contrario, è venuto solo il tempo del mutamento. Ormai il racconto si farà per interposta persona e il manichino potrà concedersi l'ultima intrusione prima di cedere definitivamente il posto della narrazione. E, nel ripetere l'inutile rito della « camicia bruciata », Marguerite Louise non si era forse già vista sullo stesso piano del linguaggio letterario, cioè nell'atto di dire e di fare « come se » l'immaginario (il suo amore romanzesco) esistesse?

Il consenso alla conversione da attrice a personaggio provoca l'insensibile transizione dal racconto recitato al racconto sul personaggio (la vita di Marguerite Louise in convento) o, meglio, dell'assenza del personaggio. Anche l'ultima protesta di Marguerite Louise, « non voglio che si parli di me né in bene né in male », rimane inascoltata:

Cosimo, per il « deliziato supplizio » che gliene viene, non smetterà mai di farla pedinare (« È il suo dovere. È il suo piacere »). Gli istanti piú vissuti della sua esistenza gli verranno — nella sagrestia — proprio dal fantasma della moglie:

« Cosimo non medita: vede. Le carni traspariscono, ripete mentalmente; tanto dire che Marguerite si bagna nuda [...]. Gli informatori lo ingannano, non dicono tutto, la Corte di Francia è un bordello [...] gente dannata fra cui, irrimediabilmente attratto, Cosimo si sente mescolato, dannato anche lui, con brividi di abbandonato piacere. Disperato e sazio ».[29]

I figli, Gastone, Anna Ludovica e Ferdinando, entreranno nell'ordine del racconto proprio alla ricerca della traccia — i ritratti — della madre assente. E il riaffiorare, nel loro ricordo, del giorno della partenza, aggiunge la tessera mancante alla ricostruzione della vita di Marguerite Louise (l'episodio era stato saltato completamente). Comunque, non è l'impronta del passato che il ricordo connota ma è il segno di una progressiva messa al presente (il bellissimo « c'est maman » di Gastone)[30] in cui Marguerite Louise si rivede trasposta in simulacro di senso. Proprio questa dimensione giustifica il cambio del personaggio, che sembra realizzarsi con l'entrata di Violante, la nuora tedesca; anche lei, però, in Ferdinando ama soprattutto il figlio della « dama di Toscana ».

6. Sarà proprio lei, Marguerite, l'« assente », a servire da strumento di rivelazione per Violante, nelle pagine in cui si libera, davanti all'interlocutore finalmente trovato, del romanzo della sua vita:

« Smettila di fare del sentimento alle mie spalle: quante volte l'ho da ripetere che non sopporto la curiosità altrui? Io non ho mai amato nessuno perché nessuno mi meritava [...]. No, non sono il diavolo, sono il tuo cervello che lavora contro la tua volontà mortificante: le tue visioni non hanno altra origine. Hai messo in ceppi la tua intelligenza che di soppiatto ragiona e si vendica scaricandoti nel ruolo di ossessa: è giunta l'ora di liberarla ».[31]

Il portare Violante all'accettazione di sé significa non solo rendere il posto al narratore, ma vuol dire anche, nel movimento di riconciliazione con la Storia (la lettera dell'esame della Cintia),[32] mettere allo scoperto il luogo del significato da decifrare, che Marguerite Louise non ha smesso di occupare dall'inizio del racconto: è nella misura in cui viene delusa la sua pretesa di scrivere il « romanzo », che le è stato tuttavia concesso di rivivere, che l'avventura del libro si può realizzare e con essa la piú compiuta trasposizione di tutto l'universo bantiano: il « narcisismo dell'autrice » (Pasolini),[33] la pittura, l'amore in tutti i suoi aspetti, la Storia e al di sopra di tutto questo, appunto, il definitivo rivelarsi in Marguerite Louise (e Violante) « persona storica e persona inventata ».

7. *La camicia bruciata* si situa, infatti, nella esatta congiuntura che rende attuabile, oltre la rappresentazione romanzesca, la malattia di chi scrive romanzi e non può farne a meno: non è senza motivo che questo libro contenga un cosí grande numero di dichiarazioni poetiche, come *Artemisia*, come *Je vous écris* e *Noi credevamo*, tutte opere a *finzione storica* che, per definizione, cioè situandosi al di fuori di ogni possibile messa al presente (basterebbe citare le date-*exergue* di cui la Banti fa un uso continuo: « Anno 1660 », *La camicia bruciata*; « Anno 1692 », *Tela e cenere*), oltre che mascherare l'indice di soggettività dietro alla combinazione strategica della creazione oggettiva, provocano una serie di approcci falsati: l'opera d'arte che ci si pone davanti, puntellata da un reticolo culturale cosí caratterizzato, non può trasformare la lettura in una operazione rassicurante di automatica comprensione. La Storia, infatti, può fare a meno dell'apertura sull'infinito.

In questa prospettiva, continuare a volere « inventare con verosimiglianza », non è forse rimettere in questione la vocazione della poetica storica, che invece tenderebbe a far correre il linguaggio dietro ad un reale antecedente (il realismo del passato), dato che la Storia, per la Banti, deve subire la manipolazione immaginativa? « Lasciatevi inventare con verosimiglianza », protesta la Banti con Marguerite Louise, il che equivale non solo ad ignorare l'antinomia fra caso e determinazione, ma vuol dire anche puntare il dito sul limite di silenzio che la Storia copre nella sua sur-significanza apparente:

« Passi perduti, segni labili che il *tempo non ha raccolto* additavano lacune da colmare, rammendi da tessere coi fili delle giornate *apparentemente senza eventi*. Ne nasceva un drappo istoriato, di gesti fuggevoli, di sentimenti taciuti, di propositi lasciati cadere; segreti rimasti nell'ombra o non mai formulati se, un giorno del 1661, una quindicenne di sangue reale, irrequieta e ambiziosa, non avesse detto, inchinandosi: "Sire sono contenta" ».[34]

Mai, prima di queste righe, la Banti si era spiegata in termini poetici di eguale precisione: la sua « vocazione storica » non è la referenza culturale (il Seicento della Banti) né il « contenuto » del romanzo, ma appare come il mezzo per raccogliere il reale disperso, nella stessa volontà totalizzante, sempre delusa, del romanzo moderno.

La vita di Marguerite Louise si impone come materia del narrare, proprio perché, ai fatti nel tempo che l'hanno intessuta, la prova della verità non è utile se non come verifica di coerenza del ricreare, che comporta proprio la messa a distanza del vero, del fatto storico. Solo allora, nell'obliquità dello sguardo indiretto che le dà consistenza, Marguerite Louise può trasformarsi in « strumento di significato » per i personaggi che, in qualche modo, « stanno per lei » (la sostituiscono materialmente dal III capitolo alla fine), consentendo il rilancio del racconto e la descrizione dell'arco di coerenza temporale, che si ricongiunge con la parola « fine », scritta nello sguardo fisso degli « occhi larghi e limpidi » di Violante, l'altra parte saggia e sofferente di Marguerite Louise, l'unica che giungerà ad accettarla per sempre (« Cara Marguerite, mormora scoprendo in sé, per la sua strana suocera lungamente temuta, una pietosa tenerezza... »).[35]

E, ancora una volta, l'ellissi del termine non è che il rinvio al momento iniziale di fiducia nella scrittura. Il presente di narrazione (o di cronaca, nel calco degli archivi secenteschi) ha la funzione illusionistica di specchio magico che produce e riassorbe il « dire che si fa », realizzando il tentativo di rendere il tempo reversibile, percorribile in ogni senso, per cui l'« ora » della scrittura raggiunge e confonde l'« allora » della Storia, non circolarmente, ma nel senso lineare dello iato che, appena colmato, si riapre. In questo movimento l'istanza narrativa non può mettersi allo scoperto, nell'atto stesso di compiere la divisione fra verità e finzione (« La storia è avvezza ad inventare e talvolta inventando scopre la verità »), nell'atto stesso, cioè, del narrare in sé, il solo che possa cancellare qualsiasi anteriorità, sia storica sia reale: « Il tempo non mi comanda né ho ordini da dargli, anche perché non credo che esista »,[36] è la replica del gesto che obbliga la storia a restringersi nella funzione interna di avvenimento narrato; ed allora il racconto diventa « un parlare la Storia », proprio a partire dall'invenzione che ha per fine di annullare il discorso che la fonda. In definitiva, la distanza storica, tramutatasi in prossimità narrativa (tutto accade di nuovo qui e ora ma differentemente; per questo Marguerite Louise somiglia a Paolina), accantona il pericolo della vita romanzata (il progetto di Marguerite Louise) e, nel contempo, rivela in tutta la sua flagranza l'atto del narrare in sé, nel tentativo di barattare la scrittura per la vita.

E il baratto era cominciato subito, coscientemente, proprio nel momento in cui Paolina aveva scelto il racconto della sua stessa vita in luogo del puro e semplice ricordo del proprio passato.

8. L'ultima pubblicazione della Banti, il libro di racconti *Da un paese vicino* (1975), inserisce in questo diagramma dell'« ordine del tempo e della finzione » un ulteriore margine di conferme e di conquiste.[37]

Diciamo subito che non è facile (né utile) fare minutamente le parti fra le due componenti; vi è comunque un fatto indubitabile che ci consente di riconoscere, nella continuità dell'ispirazione e dei modi di scrittura bantiani, un globale quadro di riprova del permanere e del variare dei motivi che, abbiamo visto, si sono finora rivelati come i cardini piú fermi dell'universo della Banti. In sostanza, come non manca già di rilevare Giulio Cattaneo nel risvolto della copertina, si tratta di mettere subito in correlazione il fatto della evidente parentela fra la funzione del « paese lontano » (*Je vous écris d'un pays lointain*) con quella del « paese vicino » (assunta polemicamente dal titolo stesso). L'accostamento è tanto piú pertinente in quanto, nel dettaglio dei problemi, affiorerà in modo chiaro l'identità di interesse e di aspetti che rendevano già vicino il « paese lontano » (l'*ailleurs* è ambivalente distante e prossimo).

Non casualmente, forse, i racconti del libro sono disposti in maniera da essere compresi entro i due spazi piú emblematici del «paese vicino», quello reale e quello «trasposto» (*Insufficienza di prove, La signorina*), mentre all'interno di essi si stabilisce una sorta di libero andirivieni fra i temi.

Dopo tanti anni, in pratica (si pensi alla tematica di prove come *Un ragazzo nervoso, Il colonnello* e al libro *Le mosche d'oro*), riemergono, negli intrecci narrativi, motivi «urgenti» e diretti: un misterioso delitto (*Insufficienza di prove*), l'odissea di un'opera d'arte (*Tela e cenere*), un rapimento (*I velieri*), accanto a temi che facilmente potremmo riconoscere come intrinseci alle «piccole grandi spiegazioni» proprie all'universo della Banti, dalla spavalda confessione di Stefanella Tramonti, l'eroina o, meglio, la voce di *Quel diciassette aprile*, alla rivelazione ultima della *Signorina*, passando attraverso l'«alternarsi di sondaggi rapidi e di lente accumulazioni, di toni aspri e teneri, di gelo vitreo e di fuoco stregonesco» (Cattaneo)[38] delle altre storie piú brevi (quella delle due famiglie amiche-nemiche Bastogi e Parodi in *Un lungo rancore*, l'insondabile rapporto fra i due amici di *Difficile da capire*, oppure il monologo de *Il sapore di un sentimento* o l'avvicendarsi delle quattro voci di *Parole sul filo*).

Ciò che singolarizza particolarmente questo libro di racconti, oltre al riuscito incontro di motivi e toni nuovi e di sempre, è la predominanza della sua «voce», vale a dire che la quasi totalità delle narrazioni (escluderemmo per alcuni versi solo *Tela e cenere* e *Un lungo rancore*) viene condotta da una voce narrante che, molto spesso, coincide con quella dell'eroe primario (l'eroe è colui che racconta); di conseguenza è il timbro vocale e non l'azione del protagonista a fare da filo conduttore dei fatti, giungendo il personaggio di queste storie (come Marco in *Insufficienza di prove* o Jean dei *Velieri* e Carla del *Sapore di un sentimento*) all'estremo limite di un processo di funzionalizzazione, portato avanti in sordina (si pensi ai «ritratti in piedi» di *Allarme sul lago* oppure a quelli della recente *Camicia bruciata*) mediante l'assottigliarsi dei tratti del disegno delle figure e l'incidenza sempre piú decisiva delle ragioni, dei moventi dei fatti (umani); questo non significa che al punto di approdo si trovi una pura psicologia (o una simbolizzazione), bensí un puro racconto: il dire.

È sul « filo delle parole » che si dà corpo e concretezza ai fatti, per lo meno la concretezza di cui si accontentano, e dietro ad essa è possibile riudire tutte le parole dei racconti passati che sostituiscono personaggio a personaggio (Marco a Libero, Mariuccia a Lisetta, Carla a Varvara, Mariella a Mustiola, Stefanella ad Arabella, la Signorina a Maria Alessi; e, piú in profondità, tutti a Marguerite, Paolina, Violante).

Abbiamo posto il primo dei dieci racconti, *Insufficienza di prove*, fra quelli con ispirazione nata a partire dall'attualità ed infatti, dietro al giallo del delitto perfetto compiuto nella villa dei nuovi nobili Alberani, agisce tutta una serie di questioni tratte dalla storia che stiamo vivendo: bombe molotov all'università; un giovane borghese, Marco, e sua cugina Mariella, simpatizzanti per il proletariato, da una parte; ultimi *viveurs* (Edoardo, l'altro figlio del barone Alberani) e accaniti borghesi (il clan del marchese Fabi e gli altri Alberani, piú o meno tarati e schizoidi) dall'altra. Lo stesso delitto (l'uccisione della bellissima e odiata Alice Alberani, seconda moglie del barone) e il processo che fa seguito appaiono come i quadri emblematici dello scoppio del « bubbone » e del suo riassorbirsi, perché, effettivamente, con la scarcerazione per « insufficienza di prove » di Marco, l'auto-accusato, e di Giovanni, l'autista indiziato e fino ad un certo punto reo confesso, e la scomparsa dell'insondabile Mariella, nulla sembra essere accaduto dietro ai cancelli richiusi della villa Alberani.

Soltanto Marco (e Mariella, misteriosa creatura intrisa della sostanza allusiva da cui erano state ritagliate le precedenti « eroine » che piú le assomigliano: Mirella delle *Mosche d'oro*, Mustiola di *Campi Elisi*, Artemisia bambina e la giovane Melisenda della storia di Joveta) opera affinché lo scoppio diventi realmente mortale, per la propria espiazione e per la punizione della propria classe.

L'effetto piú determinante di un simile impianto nei rapporti dei problemi consiste nell'imbricazione degli aspetti e delle realtà fra di loro: primo fra tutti — che poi diventa motivo di ribellione in Marco — è la rispondenza fra delitto e impunità nei crimini della borghesia; da sempre Marco si è sentito in dovere di estraniarsi da coloro

— i borghesi — che considera gli eterni colpevoli e, per farli uscire allo scoperto, si accusa dell'uccisione di Alice Alberani, costruendo anche tutte le « prove » a proprio carico:

« "Personalmente mi ritengo un giustiziere della donna [Alice] che ha soppresso mia madre e un capro espiatorio di troppe nequizie che la mia famiglia da almeno mezzo secolo ha commesso per conquistare la ricchezza: ma so che davanti alla legge sono soltanto un criminale. Non domando clemenza ma severità perché intendo pagare al centesimo tutti i debiti accumulati dagli Alberani. Quel bubbone bisognava tagliarlo e io l'ho tagliato". Con questa immagine avrebbe concluso la sua confessione che, lo sperava, avrebbe provocato una tempesta d'indagini sulla moralità e il comportamento, pubblici e privati, di tutti i suoi, compreso il marchese Fabi, e un fiume di fango avrebbe coperto i loro nomi. Sparita Mariella, nulla e nessuno meritava di salvarsi ».[39]

Marco, com'è ovvio, non riesce ad attuare il suo progetto di sovversione; il suo « racconto », attaccato da piú parti dalla prova dei fatti, non regge, per cui la sua sfida, la sua « dichiarazione di guerra alla società », si vanifica nella maniera piú umiliante per lui, perché pubblicamente Gianna, la sua governante, riesce a dimostrare la mania auto-persecutoria del ragazzo affidato alle sue cure:

« Con l'adolescenza la sua psicosi prese la forma di una mania autopersecutoria che lo portava ad accusarsi di colpe inesistenti. Sulle prime questo atteggiamento non venne preso sul serio, si pensava che influissero su di lui i compagni contestatori, Marco diceva che il semplice fatto di essere un borghese era una colpa da espiare. Ma in certe ore, quando l'applicazione allo studio era stata eccessiva, il poverino farneticava asserendo che la sua famiglia avrebbe pagato col sangue la sua agiatezza e che il popolo ne avrebbe fatto giustizia [...]. Comunque se per ciascuno di noi quel barbaro assassinio è stato un colpo tremendo, per Marco ha rappresentato l'inizio di una specie di freddo delirio. Confessandosi autore di un crimine che si compí proprio la notte in cui i suoi nervi erano piú scossi del solito, ha creduto di liberarsi dal complesso di colpa che lo affliggeva. Né mi stupisco che lo creda ancora ».[40]

Dopo questa sconfessione pubblica, a Marco non resterà che scomparire, come la nipote Mariella, in una sorta di sogno che, forse, non è altro che la morte (mentre riemerge la maniera delle chiuse dei racconti bantiani, che

163

accompagnano letteralmente lo sfiocarsi della realtà della parola).[41]

9. Il non salvarsi di Marco riconduce a quegli itinerari emblematici per cui quello che importa non sono affatto gli esiti, ma la prova in se stessa, il tentativo di dare un senso al proprio esistere; e gli sconfitti, come Giulio Cesare dell'*Altipiano*, Libero delle *Mosche d'oro* o Domenico Lopresti di *Noi credevamo*, non sono affatto tali, ma soltanto degli insensati.

Ciò che appare essenziale agli occhi di eroi cosiffatti è l'atto di « disperata sincerità », che li consuma tuttavia come un agire malefico, tanto da far pagare molto caro il prezzo della loro volontà di mettere in questione i rapporti con il mondo; lo stesso bisogno di « disperata sincerità », di molti eroi bantiani, non si trasforma in autocondanna solo se abbordato dal lato ironico, in quanto confessione spassionata e spregiudicata, come quella di Stefanella in *Quel 17 aprile* o Carla, all'esame della « donna felice », nel *Sapore di un sentimento*.[42]

Questi due modi strutturali di appropriarsi della problematicità del reale, in sostanza, non sono eccentrici nella Banti, né si presentano totalmente scissi, nella misura in cui anche l'« eroe insensato » sorveglia ironicamente le proprie velleità. Il personaggio bantiano, lo abbiamo sperimentato, senza essere un « volontario » non è un inetto e conserva, anche se ad intermittenza, la facoltà di guardarsi agire, di vedersi come un altro e raccontarsi — talvolta ironicamente — la natura di « quell'altro »; il doppio del personaggio, in pratica, esiste a piú livelli, concretamente — e pensiamo qui a tutti i duplicati, da Paolina in poi — e fittiziamente, come nei momenti in cui le parole diventano autonome, al punto di creare racconti, con personaggi auto-prodotti. Tutta la chiaroveggenza di Carla, ad esempio, viene da lí, da un subdolo fenomeno di raddoppio, per cui, nella figura ectoplasmatica dell'altra donna, lei stessa riesce a percepire l'immateriale sapore del sentimento della felicità.

In questi frangenti modali non è facile misurare, ad esempio, se siano le ragioni del racconto a prevalere o quelle delle « spiegazioni », vale a dire se interessi di piú all'autore costruire un personaggio oppure le motivazioni di esso, in modo da utilizzarlo canonicamente come strumento gnoseologico. Abbiamo visto come la tendenza bantiana al racconto tenda a confondere l'analisi con il *récit* e viceversa, proprio perché, in sostanza, in ogni analisi è necessaria una proiezione narrativa, bisogna cioè avere la possibilità di vedersi agire per tentare di afferrare le motivazioni di cui si è alla ricerca. E pensiamo particolarmente a due racconti di questa raccolta, *Quel 17 aprile* e *Parole sul filo* (in quest'ultimo l'artificio della quadruplicazione della voce narrante — della figlia, della madre, del padre e della nipotina — scinde in quattro versioni la realtà di pochi avvenimenti, anzi di semplici rapporti delle persone tra loro, in maniera da comporre, per ogni personaggio, una dimensione multipla, un'analisi a piú sfaccettature, quattro versioni di un medesimo racconto, del racconto che spontaneamente noi fabbrichiamo sui rapporti, sull'esistenza stessa delle persone che ci circondano; malgrado la sua apparente formalizzazione, l'artificio è dunque, paradossalmente, dei piú « realistici »).

10. Anche l'« intreccio » di *Quel 17 aprile* si costruisce intorno alla lettera-soliloquio di Stefanella, scaturita da un momento di stasi e da una volontà di chiarificazione:

« Breve, il mio passato: ho venticinque anni e da due sono sposata, come dire sono un'altra persona che, per la verità, non mi è simpatica. Adesso, nell'immobilità del corpo, lo vedo come un magazzino da frugare, una pericolosa caverna da esplorare [...]. Per chiarirmi ho deciso di scrivere a qualcuno quel che la memoria, finalmente liberata, mi detta, il nero su bianco è un rischio ma anche un esorcismo. Del resto se tu esisti come ti immagino, sarai il mio unico lettore ».[43]

A questo « unico lettore » Stefanella ritraccia il suo corto passato, con le persone che piú hanno contato per lei: la madre, la zia, il cugino e l'amante del padre; in breve, una storia non eccezionale, di ragazza piú che agiata, alle prese con le prime esperienze d'amore, con il disaccordo familiare e che approda, alla fine, ad un « matrimonio di testa ». Dietro a questo impianto banale c'è l'analisi, il tentativo di spiegazione dei rapporti con gli altri: con suo padre, con il cugino, con la madre, Rosalia, causa del suo primo trauma inconscio:

« A chiunque racconta che da quattro mesi esatti, cioè dal

165

17 aprile, suo marito non ha dormito con lei, non l'ha toccata; prima ha diviso i letti, poi la camera. Sembra che questo fatto di non esser "toccata" e dormir sola sia una catastrofe, impossibile rassegnarsi ».[44]

Non è difficile capire come, attraverso quest'analisi, Stefanella possa arrivare a scoprire il doppio filo che incatena tutti i problemi quando, nella ripetizione che gli atti umani comportano, si troverà lei stessa di fronte ai medesimi problemi (e pensiamo all'esperienza rivelatrice dell'amore con Corrado):

« Nei rari momenti che Corrado non mi era vicino io lottavo fra uno struggente languore e una gran rabbia contro di lei [la madre] e contro tutti. Era dunque questo il segreto per cui una donna non può fare a meno di un uomo e averlo scoperto cosí presto mi inveleniva: tutta colpa di Rosalia, mi dicevo, dei suoi lamenti, delle sue lacrime di sposa abbandonata ».[45]

La conclusione spassionata con cui Stefanella congeda quel suo presunto lettore (« Ho fretta di non essere piú bella. Ho fretta di invecchiare ») non lascia dubbi che l'autoanalisi sia riuscita a mettere a vivo il continuo compromesso che logora e ha logorato la sua esistenza e quella dei suoi, ed è alla luce di questo vaglio che la storia di ogni vita può diventare significativa, solo se rivista, cioè, attraverso lenti piú spietate che possano, per una volta, servire a valutare quello che viene accettato normalmente: i giochi sociali, il matrimonio, il divorzio, i figli.

All'inizio del nostro discorso su questi racconti, avevamo segnalato la loro caratteristica di « oralità », di predominanza del soliloquio che già altre volte abbiamo avuto modo di notare, in quanto modalità specifica della narrativa bantiana e mezzo per far presa, seppure in modo effimero e provvisorio (tutte le spiegazioni, in definitiva, mancano dell'ultima tesi, della spiegazione vera e propria) su tutti i gesti ed i fatti minuti che negli anni continuano a sfuggire. La storia della *Signorina*, invece, rappresenta il definitivo ribadirsi di un racconto ininterrotto e della storia della sua origine.

11. Quella della *Signorina* non è una pura e semplice confessione, ma rappresenta soprattutto, in maniera circostanziata, la via iniziale della vocazione bantiana (la « Si-

gnorina », che diventerà la « Signora X », è verosimilmente la stessa persona che si trova dietro allo pseudonimo di Anna Banti). Nella storia della Signorina a noi interessa non soltanto quello che, attraverso il racconto, possiamo rintracciare di un passato che per l'autrice ha contato molto (l'incontro e il matrimonio con Roberto Longhi), pur non volendo, tuttavia, negare l'urgenza « sentimentale » di tale evocazione, che le modalità tonali confermano, da quelle delle descrizioni dei primi incontri (« Prima di uscire si era guardata allo specchio: una pastorella, con quella larga pamela fiorita di violette e quel vestitino verde acqua che la rendeva trasparente »; e altrove « [...] "arrossendo le viene in mente l'unico giorno che entrò in quella stanza d'affitto, lei era vestita di bianco e di azzurro, lui era nervoso e disse: "mi dai soggezione" »),[46] a quelle dei dettagli di episodi, come quello della fotografia con il cucciolo maltese.

Senza sminuire tutto questo, dunque, il nostro interesse è appuntato preminentemente sull'impianto e sulle ragioni di questo « racconto del racconto » e sugli addentellati che inevitabilmente esso offre con tutta l'opera bantiana.

Possiamo dire che quest'ultimo libro della Banti ci consente l'insperata possibilità di chiudere questo abbozzo della sua storia con una « storia » che, in pratica, la racchiude compiutamente. E pensiamo non solo a tutto il materiale che, vedremo, potrà essere utilizzato concretamente per ricostruire, oltre che la nascita di una vocazione, la tematica precisa delle prime opere (1937-'47) e per riconoscere l'atmosfera stessa, il « colore locale », della vita vissuta dalla « Signorina » e dalle eroine bantiane dei racconti e dei romanzi « borghesi » (Mariuccia, l'enigmatica protagonista di *Un lungo rancore*, è ancora un prolungamento di quelle figure post-ottocentesche della borghesia decaduta, come tutte quelle che la Banti ha derivato dai racconti « di famiglia »).

Se, con il dovuto riconoscimento della presupposta concretezza autobiografica, puntiamo essenzialmente sul valore « diegetico » di questa confessione, è perché riteniamo che l'intento principale sia indirizzato meno verso l'analisi della propria vita che verso il « racconto del racconto » (abbiamo visto come da *Itinerario di Paolina* in poi la materia di questo racconto iniziale costituisca il substrato disperso di tutta l'opera bantiana; questa volta, però, sono rappresentate anche le sue cause originarie: la « signorina » ci rivela, infatti, che la « scrittrice » nasce dopo che, essendo divenuta moglie dell'« inarrivabile Amato », la « signora » scopre la propria « vacanza »; da quel momento tutto il programma tradito della « signorina » riemerge fino a trasformarsi, per la signora, in « storia » della propria vita); anzi, leggendo alcuni racconti (*Insufficienza di prove, Quel 17 aprile, Il sapore di un sentimento*), si ha la netta impressione che la voce della « signorina » abbia tentato di mimetizzarsi prima di consegnarci un racconto scoperto.

Pensiamo a quelle sfuggevoli intonazioni, cui l'autrice non ha mai rinunciato, che trapuntano le confessioni di Stefanella o di Clara (si confrontino con le parole di quest'ultima, dagli accenti cosí riconoscibili: « *Non aveva mai amato il presente: lo trovava mediocre, lo sopportava con impazienza, solo passato e futuro la interessavano* [...]. Appagando assurdamente il suo *capriccio di ubiquità immobile*, immaginava una sorta di *vertiginosa lentezza* che permettesse all'uomo di appropriarsi *simultaneamente di quanto lo spazio e il tempo offrono.* Era un'ipotesi affascinante che l'affrancava da uno dei suoi tabú, dal sospetto di diminuirsi *contemplando il passato* ») e alla brevissima ma indicativa intrusione dell'episodio di *Insufficienza di prove,* quando Marco, in un gesto fin troppo connotabile, seduto al banco degli accusati, si sofferma ad ammirare il « soffitto di glorie angeliche » (« per domare il battito precipitoso del cuore cercava di distrarsi chiedendosi se quegli affreschi appartenevano al diciassettesimo o al diciottesimo secolo; *fin dal liceo la storia dell'arte era stata il suo hobby* »).[47]

Con tutto questo vogliamo dire che c'è stato, forse, come un tentativo di rimuovere una forma di espressione « diretta » che rischiava di poter essere guardata da una visuale esclusivamente autobiografica (senza contare poi la nota reversibilità tra funzione analitica e narrativa che la sostanza auto-referenziale detiene); al contrario, il materiale della *Signorina* ci consente di verificare concretamente la fondatezza e la portata dell'impianto di quelle regole di minima grammatica di base, nelle quali ogni volta ci siamo imbattuti, dalla ossessiva ricombinazione dei pochi temi « profondi » (la « colpa di Eva », il « gusto della cattiva sorte », il bisogno di raccontare, l'esorcismo del tempo) alla loro moltiplicazione fabulatrice (la vocazione della poetica storica, le « copie » dei personaggi), fino alla matrice generativa potenziale e attualizzata di tutti i *récits* ricorrenti.

In pratica, dunque, affiora nella storia della *Signorina* l'istanza narrativa, di natura « metadiegetica », immediatamente connotabile come narrazione di quel racconto ininterrotto che ricostruisce i pezzi del romanzo originario (ricostruendosi, peraltro, a partire da esso):

« Ha fama di superba, lei spiega che è soltanto timida, ma sa bene che la sua timidezza è insofferenza della frase banale, del complimento goffo. Spesso sogna di essere costretta a sposare qualcuno, non sa chi, si vede all'altare e un no che non arriva a scoppiare le stringe la gola: allora si sveglia di soprassalto e respira con delizia la sicurezza della sua libertà ». E ancora: « Le sue gelosie erano fulminee, taciturne e brevi: da ragazza s'era tormentata a proposito di una compagna di corso che a lei pareva un prodigio di grazia. A quel tempo, era certa che il suo idolo ne era preso, e gli dava ragione, in un certo senso l'amava anche lei, per procura ».[48]

È impossibile non ravvisare in questi stralci della « confessione » la « superba timidezza » di Paolina, Artemisia e di tanti altri personaggi e il sogno maligno di Fernanda Lazzeri insieme al « balordo sentimento » di Maria Alessi per la sua compagna; persino i tentativi della Signora X di rendersi utile al marito (« Disoccupata, si butta al lavoro subalterno, ai compiti di segretaria: un ripiego sbagliato perché l'ordine, la precisione, la ricerca paziente non convengono alla sua natura »)[49] non mancano di evocare spontaneamente identiche scene di episodi romanzeschi trascorsi, come, ad esempio, Artemisia e Cecilia De Gregorio intorno al padre.

Artemisia stessa e tutta la vocazione storica bantiana nascono casualmente durante le escursioni nei musei, ritrovate nel desiderio « di prestare un segreto omaggio al grande studioso di cui portava il nome »:

« Scrutando antichi testi e ritrovandoci talvolta i segni — a matita, sul margine — del suo lavoro di studente, stupiva di certe sue nuove interpretazioni. Alzando gli occhi dalla pagina si perdeva evocando quasi otticamente immagini di monaci astuti, di guerrieri bestiali, di città saccheggiate, di dense foreste intatte. Gli storici, i poeti della bassa latinità, i ceffi dei vandali, degli unni, l'affascinavano ».[50]

I luoghi narrativi, i luoghi di vita vissuta dalla « signorina », appaiono fin troppo rispondenti, sostituibili segno per segno, per cui diventa quasi infondata ogni operazione tesa a porre il discrimine fra i fatti di parola e i fatti vissuti realmente. Una ulteriore riprova della tangenza con tutto il narrato ci deriva dalla traccia che la vocazione narrativa disegna nel suo definirsi, da embrione ibrido, caricato di uno strano miscuglio di motivi, solitudine, timore della felicità, un'impercettibile sfumatura di sentimenti contrastanti (cfr. « [...] ogni giorno la fulminea genialità del compagno l'arricchiva e, insieme, la cancellava ») di desiderio di compensazione, per ricambiare col proprio valore il suo valore e pagarsi dall'ammirazione per lui con una ammirazione uguale, alla volontà di riscatto dal tempo:

« S'interrogava arrossendo: era dunque questo il segreto delle sue inquietudini: *il colloquio fra la carta e la penna che prometteva una seconda vita* e per gli anni tardi — se pure verrebbero — l'unica vera pace. Sui vetri rigati di pioggia che il suo fiato appannava, alitava il volto un po' appassito della negletta "signorina". Essa perdonava, ma il prezzo del riscatto era alto ».[51]

12. L'*Itinerario di Paolina* ha voltato la prima pagina di questo riscatto mediato dalla parola; parola — e non scrittura — non tanto per il carattere di oralità del racconto primo[52] ma soprattutto perché anche dopo che il racconto si sarà consegnato, com'era inevitabile, alla finzione romanzesca (l'affabulazione) la presenza di questa istanza narrativa originaria sarà riconoscibile attraverso i segni sostitutivi della sua oralità: le pieghe ironiche della voce narrante, i gesti, lo sguardo del narratore, le ricorrenze tematiche « autobiografiche », la pratica del discorso diretto ad un narratario interno (se stesso).

In questa prospettiva *La signorina* non può non apparirci come il luogo dichiarato di quel « divenire scrittore » in cui Genette, in sede proustiana, riconosceva il vero soggetto della *Recherche*.[53] Solo che questa definizione, adatta a ricondurre in area tradizionale ogni ricerca del romanzo moderno — « il romanzo come ricerca del romanzesco, dove l'eroe è costretto a non raggiungere il narratore »[54] — non trova una replica esatta nella Banti. Proprio alla luce di questa ultima tessera della sua narrativa, risulta evidente lo spostamento di angolazione di cui bisogna tener conto: il « divenire scrittore » della Banti passa, in effetti, preliminarmente attraverso il rifiuto di sottoscrivere questa confessione diretta (ricordiamo come la scelta del racconto nella scrittrice si era subito definita come mezzo di immediata sostituzione del reale; la stessa formula dell'obiettività, il « passo indietro davanti alla cronaca » e davanti alla vita, non significavano altro).

In pratica tutto è avvenuto come in un romanzo; il racconto primo, tuttavia, non ha mai cessato di insinuarsi nelle pieghe della scrittura romanzesca, inserendovi, in definitiva, l'ostinata tangibilità della parola narrata (tutto il sistema dei personaggi « doppi », dei narratari interni, delle voci narranti, concorrono, in ultima ipotesi, a dare una dimensione concreta della funzione interlocutoria della narrativa bantiana, dove, appunto, la referenza che non deve sfuggire è quella con il racconto in sé).[55]

In questa prospettiva, *La signorina*, nel ribaltare tutti i piani narrativi, si rivela anche come la prefigurazione dell'atto narrativo globale, nella stessa misura in cui, cioè, non solo gli elementi della sua storia funzionano come per una sorta di fine dall'inizio (è a partire da ora, infatti, che una rilettura dei primi testi diventa necessaria) ma proprio nella misura in cui la definizione dichiarata delle sinonimie narrative non fa che ribadire l'incessante parlare di *questo racconto* nel (e del) racconto.

NOTE

[1] *Je vous écris d'un pays lointain*, Milano, Mondadori, 1971, p. 42.
[2] Tutti i racconti sono scritti espressamente per questo libro.
[3] La frase che potrebbe riassumerci tutti non avrebbe che un valore « storico », per lo storico (cfr. C. BREMOND quando scrive: « Un historien peut résumer un règne en écrivant: "Il s'employa à consolider son trône" ». La frase è estratta da *Logique du récit*, Parigi, Seuil, 1973, p. 196); è a partire da essa che il romanziere lavora alla ricerca del *sursis* per i personaggi (e i loro atti).
[4] *Je vous écris...*, cit., p. 11.
[5] *Ibidem*, p. 15.
[6] *Ibidem*, p. 42.
[7] *Ibidem*, p. 85.

[8] Si veda in *Tela e cenere*, cit., p. 127, la medesima tecnica di descrizione del crollo *au ralenti*: « Intanto, senza che una pur minima vibrazione fosse percepita nello studio, il quadro franò. Franò lentamente, scivolando dall'alto in basso, con un fruscio serico, e depositandosi a terra in una striscia di polvere pesante di color piombo, che non si spandeva nell'aria ».

[9] Cfr. *Je vous écris*, pp. 106-7: « [...] che Melisenda la amasse come la gente dice che si amano le madri, non le era mai venuto in mente e *chi glielo avesse insinuato l'avrebbe vista corrucciata e offesa. Ciò non le impediva* di rallegrarsi riflettendo che Melisenda continuava ad essere fragile, delicata, facile ad ammalarsi: gli uomini esigono mogli robuste e feconde, non spose angeliche che un soffio di vento porta via ». Malgrado la « trasformazione », il modello generativo riemerge ancora bene, e crediamo che il piú distante, perché ripreso da *Itinerario di Paolina*, a p. 11, sia il seguente: « Provatevi, ad esempio, a parlarle di una cuffia di velluto rosso, che, come dice la mamma, le stava tanto bene all'età di quattordici mesi. *La vedrete subito annoiata, perfino imbronciata*. Ma se rovistando nel sacco dei ritagli di stoffe che fa parte dei suoi balocchi, la bambina trova, appunto, un pezzetto di velluto rosso, eccola, accalappiata » (i corsivi sono nostri).

[10] *Je vous écris*, cit., pp. 123-24.

[11] *Ibidem*, p. 153.

[12] Si confronti con un pensiero « in eco » di GIANNA MANZINI (*Sulla soglia*, Milano, Mondadori, 1973, p. 134): « Forse il mio, adesso, è un ravvedimento, perché convengo fra me e me: non si deve tentare di richiamare in vita chi non c'è piú. Pareva un trionfo quella lunga serie di resurrezioni; e invece ne seguiva un assassinio dopo l'altro [...]. Oh, non si muore una volta sola ».

[13] *Noi credevamo*, cit., p. 49.

[14] Nel cap. II a p. 31.

[15] *Sole d'argento*, in « L'Approdo letterario », *cit.*, p. 15 (ora *A conti fatti*, in *Da un paese vicino*, cit., p. 171).

[16] *Ibidem*, p. 173.

[17] *Ibidem*, p. 175.

[18] Cfr. pp. 176-77: « Inventare un nuovo modo di approccio al mondo, dicono. Questo nuovo modo ogni parlante lo cerca e finisce per trovarlo. A meno di supporre che sinora gli uomini invece di dire quello che pensavano abbiano detto quel che credevano di pensare. Siamo, salvo errore, a due passi dalla trappola dell'"inconscio". Dunque se ti viene in bocca una parola che credi giusta, ingolla e pescane un'altra, la prima che capita, magari una parolaccia. Forse cosí si evita la supervisione dell'"ego" che esige il termine esatto, i nessi, i verbi, i relativi, insomma la chiarezza. È il metodo piú sicuro per contribuire all'educazione del lettore che deve disimparare a leggere ».

[19] *Sole d'argento*, cit., p. 32 (*A conti fatti*, cit., p. 192).

[20] *La camicia bruciata*, Milano, Mondadori, 1973, p. 12.

[21] Si veda a p. 7 del romanzo: « "Perché non la racconta lei, la storia di Marguerite Louise?" [...]. Risposi all'Amico che le

principesse dissolute o virtuose non mi interessavano quanto, per esempio, una contadina padana del VII secolo a cui in quegli anni andavo pensando. Fu solo piú tardi e per caso che, consultando per altri fini gli Archivi Medicei, la figura bislacca della sposa di Cosimo III sollecitò la mia — assai scettica, peraltro — curiosità ». E si confronti con la nota introduttiva a *Matilde Serao*: « Accettando, anni fa, di scrivere una monografia su Matilde Serao e sul suo ambiente, io non sospettavo di dover incontrare un personaggio che a meno di quarant'anni dalla morte, era già preda del mito, ma, proprio dal mito, cancellato, vanificato [...]. La curiosità in seguito, e l'occasione, nel '44, dell'antologia garzantiana prefata da Pietro Pancrazi, mi fecero accostare piú largamente alla scrittrice: spesso con irritazione, talvolta con ammirazione. Il carattere di colei che i famigliari chiamavano "donna Matilde" mi divenne piú complesso e problematico ». Anche Matilde è arrivata a un passo dallo *status* del personaggio (come, ricordiamo, Lorenzo Lotto) e se la divaricazione da Marguerite Louise o Artemisia è rimasta, essa è dovuta soltanto al fatto che ovviamente non è l'« ingrediente » a fare il romanzo.

[22] Quanto affermiamo è solo apparentemente in contrasto con il pensiero di PASOLINI (« Nessuno si è dunque accorto che la Banti ha smesso di lottare contro le resistenze della propria materia » scriveva Pasolini nel suo intervento sulla *Camicia bruciata*) rivolto piú che altro ad illustrare i « risultati » del conflitto, ciò che la Banti ha ottenuto lottando « contro se stessa che lottava » (cfr. *Anna Banti riscopre i valori della vita*, « Tempo », 31-12-1973).

[23] *La camicia bruciata*, cit., p. 12.

[24] *Ibidem.*

[25] *Ibidem*, pp. 15 e 17.

[26] *Artemisia*, cit., p. 95.

[27] *La camicia bruciata*, p. 100.

[28] *Artemisia*, pp. 120-21.

[29] *La camicia bruciata*, pp. 130-31.

[30] Cfr. cap. III del libro: « Un bambino gonfio, flaccido che ha sofferto di scrofola [...]. Si chiama Gastone, nome funesto, la balia gli ha spiegato perché [...]. Non fa capricci è fin troppo quieto, si contenta di poco, ama le bestie. I giardini di Boboli sono deserti nella vampa del pomeriggio appena incominciato. Russa il precettore col dito fra le pagine dell'erbario [...] solo lui cammina, crocchia la ghiaia sotto i suoi piccoli piedi, i bossi, gli allori, i cipressi paiono fulminati dal sole [...]. Infine, ecco la grande soffitta con le sue travi massicce: una specie di galleria lunghissima, col pavimento a mattoni scabri, coperti di una polvere densa come cenere, e, davvero, sembra che qualcosa vi stia bruciando, tanto l'aria scotta [...]. Gastone va avanti incespicando quasi fosse al buio, la luce sfasciata lo stordisce, la testa gli scoppia: morirò qui, pensa, e andrò all'inferno punito per la mia disobbedienza, mi ritroveranno chissà quando, stecchito, e nessuno mi riconoscerà per il principino scomparso all'età di otto anni [un altro romanzo!].

173

Si riscuote meravigliandosi di esser seduto in terra e sentirsi rinfrescato, adesso la galleria è in ombra [...]. Lo spazio è più sgombro e le tele appese alle mura [...] gli sono più famigliari, ne ha visti di simili nelle sale di Pitti [...]. Ce n'è di tutte le misure, ma eccone uno, il più alto e largo, che rappresenta una dama in abito straordinariamente ricco e luccicante, più grande del naturale [...]. C'est maman, balbetta, istintivamente ricorrendo a una lingua di cui ha qualche rudimento, ma che gli è proibito usare in famiglia» (l'estratto va da p. 133 a p. 135. Gastone ritroverà, poi, in un ritratto infantile, la propria idea della madre).

[31] *La camicia bruciata*, pp. 175-77.

[32] *Ibidem*; cfr. pp. 237-46. (È proprio Violante a ritrovare, nell'Archivio di Siena, le lettere e il «verbale» della Cintia. Il tutto deve costituire appunto il materiale primo servito alla Banti per il suo romanzo.)

[33] Cfr. PASOLINI su « Tempo » del 6-5-73: « Uno degli elementi fondamentali della scrittura manieristica della Banti era il "rifacimento" della pittura: il che avveniva sotto il segno del suo grande maestro Roberto Longhi. Essa aveva appreso da lui la parsimonia, la misura piccola, la strettezza, il taglio illuminante, la preziosità come rinuncia allo sperpero, la precisione delle tinte al posto del loro lussureggiare, la comprensione delle figure al posto della loro estensione [...]. Nella nuova Banti, il riferimento continuo alla pittura sussiste [...]. Solo che, come d'improvviso, tutto ciò non ha come esito l'immobilità, la fissazione del tempo; al contrario la pittura, invece che "fissare" la realtà, pare comunicarle una misteriosa ansia di scorrere [noi crediamo tuttavia che tutti questi giustissimi rilievi stilistici continuino più o meno impastati e dosati a lievitare in tutta l'opera bantiana] [...]. Forse la pittura si è fatta cinema. Fatto sta che prima di adoperare i suoi grandi quadri di minori per modellarvi la realtà, la Banti sembra ora averli spalancati, avervi fatto scorrere l'aria, avervi sostituito la prospettiva col movimento. Cos'ha prodotto questo cataclisma nel mondo stilistico della Banti? Non mi sembra assurdo o azzardato dire che il femminismo che ha caratterizzato tutti i suoi libri — con tanta moderazione e discrezione, ma con altrettanta pertinacia — non era in fondo che una forma gratificatoria e nobilitante del suo narcisismo. Ciò non si presentava che come dato di fatto, cui non andava attribuito nessun valore né negativo né positivo [...]. Ora, improvvisamente, tale amore per se stessa pare voler reclamare il suo diritto ad essere; a non avere più ritegni o remore sociali [...]. Non c'è più da avere alcun dubbio: è il narcisismo della Banti che le consente di proiettarsi nella sua protagonista Marguerite Louise d'Orléans [...] dopo Marguerite la principessa tedesca Violante ». Abbiamo visto, però, come, in maniera più mascherata, forse, tutto questo era cominciato in *Itinerario di Paolina*.

[34] *La camicia bruciata*, cit., p. 9.

[35] *Ibidem*, p. 178. La frase, come in altri luoghi del romanzo,

suona come eco del dialogo del sé a se stesso: al sé che è ovviamente anche Marguerite Louise e come risarcimento di altri innumerevoli luoghi dove la verità è stata troppo sfiorata. Si veda, ad esempio, l'analisi di Marguerite del proprio improvviso bisogno di carità — che, fra l'altro, è un po' ancora un *rappel* nei confronti di Paolina o Maria Alessi o Artemisia —: « Da tempo l'immagine di Marguerite d'Orléans, Principessa infelice, che amava contemplarsi nello *specchio fatato di un romanzo*, sta paurosamente alterandosi e divenendo un oggetto odioso, grottesco. In un istantaneo sussulto della coscienza, essa intuisce da quali radici sia germogliata la sua frenesia caritatevole: dal bisogno impellente di essere ancora una volta adorata. *Orgoglio, vanità, uno smisurato amore di sé* — non certo degli infermi uno per uno e tutti insieme — lottano per un'ultima conquista. "Vous n'aimez personne, Mademoiselle": l'antico ammonimento colpisce ancora una volta il bersaglio e tocca il punto dolente assai meglio delle prediche quaresimali che raccomandano l'amore del prossimo. Ma chi è, malgrado la parabola evangelica, questo prossimo? La domanda rimane sospesa su un abisso d'ignoranza in cui Madama si perde. L'amore... Troppi significati e troppi dubbi in una sola parola [...]. Lei ha creduto di amare Carlo di Lorena che l'ha dimenticata, ha venerato superstiziosamente Luigi che doveva innalzarla al trono e l'ha respinta [...]. Al di sotto, greggi di creature infime e malfide, obbligate a servirla, strumenti spesso indòcili e protervi, misteriosi, chiusi nei loro segreti [...]. C'è tuttavia, un legame che la unisce a loro ed è che *anch'essi, come i principi, sono soggetti ad ammalarsi e morire: e lei, ecco la verità, ha paura della malattia e della morte...* » (pp. 120-121; i corsivi sono nostri).

[36] *Je vous écris d'un pays lointain*, cit., p. 131.

[37] La Banti pubblica in questo volume dieci racconti, di cui cinque già editi: *Parole sul filo* (titolo precedente: *Parole sul filo, ossia ipotesi*, « Paragone », n. 200, 1966); *Difficile da capire* (titolo precedente: *Se un amico è un amico*, « L'Approdo letterario », n. 39, 1967); *A conti fatti* (titolo precedente: *Sole d'argento*, « L'Approdo letterario », n. 49, 1970); *Tela e cenere* (« Nuovi argomenti », marzo-aprile 1973); *Un lungo rancore* (« Paragone », n. 286, 1973).

[38] G. CATTANEO, risvolto dell'edizione mondadoriana.

[39] In *Da un paese vicino*, pp. 56-57.

[40] *Ibidem*, pp. 67-68.

[41] Cfr. p. 83: « Sogna di svegliarsi in piena campagna, al buio, di saltar giú volando verso un grande fiume. "Prenderò per mano il mio fratellino e nessuno saprà niente di noi" [sono queste le parole che aveva pronunciato Mariella]. E ora Marco e Mariella sono in un giorno d'inverno, accanto al caminetto acceso e scherzano sul libro degli oroscopi, il Cancro è il loro segno comune: luna, Saturno, amore dell'acqua, mare fiume ruscello. Ridono: "scelgo la morte di Ofelia". Compaiono, difatti, sull'azzurro scorrente, le spalle, il piccolo seno, il volto esangue. Navigano, scompaiono. Il fiume è profondo ».

[42] È leggendo questo racconto (ma anche *I velieri* o *Insufficienza di prove*) che si percepisce tangibilmente tutta la sostanza dell'altra Banti, quella del sortilegio della luna, dei sogni, delle assenti presenze alla Resnais di *Marienbad*, e che si ha la possibilità di ricordarsi piú spontaneamente che nella Banti, dietro alla realtà e alla « forza del di fuori », s'insinua costante, e a volte inatteso, lo spazio che Blanchot definisce della « profondità dell'intimo », della « libertà » e del « silenzio dell'invisibile » (*Lo spazio letterario*, Torino, Einaudi, 1967, p. 114).

[43] In *Da un paese vicino*, pp. 85-86.

[44] *Ibidem*, p. 86.

[45] *Ibidem*, p. 92.

[46] In *Da un paese vicino*, pp. 238 e 241.

[47] *Ibidem*, pp. 210 e 64 (i corsivi sono nostri).

[48] *Ibidem*, pp. 241-42 e 248. Si veda inoltre in *Sette lune* a pp. 114-15: « Cosí sogna la ragazza... il racconto porta che Fernanda piglia marito, domani, fra due ore... Dal fondo del cuore una protesta prende suono di lamento ritmato e culla l'orrore della imposizione, sicché bisognerebbe stracciarsi la gola per urlare: "non voglio" ».

[49] *Da un paese vicino*, cit., p. 243.

[50] *Ibidem*, p. 247.

[51] *Ibidem*, p. 252.

[52] E il racconto « primo » non è altro che quello di Paolina: « Vivere giorno dopo giorno, in fondo non è difficile se non si è troppo esigenti: il mondo è un teatrino a cui partecipa anche chi sta dietro le quinte, alla peggio c'è sempre la risorsa di dormire e dormendo *sognare*, la signora X sogna moltissime cose, per esempio, quando ha l'emicrania, bellissime musiche. Cambiano le scene: lezioni di canto, partite di tennis, noiosissimi giochi d'impegno [...] con amiche occasionali che osservava incuriosita dimenticando le carte da pessima giocatrice che era. *E cominciò a chiacchierare*, lei, la silenziosa d'un tempo. Senza rendersene conto *quella sua nuova loquacità prendeva il ritmo di un racconto gratuito: raccontava i suoi ricordi di bambina, le città dove aveva passata l'infanzia, e quanto aveva amato una sua incantevole zia* [Eugenia-Teresa], *morta giovane. Parlando parlando, divagava, favoleggiava.* Un po' stranite, le giocatrici finivano per trascurare picche e quadri e l'ascoltavano, calamitate » (pp. 249-50; i corsivi sono nostri). E ancora: « L'ipotesi di una sua maternità mai l'aveva sfiorata fin dai tempi che, bambina, si dichiarava zia, non mamma delle sue bambole... » (*La signorina*, p. 247) e « [...] non la vedrai mai assumere la figura di una madre di famiglia [...]. Sarà, generalmente, la zia della bambola: una zia non molto chiara, che porta a spasso la nipotina, la guida con dita un po' distratte e la dimentica sulla prima sedia incontrata » (*Itinerario di Paolina*, p. 36).

[53] G. GENETTE, *Figures III*, cit., p. 237.

[54] *Ibidem*, p. 237: « La découverte finale de la vérité, la rencontre tardive de la vocation, comme le bonheur des amants

176

réunis, ne peut-être qu'un dénouement, non une étape; en ce sens, le sujet de la *Recherche* est bien un sujet traditionnel. Il est donc nécessaire que le récit s'interrompe avant que le héros n'ait rejoint le narrateur, il n'est pas concevable qu'ils écrivent ensemble le mot: Fin ». Anche *La signorina*, nella storia bantiana, rappresenta piuttosto un *dénouement* che una « tappa » e, a differenza di quanto avviene in Proust, attraverso la rivelazione del « come » e del « perché » della propria vocazione, del racconto primo, insomma, in un certo qual modo l'eroe viene a scrivere insieme al narratore (all'autore) una — se pur provvisoria — parola fine.

[55] È forse dimostrando la fattualità della « voce » del racconto bantiano che si potrebbe, con maggiore pertinenza, assegnare, nella storia della narrativa novecentesca, un « posto » all'opera della Banti, come pure è a partire da questo registro strutturale che si possono valutare pienamente le continue deroghe ai moduli del « realismo » (e del narrare « come memoria »).

VIII.

RACCONTO E APORIA

« Il malanno è questo dannato egotismo »
V. Woolf

1. « Il presente mi basta, la memoria non mi serve, non mi interessa. Ma vorrei capire quello che mi sta succedendo mentre mi succede, e non mi riesce ».[1] Questa frase, che la scrittrice registrava in un commento al film di Godard, *La femme mariée*, potrebbe, in definitiva, servire a siglare proprio il singolare tentativo della Banti di capire il presente nel presente. Non si tratta di un'affermazione mistificante; a prima vista, infatti, mai scrittore fu piú proiettato verso il passato e basterebbe considerare gli smisurati confini cronologici e storici che la narrativa bantiana ha voluto sfiorare: dai primi secoli cristiani al Seicento, dai fatti di cronaca *fin de siècle* agli anni Sessanta di quest'era e oltre. Guardandolo in retrospettiva, da un punto di osservazione appena allontanato, è perfino vertiginoso ripercorrere l'itinerario di questo lunghissimo dialogo portato avanti nel e con il tempo, iniziato ancora prima di *Itinerario di Paolina* e già percepibile in quegli scritti di critica d'arte del '19 e '20, in cui Lucia Lopresti (questa era la firma di allora) non si limitava a restringersi ai rilievi tecnici di arte figurativa, ma era già curiosa dell'uomo, dei suoi pensieri e dell'epoca: in pratica, del presente dell'artista, oltre che della sua opera.[2]

2. Tornando al nostro disegno di raggruppare, anche se in maniera provvisoria (la storia della Banti continua e in materia di opere future non si è mai abbastanza perspicaci), quelle direzioni che via via sono venute profilandosi come scelte narrative (totalizzanti di tutte le altre) e volendole sintetizzare in formule di comodo, dovremmo, per forza, prendere atto del progressivo allontanarsi da quel-

l'avvio in chiave « autobiografica » nel senso di una imperiosa necessità di oggettivazione della sostanza narrativa, specialmente dopo che l'identificazione del proprio destino e del tempo altrui era diventata sempre piú concreta. Ci accorgeremmo presto, nel tracciare questa continuata tensione verso l'oggettività, di non potere segnare tappe irreversibili; in altri termini, la maggior parte degli sviluppi della poetica bantiana è stata « anticipata » subito, vista immediatamente in quel preludio tematico che è l'*Itinerario di Paolina*. Là si scoprirono i temi della colpa di Eva, il proprio latente gusto per l'« amaro » e, insieme, il bisogno assoluto di narrare: un vero e proprio gioco di simulacri, accettato e ripetuto (tutti i personaggi della Banti, lo si è visto, amano raccontarsi storie e sognare vite diverse, proprio mentre stanno vivendo e non soltanto quando sono ad « occhi chiusi »).

Persino la tentazione dell'affresco sociale parte dall'*Itinerario*: basta ripercorrere lo scorcio prospettico di Prato nelle vacanze di Paolina, come anche il vezzo della descrizione della pronuncia.[3] Soltanto nello stile l'*Itinerario* è stato tradito, subito dopo *Artemisia* e, in maggior misura, come si è visto, nel periodo « oloferniano » del realismo femminile, quando le parti piú accarezzate cadranno e sempre piú lo stile si farà « sostanza », oltre che « forma » caravaggesca, non solo nel colore verdastro, diventato piú livido, ma anche nel taglio, nella sintassi quanto mai risentita (in *Tela e cenere*, uno degli ultimi racconti pubblicati dalla Banti, la macchina stilistica si è talmente scarnificata da farsi essa stessa figura scheletrica e fosforescente, scavata come tutte le facce, tutti gli sguardi che hanno guardato il *San Pietro Negatore*),[4] mentre la violenza del tema femminile era venuta ingigantendo e, curiosamente, proprio a partire dall'atto sublimatorio (anche in senso psicanalitico) che « Artemisia » era riuscita a compiere (fra il Cinquanta e il Sessanta, dopo la denuncia indiretta con Lavinia e Cecilia, era venuta l'invettiva frontale, il *réquisitoire* della situazione coniugale, la favola nera di Angelica e Denise).

L'impegno è stato scontato fino in fondo: all'utile per oggetto, caro a Manzoni, cui affidava il valore sociale e ideologico del romanzo, la Banti potrebbe ascrivere piú di un successo, dalla polemica femminile al discorso sociale indiretto, dove si descrivono uomini e donne senza via d'uscita, in attesa di un Godot qualunque; non è quella la sede degli *échec* bantiani, anzi, sotto questo aspetto, la sua narrativa è forse fra le poche che siano riuscite nell'intento di spersonalizzazione fino al punto di formare una visione del mondo coerente, pur nella assoluta mancanza di soluzioni per l'umanità.

L'*échec* è forse in realtà una aporia, della natura di quelle che creano, di quelle che paradossalmente puntellano anche l'*impegno* sociale, perché diventano argini e strutture portanti; questa aporia può considerarsi nata nello stesso momento in cui, rovesciando la formula del narrare come memoria per accettarne il risvolto romanzesco, in vista di una oggettività piú sicura, la scrittrice si costringeva a procedere con «le spalle voltate». Ma non era il tempo a sfuggirle, bensí, come abbiamo visto, la propria vita: appena il tentativo di sostituire al fatto avvenuto quello supposto si realizzava, l'approdo al presente diventava inevitabile.

3. Questa, in sostanza, l'aporia bantiana: la fuga verso il passato l'ha ricondotta passo passo a ritrovare un presente senza misura, statico, ieratico, pittorico, correlativo di quel blocco iniziale chissà fino a che punto ignorato e da cui nacque il «gusto della cattiva sorte»; una maniera di vivere in un presente senza fine, con l'esatta coscienza di trovarsi immobilizzata al centro di quella «ripetizione differente» del tempo — che è unico per tutti e diverso per ciascuno [5] — artificiosamente raggiunta, perché facilmente si potrebbe scalfire tutto l'impianto dell'obbiettività, costruita pezzo per pezzo, quasi da *bricoleur*. Troppo percepibile è, nel «mare dell'oggettività», la tenacia dell'ironia bantiana che passa dal fugace sorriso di commento agli scherzi non lievi giocati alle spalle di quei personaggi che piú ama, come Artemisia e Cecilia, o che meno avrà amato (gli uomini dell'*Allarme*); in ultimo, anche la poetica storica serve a intaccare il grande progetto dell'oggettività, nella misura in cui essa diventa, oltre che luogo della piú libera delle invenzioni, anche mezzo per attuare quell'analisi dell'analisi verso la quale la Banti da sempre tendeva. In questo senso *La camicia bruciata* (al di là dello stesso atto di *parola* della *Signorina*) è un'opera emblematica e conclu-

siva: per il suo valore di risoluzione assolutamente rispondente all'*Itinerario di Paolina*, inziato, questo, come viaggio verso l'esplorazione di sé e la cui materia è venuta a misura gonfiandosi nel tempo, fino a Violante, il futuro rovesciato di Paolina.

4. Dalla bambina alla donna matura, il quadro finale e quello iniziale si trovano finalmente emblematizzati, sovrapposti in quel medesimo luogo nel e fuori del tempo, dal momento che l'uno prefigurava già l'altro, come inizio e fine di quel prodigioso strumento che il romanzo era diventato una volta per tutte e forse nato solo per cercare di rompere il peso della solitudine e nel tentativo di raggiungere un interlocutore piú concreto di quello che le si era subito imposto; è questa, ancor prima dell'*aveu* del chiaro baratto da parte della « Signorina », la verità indicata da Domenico Lopresti, quando, in un suo movimento di rimorso, pensa:

« Forse siamo ingiusti e anche crudeli: io come gli altri. Nelle donne apprezziamo la castità, la fedeltà, i sentimenti delicati, il buonsenso come se in queste virtú non intervenisse il cervello: non c'è da stupirsi se piegandosi alla nostra legge esse ne fanno uno strumento di fuga dalla realtà che sono costrette a vivere. Fino a un certo segno penso che la loro condizione coincida con quella del romanziere, il quale piú che viverla, costruisce la vita. Lui, raccontando, comunica, sia pure alla cieca, con loro, insomma parla e forse confessa le proprie esperienze: esse ascoltano e s'immaginano di interloquire, di ragionare e di farsi intendere ».[6]

Una confessione, questa, che ha tanto piú valore proprio perché seguita da una netta sconfessione di chi scrive memorie o autobiografie (« [...] non vorrei cadere nella trappola della dichiarata autobiografia » afferma Domenico Lopresti).

Per non cadere nel trabocchetto delle « memorie », la Banti ha acconsentito a compiere quello « spietato e meticoloso ritratto di sé, per riconoscersi e non scendere nella tomba ignot[a] a se stess[a] come fu nascendo », stipulando con sé un patto « narrativo » mai piú sciolto e che, « dialogizzato », è giunto, dal microcosmo che lo conteneva, a trasformarsi in una totale affabulazione: la Banti non è scrittrice di diari (come non è scrittrice di opere incompiute); la sua « autobiografia » l'ha montata racconto per racconto (parola su parola) dietro l'alibi piú sicuro che possa conoscersi: il romanzo.

Stendhal, si usa dire, si è preferito; la Banti ha preferito il racconto della (propria) vita alla vita.

NOTE

¹ A.B., *Da Parigi a Praga*, in « L'Approdo letterario », n. 39 (n.s.), luglio-settembre 1967, p. 146.
² Si leggano in « L'Arte » del 1919, anno XXII, a p. 13, le righe proemiali allo studio su Marco Boschini: « Sarebbe divertente parlare di Marco Boschini coll'accento di un *narratore* di storielle ben fiorite e placide, senza considerare troppo accanitamente dappresso il fenomeno artistico e storico che egli può rappresentare: seguire l'andazzo gonfietto dei suoi versi, le pause endimanchées della sua prosa con serena indulgenza [...]. E per esempio verrebbe fatto di raccontare con dolce compiacimento le passeggiate in gondola per i canali e la laguna veneta che un vecchietto sottilmente barbato di bianco e ricoperto di zimarroni damascati faceva in compagnia di un bizzarro uomo chiomato, dagli abiti preziosi, leggermente consunti [...]. Ecco, ci sarebbe da comporre, interpretando a questo modo Boschini, una storia dell'arte veneziana per uso infantile [...]. Ma a parte ogni altra considerazione, è da credersi che da questo fiabesco racconto la personalità di Boschini verrebbe fuori talmente simpatica cosí nelle sue qualità come nei suoi difetti da far sorgere *qualche scrupolo nell'animo stesso di chi ha raccontato* » (corsivi nostri).
³ Cfr. nell'*Itinerario*, a p. 96, la storia del « deputatto ». Ricordiamo, per inciso, che il piú sommario studio statistico della lingua bantiana non mancherebbe di far risaltare, piuttosto che le « macchie dialettali », l'uso continuo e spontaneo del francese, dal banale primo *pince-nez* di *Itinerario di Paolina* al fitto trapunto della *Camicia bruciata*.
⁴ Cfr.: « Non si sa come all'improvviso si era sparsa la voce che quel "San Pietro Negatore", veduto a suo tempo da don Asdrubale, don Tancredi e don Saverio aveva sempre portato male a chi l'aveva posseduto. Dagli archivi di piú di una illustre Casata emersero taccuini in cui, fra appunti di carattere familiare (nascite, nozze, morti) era fatto cenno, per esempio, a una duchessa Isabella, grande amatrice e tanto ricca da disprezzare il dono di un San Pietro, dipinto dal Caravaggio [...].

« Divulgate dai rotocalchi popolari queste smozzicate notizie fecero presa e la gentina conclusa che il dipinto era davvero insidiato dal Maligno [...]. Sebbene sia appena credibile, pare che dell'interpretazione diabolica si dichiarasse convinto anche l'americano dalla faccia di atzeco: il quale non dissimulava la sua compiacenza. Cosí perirà, ghignava, il lurido Zatoposki, saccheggiatore delle mie scoperte: la prossima volta l'incenerito sarà lui, corpo e anima » (*Tela e cenere*, cit., p. 128).

[5] Esistono nella narrativa bantiana due distinti « spazi » temporali. Da un lato, quello della percezione simultanea e reduplicatrice dello « stesso » tempo, degli stessi atti nel tempo (che potremmo intendere come uno spazio in cui si inscrive la dimensione-specchio del tempo; cfr. *Inganni del tempo*: « Allungando la mano si dovrebbero afferrare *tutte le Terese che si son lavate ogni mattina*, perfezionando questo gesto di fregar forte coll'asciugamano dietro le orecchie: se la carne di cui eran fatte non fosse stata tanto ingannevole di solidità quanto fuggitiva: *tempo* anche quella »); dall'altro lato, il riconoscimento di uno spazio meno fantasmatico e piú narrativo dove è possibile « raccontare » un gesto « dopo » l'altro, un gesto, un atto diverso, gli uni dagli altri (questo avviene quando la Banti può scrivere: « pressappoco a quest'ora Denise Ravier » o Maria Alessi, ecc.) (L'estratto di *Inganni del tempo* si trova a p. 171 di *Campi Elisi*).

[6] *Noi credevamo*, cit., pp. 49-50.

NOTA BIBLIOGRAFICA

I. Opere di Anna Banti

Narrativa

Itinerario di Paolina, Roma, Augustea, 1937.
Il coraggio delle donne, Firenze, Le Monnier, 1940.
Sette lune, Milano, Bompiani, 1941.
Le monache cantano, Roma, Tumminelli, 1942.
Artemisia, Firenze, Sansoni, 1947 (ripubblicato da Mondadori, Milano, nel 1953, nel 1969 — in *Due storie* — e nel 1974, negli Oscar).
Le donne muoiono, Milano, Mondadori, 1951 (premio Viareggio 1952).
Il bastardo, Firenze, Sansoni, 1953 (ripubblicato da Mondadori con il titolo *La casa piccola* nel 1961).
Allarme sul lago, Milano, Mondadori, 1954 (premio Marzotto 1955).
La monaca di Sciangai e altri racconti, Milano, Mondadori, 1957 (la seconda edizione, del 1963, comprende solo il racconto *La monaca di Sciangai*) (premio Veillon 1957).
Le mosche d'oro, Milano, Mondadori, 1962.
Campi Elisi, Milano, Mondadori, 1963.
Noi credevamo, Milano, Mondadori, 1967 (ripubblicato in *Due storie* nel 1969 ed edito, nel 1968, anche da Il Club del libro, Milano) (premio Asti d'appello 1967).
Due storie (*Artemisia* e *Noi credevamo*), Milano, Mondadori, 1969.
Je vous écris d'un pays lointain, Milano, Mondadori, 1971.
La camicia bruciata, Milano, Mondadori, 1973 (premio D'Annunzio 1973).
Da un paese vicino, Milano, Mondadori, 1975 (Il racconto *Tela e cenere*, compreso nel volume, pubblicato originariamente nel 1973 in « Nuovi Argomenti », ha ricevuto il premio Il Ceppo 1974).

Racconti non raccolti

L'angelo caduto, in « Oggi », Roma, a. I, n. 9, 29 luglio 1939, p. 6.
Classe di ballo, in « Oggi », Roma, a. 2, n. 22, 1 giugno 1940, p. 15.

La morte della matrigna, in « Oggi », Roma, a. 3, n. 28, 13 luglio 1940, p. 11.
Guardaroba, in « Oggi », Roma, a. 4, n. 27, 5 luglio 1941, p. 7.
Morte di Candida, in « Prosa », Quaderni Internazionali, Milano, Mondadori, 1946.
La nuova padrona, in « L'Approdo letterario », Torino, ERI, 1961, n. 16, p. 33.

Saggistica

Marco Boschini scrittore d'arte del secolo XVII, in « L'Arte », Roma, anno 22, 1919, p. 13.
Pietro Testa incisore e pittore, in « L'Arte », Roma, anno 24, 1921, p. 10.
Una raccolta di xilografie cinesi, in « L'Arte », Roma, anno 24, 1921, p. 29.
Europa 1606 (prefazione al *Diario di viaggio del marchese Vincenzo Giustiniani* di Bernardo Bizoni), Milano, Longanesi, 1943 (ripubblicata in *Opinioni*, 1961).
Lorenzo Lotto, Firenze, Sansoni, 1953 (coll. A. Boschetto).
Fra Angelico, Milano, Garzanti, 1953.
Diego Velásquez, Milano, Garzanti, 1955.
Claude Monet, Milano, Garzanti, 1956.
Opinioni, Milano, Il Saggiatore, 1961.
Matilde Serao, L'occhio di Napoli (prefazione al volume), Milano, Garzanti, 1962.
Matilde Serao, Torino, UTET, 1965.
Giovanni da San Giovanni, pittore della contraddizione, Firenze, Sansoni, 1977.

Teatro

Corte Savella, Milano, Mondadori, 1960 (riduzione di *Artemisia*).

Traduzioni

W. THACKERAY, *La fiera delle vanità*, Milano, Longanesi, 1948.
V. WOOLF, *La camera di Giacobbe*, Milano, Mondadori, 1950.
F. CARCO, *L'amico dei pittori*, Milano, 1955.
A. CHASTEL, *L'arte italiana*, Firenze, Sansoni, 1957-58.
ALAIN-FOURNIER, *Il gran Meaulnes*, Milano, Mondadori, 1974 (con una prefazione di A.B.).
COLETTE, *La vagabonda*, Milano, Mondadori, 1977 (con una prefazione di A.B.).

Articoli vari

Gli scritti non narrativi piú importanti fino al 1961 possono leggersi in *Opinioni*, cui si rimanda. Non compresi in tale opera sono alcuni articoli, in generale note di costume, apparsi su « Oggi » e su « Il Mondo » diretto da A. Bonsanti, e precisamente:
Documenti, in « Oggi », n. 1, 3 giugno 1939, p. 6.

Malattie del mare, in « Oggi », n. 5, 1 luglio 1939, pp. 7-8.
Le mogli degli artisti, in « Oggi », n. 8, 22 luglio 1939, p. 6.
Maggie e Polly, in « Oggi », n. 10, 5 agosto 1939, p. 8.
Gli inglesi a tavola, in « Oggi », n. 16, 16 settembre 1939, p. 5.
Madre e figlia, in « Oggi », n. 20, 14 ottobre 1939, p. 6.
Le virtú di Matilde, in « Oggi », n. 23, 4 novembre 1939, p. 5.
L'ultima preziosa, in « Oggi », n. 29, 16 dicembre 1939, p. 4.
L'amico delle donne, in « Oggi », n. 2, 13 gennaio 1940, pp. 8-9.
Da Ciceruacchio a Corot, in « Oggi », n. 8, 24 febbraio 1940,
   pp. 13-14.
Veli di cipolla, in « Oggi », n. 13, 30 marzo 1940, p. 10.
Omaggio a Santa Rita, in « Oggi », n. 46, 16 novembre 1940, p. 18.
Ginnastica per signora, in « Oggi », n. 6, 8 febbraio 1941, p. 10.
Il segreto del fascino slavo, in « Oggi », n. 9, 1 marzo 1941,
   p. 4.
La madre di tre re, in « Oggi », n. 19, 10 maggio 1941, pp. 11-12
   e n. 20, 17 maggio 1941, pp. 13-14.
Verità su Beatrice, in « Oggi », n. 43, 25 ottobre 1941, p. 6.
Piaceri di Laura, in « Oggi », n. 52, 27 dicembre 1941, p. 14.
I pipistrelli nella torre, in « Il Mondo », n. 1, 7 aprile 1945.
I pipistrelli sulla torre, in « Il Mondo », n. 2, 21 aprile 1945.
I pipistrelli sulla torre. Venticinque torte, in « Il Mondo », n. 3,
   5 maggio 1945.
L'etere consultato, in « Il Mondo », n. 5, 2 giugno 1945.
Morte dei leoni, in « Il Mondo », n. 9, 4 agosto 1945.
Dedicato alle ragazze, in « Il Mondo », n. 14, 20 ottobre 1945;

ed i seguenti articoli:
La narrativa meridionale [scritti di C. Alvaro, G. Angioletti, A.
   Banti, F. Virdia], Roma, Ed. di Cultura e Documentazio-
   ne, 1956, p. 166.
Intervento sul Dottor Zivago, in « Il Ponte », Firenze, n. 4,
   aprile 1958, pp. 536-38;

successivamente ad *Opinioni*:
Fenoglio rivisitato, in « L'Approdo letterario », Torino, ERI,
   1965, n. 31, p. 85;

e gli scritti che seguono, apparsi su « Paragone - Letteratura »:
Un carattere di Cassola, a. 13, n. 146, febbraio 1962, pp. 81-83.
Il cinema nel '61, a. 13, n. 146, febbraio 1962, pp. 89-92.
Bassani e Arpino, a. 13, n. 148, aprile 1962, pp. 92-96.
Note al Menabò, a. 13, n. 156, dicembre 1962, pp. 108-11.
Il testamento di Virginia Woolf, a. 14, n. 168, dicembre 1963,
   pp. 100-104.
Cassè, Fassineti, Simonetta, a. 15, n. 170, febbraio 1964, pp. 116-
   120.
Elena Croce, Elena De Bosis, a. 15, n. 172, aprile 1964, pp. 125-26.
Meneghello, Petroni, Berto, Arpino, a. 15, n. 174, giugno 1964,
   pp. 103-108.
Mary Mc Carty [*e Pamela Moore*], a. 15, n. 176, agosto 1964,
   pp. 122-24.
Lalla Romano, a. 15, n. 178, ottobre 1964, pp. 96-98.

Molfese, a. 15, n. 180, dicembre 1964, pp. 130-34.
Editoriale, a. 16, n. 182, aprile 1965, p. 3.
La Serao a Roma [1882-84], a. 16, n. 182, aprile 1965, pp. 37-55.
La mistica della femminilità, a. 16, n. 182, aprile 1965, pp. 164-66.
La macchina mondiale, a. 16, n. 184, giugno 1965, pp. 150-54.
L'« attenzione » di Moravia, a. 16, n. 186, agosto 1965, pp. 136-39.
I « Pubblici segreti », a. 16, n. 188, ottobre 1965, pp. 137-39.
Marcel Proust in mostra, a. 16, n. 190, dicembre 1965, pp. 158-162.
Tre romanzi [Dusi, Bevilacqua, Prisco], a. 17, n. 198, agosto 1966, pp. 116-20.
La presenza di Emilio Cecchi, a. 17, n. 200, ottobre 1966, pp. 179-80.
Quarant'anni con Berenson, a. 18, n. 204, febbraio 1967, pp. 127-30.
L'esplosione, a. 18, n. 204, febbraio 1967, pp. 130-32.
Sette denarratori, a. 18, n. 208, giugno 1967, pp. 149-55.
Un romanzo malato, a. 18, n. 208, giugno 1967, pp. 156-58.
Compromessi romanzeschi, a. 18, n. 212, ottobre 1967, pp. 144-47.
Cosmo, a. 18, n. 212, ottobre 1967, pp. 147-50.
Antimémoires, a. 18, n. 214, dicembre 1967, pp. 145-47.
Il ballo angelico, a. 19, n. 218, aprile 1968, pp. 142-44.
Gide-Martin du Gard, a. 19, n. 222, agosto 1968, pp. 151-54.
Il partigiano Johnny, a. 19, n. 224, ottobre 1968, pp. 135-38.
Gabriel Garcia Marquez, a. 20, n. 228, febbraio 1969, pp. 130-33.
Lalla Romano, a. 20, n. 232, giugno 1969, pp. 104-106.
Balzac e il suo 007, a. 22, n. 252, febbraio 1971, pp. 61-68.
Franco Ferrucci, a. 22, n. 254, aprile 1971, pp. 127-29.
Opinioni, a. 22, n. 256, giugno 1971, pp. 120-24.
Un romanzo piuma, a. 24, n. 278, aprile 1973, pp. 90-92.
Letture rapide, a. 24, n. 282, agosto 1973, pp. 112-16.
L'occhio del Manzoni, a. 24, n. 286, dicembre 1973, pp. 120-25.
Giovanni Testori, La cattedrale, a. 25, n. 290, aprile 1974, pp. 94-96.
Il sistema periodico di Primo Levi, a. 26, n. 308, ottobre 1975, pp. 115-18.
L'ultimo Testori, a. 26, n. 310, dicembre 1975, pp. 99-101.
Les « moralités » di Colette, a. 27, n. 314, aprile 1976, pp. 79-91 (ripubblicato nel 1977 come prefazione al romanzo di CO-LETTE, *La vagabonda*, Mondadori).

II. BIBLIOGRAFIA DELLA CRITICA

1937

GOFFREDO BELLONCI, *Anna Banti* [Itinerario di Paolina], « Il Giornale d'Italia », 13 giugno.

1940

FRANCESCO SQUARCIA, *Il coraggio delle donne*, « Oggi », Roma, n. 17, 27 aprile, p. 20.

1941

EURIALO DE MICHELIS, rec. a *Itinerario di Paolina* e *Il coraggio delle donne*, Firenze, La Nuova Italia, a. 12, aprile, pp. 117-19.

MARIO ALICATA, *Sette lune*, « Oggi », Roma, n. 44, 1 novembre, p. 17.

GOFFREDO BELLONCI, *Il coraggio delle donne*, « Il Giornale d'Italia », 2 dicembre.

1942

MARIO ROBERTAZZI, *Sette lune di Anna Banti*, in *Scrittori italiani contemporanei*, Milano, Leonardo, pp. 71-77.

1948

EMILIO CECCHI, *Ha scelto Artemisia, perché la oltraggiarono nell'onore*, « L'Europeo », Milano, n. 4, 25 gennaio, p. 10.

GIUSEPPE DE ROBERTIS, « Tempo », Milano, 13 marzo.

ATTILIO BERTOLUCCI, « Mattino del popolo », 14 marzo.

GOFFREDO BELLONCI, *Anna Banti*, « Mercurio », Roma, nn. 36-39, marzo-giugno, pp. 157-64.

ALDO CAMERINO, « Gazzettino », 21 giugno.

GIORGIO BASSANI, *Artemisia*, « Italia socialista », 29 agosto.

VALERIA SILVI, *Artemisia*, « Il Ponte », Firenze, n. 11, novembre, pp. 1076-77.

GIANFRANCO CONTINI, *Il romanzo di Artemisia Gentileschi*, « Illustrazione Italiana », Milano, n. 50, 12 dicembre, p. 780.

1949

GIANFRANCO CONTINI, *Parere ritardato su Artemisia*, « La Fiera letteraria », Roma, n. 4, 23 gennaio, pp. 1-2.

1950

ENRICO FALQUI, *Prosatori e narratori*, Torino, Einaudi.

1951

CARLO BO, *Le donne muoiono*, « La Fiera letteraria », Roma, n. 48, 16 dicembre, pp. 1-2.

D. SORGENTI, « La Nuova Sardegna », 22 dicembre.

CLAUDIO VARESE, *Anna Banti*, in *Cultura letteraria contemporanea*, Pisa, Nistri-Lischi, pp. 265-69.

1952

ANGELO ROMANÒ, *Le donne muoiono*, « Il Popolo », Milano, 12 gennaio.

MARIO BOSELLI, *Meoni e la Banti*, « Il Lavoro nuovo », 25 gennaio.

EMILIO CECCHI, *Le donne sole nei racconti di Anna Banti*, « L'Europeo », Milano, n. 5, 29 gennaio, p. 43.

A.S. [ADRIANO SERONI], *Le donne muoiono*, « L'Approdo », Roma, n. 1, gennaio-marzo, p. 99.

LEONARDO SCIASCIA, « Orario-diario di Roma », n. 2.

ARNALDO BOCELLI, *Le donne muoiono*, « Il Mondo », Roma, n. 5, 2 febbraio, p. 6.
ADELIA NOFERI, *Le donne di Anna Banti*, « Il Mattino dell'Italia centrale », 2 febbraio.
L. AMBROSOLI, « Il raccoglitore », 7 febbraio.
GIUSEPPE DE ROBERTIS, *Le donne muoiono*, « Tempo », Milano, n. 8, 23 febbraio, p. 33.
GIUSEPPE DE ROBERTIS, « Il Nuovo Corriere », 28 febbraio.
EUGENIO BERTUETTI, *Il mistero di Lavinia fuggita*, « Epoca », Milano, n. 73, 1 marzo, p. 65.
GOFFREDO BELLONCI, « Il Giornale d'Italia », 2 marzo.
MANLIO DAZZI, *Le donne muoiono*, « Letterature moderne », Milano, n. 2, marzo-aprile, pp. 231-33.
VALERIA SILVI, *Le donne muoiono*, « Il Ponte », Firenze, n. 4, aprile, pp. 489-91.
FR.F. [FRANCO FORTINI], *Le donne muoiono*, « Avanti! », 2 luglio.

1953

R. APICELLA, « La gazzetta del Veneto », 29 gennaio.
MARCO FORTI, *Le donne muoiono*, « Letteratura », Firenze, n. 1, gennaio-febbraio, pp. 86-89.
NELLO SAITO, *Il bastardo*, « Letteratura », Firenze, nn. 5-6, settembre-dicembre, pp. 173-75.
E.CE. [EMILIO CECCHI], *Lorenzo Lotto*, « Corriere della Sera », 10 ottobre.
ADRIANO SERONI, *Il bastardo*, « L'Approdo », Roma, n. 4, ottobre-dicembre, p. 89.
GIACINTO SPAGNOLETTI, *Nuovo incontro con Artemisia*, « Il Popolo », 15 novembre.
GIORGIO LUTI, *Narrativa di Anna Banti* [Il bastardo], « Il Mattino dell'Italia centrale », 21 novembre.
GIACINTO SPAGNOLETTI, *Un romanzo della Banti* [Il bastardo], « Il Lavoro nuovo », 25 novembre.
CARLO MARTINI, « Idea », 20 dicembre.

1954

ANGELO ROMANÒ, « Il raccoglitore », 7 gennaio.
E.M. [EUGENIO MONTALE], *Anna Banti* [Il bastardo], « Corriere della Sera », 8 gennaio.
CARLO BO, *Il bastardo di Anna Banti*, « La Fiera letteraria », Roma, n. 2, 10 gennaio, pp. 1-2.
ARNALDO BOCELLI, *Un'arte composita*, « Il Mondo », Roma, n. 9, 2 marzo, p. 8.
PINA SERGI, *Il bastardo*, « Il Ponte », Firenze, n. 3, marzo, pp. 506-508.
GIUSEPPE ANGELO PERITORE, *Il bastardo*, « Belfagor », Marina di Pietrasanta-Lucca, n. 2, aprile, pp. 223-28.
NICCOLÒ GALLO, *Quattro narratori*, « Società », Firenze, n. 3, giugno, pp. 472-81.
EMILIO CECCHI, *Artemisia Gentileschi, Un piccolo capolavoro*, in *Di giorno in giorno. Note di letteratura italiana contemporanea*, Milano, Garzanti, pp. 19-22, 295-98.

190

1955

MARCO FORTI, *Allarme sul lago*, « Letteratura », Firenze, nn. 13-14, gennaio-aprile, pp. 167-70.

NICCOLÒ GALLO, *Allarme sul lago*, « Il Contemporaneo », Roma, n. 9, 26 febbraio, p. 11.

LORENZO GIGLI, « Gazzetta del Popolo », 23 marzo.

E.M. [EUGENIO MONTALE], *Allarme sul lago*, « Corriere della Sera », 12 aprile.

PIETRO CITATI, *Profilo di Anna Banti*, « Lo Spettatore italiano », Roma, n. 4, aprile, pp. 139-43.

PINA SERGI, *Allarme sul lago*, « Il Ponte », Firenze, nn. 4-5, aprile-maggio, pp. 737-38.

GIORGIO PULLINI, *Narrativa femminile* [Allarme sul lago], « Comunità », Milano, n. 34, novembre, pp. 45-48.

GIORGIO BÀRBERI SQUAROTTI, *Anna Banti*, in *Grande dizionario enciclopedico*, Torino, UTET, 1955, vol. II, p. 158.

GIUSEPPE RAVEGNANI, *Uomini visti. Figure e libri del novecento*, Milano, Mondadori, pp. 31-34.

1956

PIERO BIGONGIARI, « Il raccoglitore », 10 maggio 1956.

MANLIO DAZZI, rec. a *Il bastardo*, « Letterature moderne », Bologna, n. 5, settembre-ottobre, pp. 626-29.

1957

« La Fiera letteraria », Roma, n. 5, 3 febbraio: PIERO BIGONGIARI, *Antinomie stilistiche di Anna Banti*; L.P., *Sedici domande ad Anna Banti*; MARIA MARGHERITA PIERACCI, *L'allarme sul lago*; ADELIA NOFERI, *Un testo da decifrare: la realtà della Banti*; LEONE PICCIONI, *Storia di una personalità*; EMILIO CECCHI, *Il mito della donna artista*; GIORGIO BASSANI, *Arabella e affini*; GIUSEPPE DE ROBERTIS, *Un piccolo capolavoro*; CARLO BO, *Un bisogno di parlare*; ATTILIO BERTOLUCCI, *Fedeltà a una vocazione*; CLAUDIO GORLIER, *Coraggio della verità*; ANGELO ROMANÒ, *Il rigore critico di Anna Banti*; FOLCO PORTINARI, *Il primo tempo di una prosa rarissima*; FRANCESCO ARCANGELI, *Artemisia, personaggio e coscienza*; PIER PAOLO PASOLINI, *Anna Banti e le passioni del mondo*; MARIA LUISA SPAZIANI, *Una compagna di viaggio*; FRANCESCO SQUARCIA, *Passione del mito femminile*.

FRANCESCO SQUARCIA, *Anna Banti e il racconto*, « Palatina », Parma, n. 4, ottobre-dicembre, pp. 70-72.

FERDINANDO VIRDIA, *Racconti di Anna Banti*, « La Fiera letteraria », Roma, n. 44, 3 novembre, pp. 1-2.

ADRIANO SERONI, *La monaca di Sciangai*, « l'Unità », 15 novembre.

GIULIANO MANACORDA, *Banti e Dessì*, « Il Contemporaneo », Roma, n. 29, 7 dicembre.

GIUSEPPE DE ROBERTIS, *Un fortunato arrivo*, « Tempo », Milano, n. 51, 19 dicembre, p. 67.

Giacinto Spagnoletti, *Romanzieri italiani del nostro secolo*, Torino, ERI, pp. 73-76.

1958

Aldo Camerino, *Bilancio di un anno letterario*, « La Fiera letteraria », Roma, n. 3, 19 gennaio, p. 3.

Pietro Citati, *La monaca di Sciangai*, « L'Approdo letterario », Roma, N.S., n. 2, aprile-giugno, pp. 103-105.

Pina Sergi, *La monaca di Sciangai e altri racconti*, « Il Ponte », Firenze, n. 6, giugno, pp. 901-903.

1959

Anna Banti, in *Dizionario universale della letteratura contemporanea*, Milano, Mondadori, vol. I, p. 269.

1960

Pietro Citati, « Il Giorno », 21 giugno.

E.Ce. [Emilio Cecchi], *Corte Savella*, « Corriere della Sera », 12 luglio.

Manlio Dazzi, « Il Contemporaneo », Roma, luglio-agosto.

Luigi Baldacci, *Corte Savella*, « Letteratura », Firenze, nn. 46-48, luglio-dicembre, pp. 243-45.

Giuseppe De Robertis, *Artemisia ridestata*, « Tempo », Milano, n. 34, 20 agosto, p. 64.

Anna Banti, in *Ritratti su misura di scrittori italiani*, a cura di Elio Filippo Accrocca, Venezia, Sodalizio del libro, pp. 43-44.

Anna Banti, in *Narratori del novecento*, a cura di Luigi Fiorentino, 1ª ediz., Milano, Mondadori, pp. 221-28.

1961

Geno Pampaloni, *Dieci anni dopo il meglio di Soldati* [La casa piccola], « Epoca », Milano, n. 573, 24 settembre, pp. 94-97.

Giuseppe Grieco, *Anna Banti*, « Grazia », Milano, 19 novembre.

Giorgio Bàrberi Squarotti, *Appunti attorno alla tecnica narrativa di Anna Banti*, in *Poesia e narrativa del secondo Novecento*, Milano, Mursia, 1973³, pp. 218-27, 346-47.

1962

Giuliano Innamorati, *Le mosche d'oro*, « L'Approdo letterario », Roma, n. 17-18, N.S., gennaio-giugno, pp. 86-92.

Giuliano Gramigna, *Le opinioni di una scrittrice*, « Settimo Giorno », Milano, n. 8, 20 febbraio, p. 58.

Piero Dallamano, *Le mosche d'oro di Anna Banti*, « Paese Sera », 24-25 aprile.

Emilio Cecchi, *Le mosche d'oro*, « Corriere della Sera », 27 aprile.

Pietro Cimatti, *Le mosche d'oro*, « La Fiera letteraria », Roma, n. 18, 6 maggio, p. 3.

Claudio Varese, *La folle Denise e* il *contadino* [Le mosche d'oro], « L'Espresso », Roma, n. 18, 6 maggio, p. 17.

Giancarlo Vigorelli, *Un romanzo civile* [Opinioni - Le mosche d'oro], « Tempo », Milano, n. 20, 19 maggio, p. 91.

Giansiro Ferrata, *Coerenza di Anna Banti da « Artemisia » a « Le mosche d'oro »*, « Rinascita », Roma, n. 4, 26 maggio, pp. 28-29.

P. Bianchi, *Due personaggi nel vento della nevrosi*, « Il Giorno », 30 maggio.

Renzo Frattarolo, « Rassegna di cultura e vita scolastica », maggio.

Luigi Baldacci, *Montaggio incrociato di Anna Banti* [Le mosche d'oro], « Il Popolo », 9 giugno.

Giorgio Pullini, *Barolini e Anna Banti* [Le mosche d'oro], « Comunità », Milano, n. 100, giugno, pp. 126-31.

Riccardo Scrivano, *Narrativa vecchia e nuova* [Le mosche d'oro], « Il Ponte », Firenze, n. 7, luglio, pp. 995-96.

Antonio Palermo, *L'occhio di Napoli. Il ritorno della Serao*, « Il Mondo », Roma, n. 32, 7 agosto, p. 12.

Claudio Quarantotto, *Le donne sul Parnaso* [Le mosche d'oro], « Roma », 28 settembre.

Arnaldo Bocelli, *Dal mito al viaggio* [Le mosche d'oro], « Il Mondo », Roma, n. 51, 18 dicembre, p. 12.

Giuseppe De Robertis, *Altro novecento*, Firenze, Le Monnier, pp. 282-90.

1963

Pietro Citati, *Riscopre la Padania romano-barbarica*, « Il Giorno », 24 aprile.

Ferdinando Giannessi, *Moralità e fantasia di una donna moderna*, « La Stampa », 15 maggio.

Mario Lunetta, *Racconti di Anna Banti* [Campi Elisi], « Paese Sera », 5 luglio.

Carlo Terron, *Corte Savella*, « Tempo », Milano, n. 43, 26 ottobre, p. 101.

Giansiro Ferrata, *Una stanza tutta per sé*, « Rinascita », Roma, n. 44, 9 novembre, pp. 23-24.

Geno Pampaloni, *La vita di un emigrante e di una ragazza ricca*, « Epoca », Milano, n. 604.

1964

Giorgio Luti, *Narrativa italiana dell'Otto e Novecento*, Firenze, Sansoni, pp. 309-10.

1965

Franco Antonicelli, *La vita della Serao*, « La Stampa », 6 aprile.

Sandro De Feo, *Si è salvata malgrado Scarfoglio* [Matilde Serao], « L'Espresso », Roma, n. 20, 16 maggio, p. 26.

Arnaldo Bocelli, *Vita della Serao*, « Il Mondo », 15 giugno.

Emilio Cecchi, *Donna Matilde*, « Corriere della Sera », 18 giugno.

193

Pietro Cimatti, *Una eroina seicentesca del «femminismo»*, «Settimana Incom illustrata», Milano, n. 38, 19 settembre, p. 79.

1966

Manlio Dazzi, *I racconti di Anna Banti*, «Nuova Antologia», Roma, vol. 498, fasc. 1991, novembre, pp. 336-47.

Giorgio Bàrberi Squarotti, *La narrativa italiana del dopoguerra*, Bologna, Cappelli, 1975³.

Giorgio Bassani, *Le parole preparate e altri scritti di letteratura*, Torino, Einaudi, pp. 149-51, 163-64.

Anna Banti, in *Dizionario enciclopedico della letteratura italiana*, diretto da Giuseppe Petronio, Bari-Roma, Laterza-UNEDI, pp. 245-46.

Renzo Frattarolo, *Ritratti letterari e altri studi*, Pisa, Giardini.

1967

Marco Forti, *Lo storico presente di Anna Banti*, «Letteratura», Firenze, nn. 85-87, gennaio-giugno, pp. 3-11.

Pietro Citati, *La penna del cospiratore* [Noi credevamo], «Il Giorno», 8 marzo.

Giuliano Gramigna, *Il vecchio cospiratore* [Noi credevamo], «La Fiera letteraria», Roma, 9 marzo, pp. 18-20.

Carlo Bo, *Lungo scartafaccio del buon antenato* [Noi credevamo], «Corriere della Sera», 12 marzo.

Ferdinando Giannessi, *Amare «memorie» d'un patriota deluso* [Noi credevamo], «La Stampa», 15 marzo.

Alessandro Bonsanti, *Noi credevamo*, «La Nazione», 1 aprile.

Walter Pedullà, *Il patriota ansioso di Anna Banti* [Noi credevamo], «Avanti!», 6 aprile.

Claudio Marabini, *Le delusioni di un patriota* [Noi credevamo], «Il Resto del Carlino», 12 aprile.

Antonio Russi, *Un itinerario* [Noi credevamo], «Il Messaggero», 15 aprile.

Enzo Siciliano, *Il Risorgimento scritto con rabbia* [Noi credevamo], «L'Espresso», Roma, n. 17, 23 aprile, p. 18.

Aldo Borlenghi, *Noi credevamo di Anna Banti*, «L'Approdo letterario», Roma, n. 38, aprile-giugno, pp. 110-11.

Manlio Dazzi, *Noi credevamo*, «Nuova Antologia», Roma, vol. 500, fasc. 1999, luglio, pp. 407-409.

Giuliano Manacorda, *Storia della letteratura italiana contemporanea 1940-1965*, Roma, Editori Riuniti, pp. 314-17.

Anna Banti, in *Racconti e novelle del Novecento*, a cura di Giacomo Antonini, Firenze, Sansoni, pp. 543-82.

Adriano Seroni, *Racconti di Anna Banti*, in *Esperimenti critici sul Novecento letterario*, Milano, Mursia, pp. 129-32.

Giacinto Spagnoletti, *Romanzieri italiani del nostro secolo*, Torino, ERI, pp. 71-74.

Claudio Varese, *Occasioni e valori della letteratura contemporanea*, Bologna, Cappelli, 1967, pp. 245-59.

1968

GIORGIO BÀRBERI SQUAROTTI, *Anna Banti*, in *Grande dizionario enciclopedico*, Torino, UTET, pp. 678-79.

GIANFRANCO CONTINI, *Anna Banti*, in *Letteratura dell'Italia unita 1861-1968*, Firenze, Sansoni, pp. 865-71.

Anna Banti, in *Prosatori contemporanei italiani e stranieri*, a cura di PASQUALE PALMA, Firenze, Le Monnier, pp. 73-76.

INES SCARAMUCCI, *Studi sul Novecento*, Milano, IPL, pp. 115-17.

1969

EMILIO CECCHI, *Anna Banti*, in *Storia della letteratura italiana*, Milano, Garzanti, vol. 9, pp. 673-78.

G.A. PERITORE, *Anna Banti*, in *Letteratura italiana. I contemporanei*, Milano, Marzorati, vol. 3, pp. 211-34.

INES SCARAMUCCI, *Il « galantuomo » deluso di Anna Banti*, in *Verga lettore del Manzoni e altri saggi*, Milano, IPL, pp. 153-56.

1970

GENO PAMPALONI, *La vita nella storia* [Due storie - Artemisia, Noi credevamo], « Il Mondo », Milano, n. 2, 8 gennaio, p. 19.

CESARE GARBOLI, *Una signora a scuola da Caravaggio* [Due storie], « L'Espresso », Roma, n. 15, 12 aprile, p. 18.

ENZA BIAGINI, *Analisi della tecnica narrativa di A. Banti*, « Forum italicum », New York, vol. 4, n. 2, giugno, pp. 159-71.

PIERO BIGONGIARI, *Prosa per il Novecento*, Firenze, La Nuova Italia, pp. 129-36.

ENRICO FALQUI, *Anna Banti*, in *Novecento letterario italiano*, Firenze, Vallecchi, vol. 4, pp. 777-85.

1971

GIACINTO SPAGNOLETTI, *Storia e romanzo* [Je vous écris d'un pays lointain], « Il Messaggero », 11 ottobre.

PIETRO CITATI, *Il biondo ragazzo ucciso dai barbari* [Je vous...], « Il Giorno », 20 ottobre.

LORENZO MONDO, *Il figlio dei barbari* [Je vous...], « La Stampa », 29 ottobre.

CARLO BO, *Paese lontano*, « Corriere della Sera », 11 novembre.

VLADIMIRO LISIANI, *L'uomo nel fiume del tempo* [Je vous...], « La Notte », 17 novembre.

GIULIANO GRAMIGNA, *Chi è che ci scrive dal paese lontano?*, « Corriere d'Informazione », 11-12 dicembre.

OLGA LOMBARDI, *La narrativa italiana nella crisi del novecento*, Caltanissetta-Roma, Sciascia, pp. 85-87.

GIORGIO PULLINI, *Due romanzi « ottocenteschi »*, in *Volti e risvolti del romanzo italiano contemporaneo*, Milano, Mursia, 1974², pp. 82-91.

1972

MARCO FORTI, *Narrativa italiana* [Je vous...], « Il bimestre », Milano, n. 18-19, gennaio-aprile, pp. 60-62.

ENRICO FALQUI, *Quattro racconti di A. Banti* [Je vous...], « Il Tempo », 13 febbraio.

MASSIMO GRILLANDI, *La vicenda narrativa avanti e indietro* [Je vous...], « Il Ponte », Firenze, n. 3, 31 marzo, p. 524.

ENZA BIAGINI, *La distruzione e la ricostruzione* [Je vous...], « Paragone-Letteratura », Firenze, n. 268, giugno, pp. 108-15.

EMILIO CECCHI, *Letteratura italiana del Novecento*, a cura di Pietro Citati, Milano, Mondadori, pp. 905-11.

GIANFRANCO CONTINI, *Parere ritardato su Artemisia*, in *Altri esercizi (1942-1971)*, Torino, Einaudi, pp. 173-78.

Anna Banti, in *Enciclopedia Garzanti della letteratura*, Milano, Garzanti, p. 55.

GIULIANO MANACORDA, *Vent'anni di pazienza*, Firenze, La Nuova Italia, pp. 108-11, 305-307.

1973

LORENZO MONDO, *Dittico mediceo* [La camicia bruciata], « La Stampa », 13 aprile.

FERDINANDO GIANNESSI, *Destini paralleli nel nascere donna* [La camicia bruciata], « Il Giorno », 18 aprile.

CARLO BO, *La camicia bruciata*, « Corriere della Sera », 6 maggio.

PIER PAOLO PASOLINI, *Il cammino di Anna Banti dalla semplice stima ai primi posti* [La camicia bruciata], « Tempo », Milano, 6 maggio, pp. 74-76.

GIULIANO GRAMIGNA, *La servitú « dell'amore »*, « La Fiera letteraria », 22 maggio.

GIUSEPPE LEONELLI, *Il teatrino di Anna Banti* [La camicia bruciata], « Il bimestre », Milano, nn. 26-29, maggio-dicembre, pp. 67-69.

ENZA BIAGINI, *Il « romanzo » di Marguerite Louise*, « Paragone-Letteratura », Firenze, n. 280, giugno, pp. 119-26.

ARRIGO BENEDETTI, *Concretezza femminile*, « Il Mondo », Milano, 13 settembre.

PIER PAOLO PASOLINI, *Anna Banti riscopre i valori della vita*, « Tempo », Milano, 31 dicembre.

BRUNA CORDATI, *Anna Banti*, in *DAI - Dizionario degli autori italiani*, Messina-Firenze, D'Anna, pp. 308-10.

MANLIO DAZZI, *Anna Banti*, in *Dizionario critico della letteratura italiana*, diretto da Vittore Branca, Torino, UTET, vol. I, pp. 188-91.

Anna Banti, in *Dizionario biografico*, Milano, Ceschina, p. 45.

Anna Banti, in *Dizionario della letteratura italiana contemporanea*, Firenze, Vallecchi, I.

WALTER PEDULLÀ, *Anna Banti: storie d'altri secoli in un linguaggio d'altri decenni*, in *La letteratura del benessere*, Roma, Bulzoni, pp. 308-10.

1974

GIANFRANCO CONTINI, *La letteratura italiana, otto novecento*, Firenze, Sansoni-Accademia, pp. 362-63.

Anna Banti, in *Dizionario generale degli autori italiani contemporanei*, Firenze, Vallecchi, vol. I, pp. 86-87.
Anna Banti, in *Grande enciclopedia*, Novara, De Agostini, vol. 3, p. 261.
GIACINTO SPAGNOLETTI, *Romanzi e racconti di Anna Banti*, in *Scrittori di un secolo*, Milano, Marzorati, vol. II, p. 561.

1975

LUIGI TURBICH, *La nostra solitudine nei racconti di Anna Banti*, « Secolo XIX », 27 febbraio.
ROBERTO CANTINI, *La solitudine in dieci racconti tutti diversi*, « Epoca », Milano, 9 marzo.
FERDINANDO GIANNESSI, *Storie d'oggi tinte di giallo*, « Eco di Bergamo », 26 marzo.
MASSIMO GRILLANDI, *Un paese vicino*, « Il Gazzettino », 26 marzo.
LUIGI BALDACCI, *Da un paese vicino*, « Il Giornale nuovo », 4 aprile.
ROSSANA OMBRES, *Le armate adolescenze*, « La Stampa », 18 aprile.
MASSIMO GRILLANDI, *Quando al lettore si offre il ruolo del protagonista*, « L'Unione sarda », 19 aprile.
GIANCARLO PANDINI, *Gli emblemi sociali della Banti*, « L'Avvenire », 22 aprile.
GIANCARLO PANDINI, *Anna Banti verso una serenità perduta*, « Gazzetta di Parma », 24 aprile.
TERESA BONGIORNO, *Anna Banti. Da un paese vicino*, « Il Veltro », aprile.
LUIGI BOCCOLO, *Anna Banti ci scrive da vicino*, « Gazzetta del Popolo », 1 maggio.
CARLO BO, *Da un paese vicino*, « Corriere della Sera », 4 maggio.
WALTER MAURO, *Anna Banti e il giuoco al ricambio temporale*, « Il Messaggero veneto », 4 maggio.
GIULIANO GRAMIGNA, *Personaggi velleitari*, « Il Giorno », 7 maggio.
FRANCESCO BRUNO, *I racconti di Anna Banti*, « Roma », 9 maggio.
WALTER MAURO, *Presente e passato nei racconti della Banti*, « Momento Sera », 14 maggio.
ANTONIA MAZZA, *Da un paese vicino*, « Letture », maggio.
VANNI BRAMANTI, *Nevrosi e grigiori*, « l'Unità », 13 giugno.
ALDO BORLENGHI, rec. a *Da un paese vicino*, « L'Approdo letterario », giugno.
RENZO FRATTAROLO, *Anna Banti*, in *Dizionario degli scrittori italiani contemporanei, Pseudonimi*, Ravenna, Longo Editore, p. 49.
ELIO GIOANOLA, *Anna Banti*, in *Storia letteraria del Novecento in Italia*, Torino, SEI, p. 237.

1976

RENATO BERTACCHINI, *Anna Banti autobiografica*, « Gazzetta di Parma », 12 febbraio.

INDICI

INDICE DEI NOMI

Racine, Jean, 70.
Resnais, Alain, 176.
Ricardou, Jean, 24.
Robbe-Grillet, Alain, 68.
Romanò, Angelo, 10.
Rossi, Aldo, 23.
Rousset, Jean, 145.

Santucci, Luigi, 9.
Sartre, Jean-Paul, 11, 25, 99, 134.
Scott, Walter, 85.
Serao, Matilde, 9, 125, 173.
Seroni, Adriano, 97, 121.
Sertoli, Giuseppe, 23.
Settembrini, Luigi, 138.
Souriau, Etienne, 69.
Spaziani, Maria Luisa, 10.
Squarcia, Francesco, 10.
Squarzina, Luigi, 82.
Starobinski, Jean, 15, 24.
Stendhal (*pseudonimo di* Henri Beyle), 48, 87, 182.
Sterne, Laurence, 109.
Stiattesi, Antonio, 62.
Svevo, Italo (*pseudonimo di*

Ettore Schmitz), 42, 47, 92, 134.

Tassi, Agostino, 62, 68.
Testori, Giovanni, 125.
Thackeray, William Makepeace, 125.
Todorov, Tzvetan, 23.
Tomasi di Lampedusa, Giuseppe, 9, 138.
Tozzi, Federigo, 92, 134.
Tynjanov, Jurij, 9.

Venturi, Adolfo, 8.
Verga, Giovanni, 6, 85, 120, 138.
Vittorini, Elio, 9.
Voltaire, François-Marie Arouet, *detto*, 86.
Voss, Hermann, 62.

Woolf, Virginia, 9, 25, 35, 47, 56, 88, 103, 125, 178.

Zamjatin, Evgenij Ivanovič, 125.
Zola, Emile, 52.

INDICE GENERALE

STAMPATO
PER CONTO DI U. MURSIA EDITORE S.P.A.
DA « LA VARESINA GRAFICA »
AZZATE (VARESE)

CIVILTÀ LETTERARIA DEL NOVECENTO

La collana intende individuare, discutere e documentare le figure, i problemi e i movimenti ideologici piú vivi della letteratura del nostro secolo. Alla sezione italiana, diretta da Giovanni Getto, si affiancano, con gli stessi criteri, le *sezioni straniere*, dedicate alle principali letterature, nell'intento di indagare e chiarire una situazione culturale sempre piú tesa a fattivi contatti internazionali, in un sistema di scambi e di relazioni di sempre piú vasta portata.